职业教育财务会计类专业规划教材

SHENJI RENZHI YU JISHU

审计认知与技术

(第三版)

主编 彭才根 郭永生

苏州大学出版社
Soochow University Press

图书在版编目(CIP)数据

审计认知与技术 / 彭才根,郭永生主编. -- 3 版. -- 苏州：苏州大学出版社,2023.6
ISBN 978-7-5672-4387-3

Ⅰ.①审… Ⅱ.①彭… ②郭… Ⅲ.①审计学-高等职业教育-教材 Ⅳ.①F239.0

中国国家版本馆 CIP 数据核字(2023)第 089549 号

审计认知与技术（第三版）

彭才根　郭永生　主编

责任编辑　薛华强

苏州大学出版社出版发行
（地址：苏州市十梓街 1 号　邮编：215006）
镇江文苑制版印刷有限责任公司印装
（地址：镇江市黄山南路 18 号润州花园 6-1 号　邮编：212000）

开本 787 mm×1 092 mm　1/16　印张 15.25　字数 375 千
2023 年 6 月第 3 版　2023 年 6 月第 1 次印刷
ISBN 978-7-5672-4387-3　定价：49.00 元

图书若有印装错误，本社负责调换
苏州大学出版社营销部　电话：0512-67481020
苏州大学出版社网址　http://www.sudapress.com
苏州大学出版社邮箱　sdcbs@suda.edu.cn

第三版前言

本书是在领会教育部高等职业教育会计类专业人才培养方案和课程标准的基础上开发编写的。本书在编写过程中力求以"能力为本",以知识和能力训练两条教学主线的融合为切入点,以重构课程知识体系和能力训练体系为要求,体现时代性、立体性和动态性,达到以学生为主、有所创新、具有特色、适应高等职业教育会计类专业教材的开发目标。

本书主要以《审计法》《会计法》《税法》等为依据,按照《企业会计准则》《审计准则》和国家现行会计核算的要求,结合高等职业教育会计类专业人才培养方案的要求,努力吸收审计科研的前沿成果,精心编写而成。本书以审计基本理论,审计方法与技术,审计分析、判断和问题解决为重点,以审计循环业务为主要内容,突出实用性、交互性、操作性等特点。编排上按照基本能力培养与拓展能力培养展开。通过循环业务学习,提高学生实际操作能力。

本书具有以下特色:

(1) 设计理念新颖。以培养学生审计职业能力为重点,与会计事务所等进行基于工作过程的课程开发与设计。根据审计职业高素质、高技术技能的要求,以及前后课程的衔接,融审计职业道德与职业标准于课程内容之中,充分体现审计岗位的职业性。培养学生从事审计的方法能力、社会能力和专业能力,增强学生的就业竞争力。以"双循环"为主,力求将审计认知与技术和财务会计实务、成本会计实务、税制实务等课程的知识进行整合,最终形成一个整体的知识体系,促使学生将所学知识融会贯通、学以致用,提高学生的专业能力。

(2) 凸显内外循环。本书打破审计的学科知识体系,将审计认知与技术分为十二个教学项目,从审计认知开始,探析会计错弊,引出审计方法与技术,再进行会计凭证、会计账簿和会计报表的外循环审计。以此于教学中还原审计工作过程场景,将审计职业规范与职业素质贯穿于始终,培养学生良好的职业习惯。

(3) 理实深度交融。根据高等职业教育会计类专业人才培养目标和学生的特点,浅化理论,以服务教学内容为度,凸显审计的基本理论、基本方法和基本技能。精心选取教学内容,将审计理论融于审计项目中进行讲解,使理论教学与实践教学融为一体,从而反映出审计的技术性、综合性、操作性等特征。

(4) 呈现方式多样。充分考虑高等职业教育会计类专业学生的需求,编写中尝试灵活多样的新写法。获取的知识内容丰富多彩,如知识体系以"双链"(理论链、技能链)模式和"双循环"(内循环、外循环)模式,使审计的程序性、系统性特征得以表现;在任务中,穿插案例引导、法律法规、发展历史等;汲取知识的方式灵活多样,如加入了二维码链接、有关知识链接、即学即思、课堂讨论、知识拓展等,突出模块化、体现层次性,从而使学生主动地学习知识,提高学习兴趣。

(5) 体现学、做合一。与典型企业、会计事务所合作,让企业行业专家全程深层次参与。在教材中运用大量案例和企业、会计师事务所的真实文件,在"做"中学会"审计计划—审计实施—审计报告"的系列业务。学习也是从实际审计案例开始,让教师带领学生进入情境,少讲"是什么""为什么",多讲"怎么做""怎么做得更好",在"如何做"中学习"是什么"和"为什么",达到学、做一体化。

本书由上海中侨职业技术大学彭才根教授和江苏联合职业技术学院郭永生副教授担任主编,共同负责制定课程标准和编写纲要,设计教材体例。本书共分十二个项目,由上海中侨职业技术大学彭才根教授编写项目一、六、七,江苏联合职业技术学院高级会计师郭永生副教授编写项目二、八、九,常州信息职业技术学院注册会计师赵丽锦副教授编写项目三、十二,江苏经贸职业技术学院杨晓华副教授编写项目四、十一,上海中侨职业技术大学会计师张佩杰编写项目五,上会会计师事务所注册会计师赵志强编写项目十。最后由彭才根教授总纂并定稿。

本书是在上海中侨职业技术大学经济与管理学院院长张炳达教授的关心、支持和精心指导下完成的。苏州大学出版社薛华强编辑,为本书顺利出版给予了大力支持。本书在编写过程中引用和参考了审计专家、学者的理论与实务科研成果和著作、教材等,因篇幅有限,书中未能一一说明,在此一并表示诚挚的感谢。

本书可作为高等职业教育会计类专业的教材,也可作为中等职业教育会计类专业的参考书,还可以作为企业领导、会计从业人员、审计从业人员的自学、培训用书。

由于我们水平有限且时间仓促,书中可能存在疏漏之处,恳请读者批评指正,并将意见和建议及时反馈给我们,以便今后改进。

编 者

2023 年 5 月

CONTENTS 目录

项目一　审计认知　001

　　任务一　审计职业认知　001
　　任务二　审计对象与审计职能　009
　　任务三　审计依据与审计证据　011
　　任务四　审计准则与审计责任　016
　　任务五　审计程序与审计报告　021

项目二　会计错弊剖析　031

　　任务一　会计错误剖析　031
　　任务二　会计舞弊剖析　033

项目三　审计方法与技术　037

　　任务一　审计基本方法　037
　　任务二　审计技术方法　040

项目四　审计方案编制　045

　　任务一　审计业务约定书的编制　045
　　任务二　审计计划的编制　049
　　任务三　审计工作底稿的编制　053

项目五　凭证及账簿审计　062

　　任务一　原始凭证审计　062

  任务二 记账凭证审计 066
  任务三 会计账簿审计 070

项目六 货币资金审计 075

  任务一 库存现金审计 075
  任务二 银行存款审计 083

项目七 销售与收款循环审计 089

  任务一 主营业务收入审计 089
  任务二 应收账款审计 098
  任务三 应收票据审计 105
  任务四 坏账准备审计 109

项目八 采购与付款循环审计 115

  任务一 材料采购审计 115
  任务二 应付账款审计 120
  任务三 应付票据审计 124
  任务四 固定资产审计 127
  任务五 应交税费审计 134

项目九 存货与仓储循环审计 139

  任务一 存货采购审计 139
  任务二 存货发出审计 146
  任务三 存货仓储监盘审计 152

项目十 生产与费用循环审计 159

  任务一 应付职工薪酬审计 159
  任务二 生产成本审计 166
  任务三 制造费用审计 172

项目十一 筹资与投资循环审计 177

  任务一 借款审计 177
  任务二 所有者权益审计 185
  任务三 投资审计 193
  任务四 损益、费用审计 198

任务五　利润与利润分配审计　　208

项目十二　财务报表审计　　215
　　任务一　资产负债表审计　　215
　　任务二　利润表审计　　224
　　任务三　现金流量表审计　　229

项目一 审计认知

任务一 审计职业认知

学习目标

1. 能说出审计的特征、作用。
2. 能描述政府审计、内部审计和民间审计。
3. 能概括审计人员基本素质。
4. 知晓审计职业岗位。
5. 能说出审计职业道德。

引导案例

A市财政局资产管理处管辖A市所有行政事业单位的国有资产登记、出租、出售等重要事项,每年国有资产出租、出售收入达千万元。2021年3月份,A市审计局在对A市2020年度预算执行审计和其他财政收支审计中,把该处管理的国有资产出租、出售收入作为重点审计对象。审计组进入被审计单位后,对2019年和2020年租金收取的登记数据进行分析后发现:(1)2019年、2020年的出租收入受疫情影响呈逐年下降趋势,但下降的幅度有点不正常。(2)出租国有资产收取的租金非税票据与非税系统的票据有20条不匹配。经与A市财政服务中心票据管理系统核对票据,发现确实存在问题。审计组采用抽查取样方法,对几个承租人开展调查,发现存在少收租金、收租金后没有开票等情况,审计组马上与资产管理处的刘会计核对,发现票据全部被马某以开票为由拿走,一直没有退回。审计组根据疑点,对该处负责的全市所有出租门面进行"地毯式"大清查。最后查出马某在2019年和2020年度利用公款私存、收钱不开票等形式,侵吞了400余万元门面租金和出售收入。试问:该案例揭示了哪些审计知识?

一、审计特征

审计是一项具有独立性的经济监督活动。它是由独立的专职机构或人员接受委托或授权,对被审计单位特定时期的会计报表及其他有关资料的公允性、真实性以及经济活动的合规性、合法性和效益性进行审查、监督、评价和鉴证的活动,其目的在于确定或解除被审计单位的委托经济责任。

因为没有好审计,上帝都崩溃了

根据审计的概念,可以概括出审计的三个基本特征:独立性、权威性和公正性。

(一) 独立性

审计的独立性是保证审计工作顺利进行的必要条件。审计原始的意义就是查账,即由会计人员以外的第三者,对会计账目和报表进行审查,借以验证其公允性、真实性和合法性。现代审计理论中的三种审计关系人就是据此而产生的。第一关系人,即审计主体(审计机构或人员),他们根据审计委托者的委托就被审计单位的财务收支状况及有关人员履行受托经济责任情况进行验证、审查,并提出审查报告书或证明书;第二关系人,即被审计单位,他们对审计委托者承担的委托经济责任,须经审计机构或人员验证审查后才能确定或解除;第三关系人,即审计委托者,被审计单位对他们承担某种受托经济责任,他们之间存在一定的权责关系。审计关系必须由委托审计者、审计者和被审计者三方面构成,缺少任何一方,独立的、客观公正的审计将不复存在。这是由财产所有权与经营管理权相分离而决定的,财产所有者对企业拥有所有权但不亲自参加经营管理,为了保护自身的利益,财产所有者迫切希望了解与自己有经济联系的经济组织的财务收支和经济状况。这就需要对负有受托经济责任的经营管理者进行审查,而这种审查只有独立于他们之外的第三者进行,才能得到正确、公允、可靠的结果。这就是审计机构或人员的所谓超然独立性。

即学即思 你能画出审计三者的关系图吗?

(二) 权威性

审计组织的权威性是审计监督正常发挥作用的重要保证。审计组织的独立性,决定了它的权威性。审计组织或人员以独立于企业所有者和经营者的"第三者"身份进行工作,他们对企业会计报表的经济鉴证,恪守独立、客观、公正的原则,按照有关法律、法规,根据一定的准则、原则、程序进行;加上取得审计人员资格必须通过国家统一规定的严格考试,因而他们具有较高的专业知识水平,这就保证了其所从事的审计工作的准确性和科学性。正因为如此,审计人员的审计报告具有一定的社会权威性,并使经济利益不同的各方乐于接受。

(三) 公正性

审计人员应站在第三者的立场上进行实事求是的检查,做出不带任何偏见的、符合客观实际的判断,并做出公正的评价和进行公正的处理,以正确地确定或解除被审计人的经济责任,审计人员只有同时保持独立性、公正性,才能取信于审计授权者或委托者以及社会公众,才能真正树立审计权威的形象。

我国国家审计的基本特点

知识拓展

我国审计的产生与发展

时　　期	主　要　内　容
西周时期	据《周礼》记载,西周的官制中,司会是会计工作的最高负责人。宰夫是独立于会计机构的职务。司会是我国内部审计的最初萌芽,宰夫所从事的工作具有政府审计的性质。因此,西周时期是我国审计的萌芽和初步发展阶段
秦汉时期	秦汉时期实行上计制度,财经的政绩和经济责任的审计是上计的主要内容之一。秦《效律》及《上计律》等专业的经济监督律法分开,为实施审计监督提供了法律基础。因此,秦汉时期是我国审计的最终确立阶段
隋唐宋时期	隋唐设比部,归刑部,掌管国家财计监督,行使审计职权。到了唐代,中央及地方均设有身兼行政效率与财务审计双重职责的官员。唐后期审计有所弱化。南宋时期,成立审计司(院),是我国第一个以"审计"命名的专职审计机构。从此,"审计"一词成为财政监督的专用名词。因此,隋唐至宋可称为我国审计日臻完善的阶段
元明清时期	元朝取消比部,独立的审计机构消亡。明代设都察院三科,既相互独立,又相互配合、相互监督,将科道合一,统归都察院。因此,元明清时期可以称为我国审计停滞不前的阶段
中华民国时期	1912年,在国务院下设审计处,1914年,改为审计院,同年颁布了《审计法》。国民党政府在监察院下设审计部。各省(市)设审计处,对中央和地方各级行政机关以及企事业单位的财政和财务收支实行审计监督。同时,民间审计产生。1921年,在上海成立会计事务所,随后,民间审计得到了发展
中华人民共和国	中华人民共和国成立之初,国家没有设立专门的审计部门,而是以会计检查代替了审计监督。1980年,恢复和重建了注册会计师制度,1986年7月,国务院颁布了《注册会计师条例》,1994年1月实施了《注册会计师法》,使民间审计迅速发展。1983年9月15日,国务院设立审计署,1994年,全国人大通过了《审计法》,1997年,国务院发布了《审计法实施条例》。2006年6月,修订了《审计法》。1984年实行内部审计监督制度。至此,我国形成了政府审计、社会审计、内部审计三位一体的审计监督体系。因此,这一时期称为我国审计的发展时期

国外审计的产生与发展

类　　别	主　要　内　容
政府审计	据考证,早在奴隶制下的古罗马、古埃及和古希腊时代,就已经出现了带有审计性质的经济监督工作。在欧洲国家的历代封建王朝中,也设有相应的审计机构和审计人员。进入资本主义发展时期,世界上许多国家都规定了审计法的法律地位。20世纪40年代以后,审计范围不断扩大,审计体系、审计技术不断完善
民间审计	民间审计最早起源于欧洲国家的合伙企业。16世纪末期,早期民间审计得以萌芽。18世纪初期至19世纪中叶现代民间审计产生。1853年在苏格兰爱丁堡成立了爱丁堡会计师协会,这是世界上第一个职业会计师的专业团队。19世纪末开始,民间审计迅猛发展
内部审计	到了中世纪以后,内部审计才具有较为完整的形态。据史料记载,1875年,德国康采恩-克虏伯公司实行了内部审计制度。20世纪中期,美国最早建立了"内部审计师协会",并制定了《内部审计师职责条例》及其内部审计实务标准,使内部审计的发展进入了高潮阶段

即学即思 1. 你知道中国2021年排前五位的会计师事务所吗？
2. 你知道世界四大会计师事务所的情况吗？

二、审计的作用

审计的作用是履行审计职能、实现审计目标过程中所产生的社会效果。

（一）制约性作用

审计的制约性作用主要表现在：通过对被审计单位财务收支及其有关经营管理活动的审核检查，对被审计单位的财务收支及经营管理活动进行监督和鉴证，揭发贪污舞弊、弄虚作假等违法乱纪、严重损失浪费及不法经济行为，依法追究责任，执行经济裁决或提请给予行政处分或刑事处罚，从而保证党和国家的法律、法规、方针、政策、计划与预算的贯彻执行。

（二）促进性作用

审计通过审核检查，对被审计单位的经营管理制度及经营管理活动进行评价，指出其合理方面，以便继续推广；指出其不合理方面，并提出建议，以便纠正改进，促进其加强经营管理。

内部审计的作用

三、审计的种类

（一）按审计主体分类，可以划分为政府审计、内部审计和社会审计

政府审计也称国家审计，是指由国家审计机关所实施的审计。在我国，国务院和县以上各级地方人民政府均设立了相应的审计机关，对各自审计管辖范围内的审计事项进行审查、评价和监督。

内部审计是指部门或单位内部设置的审计机构所实施的审计。按照具体执行者的不同又可分为部门内部审计和单位内部审计。

国家审计、内部审计和社会审计的区别与联系

社会审计也称民间审计、注册会计师审计，是指由依法设立并承办注册会计师业务的会计师事务所所实施的审计。民间审计组织以其超然独立的第三者身份，接受客户的委托，从事财务报表审计、资本验证等审计工作，是独立性表现最充分的审计活动，所以又称独立审计。

（二）按审计的内容和目的分类，可以划分为财政财务审计、财经法纪审计和经济效益审计

财政财务审计是指对被审计单位的会计报表及其他会计资料的真实性、公允性以及它们所反映的财政财务收支活动的合规性、合法性进行的审计。

> **提示**
> 财政财务审计是一种传统的审计，也是目前主要的审计形式。

财经法纪审计是指对被审计单位和个人严重侵占国家资财、严重损失浪费以及其他严重损害国家经济利益等违反财经纪律行为所进行的专业审计。它是我国审计监督的一种重要形式。

> ☞ 提示
> 财经法纪审计是专案性的财政财务审计,是财政财务审计的一个特殊类型。

经济效益审计,是对被审计单位的经济效益状况所进行的审计。

(三)按审计范围分类,可以划分为全部审计、局部审计和专项审计

全部审计又称全面审计,是指对被审计单位一定期间内有关经济活动的各个方面及其资料进行全面的审计。

局部审计又称部分审计,是指对被审计单位一定期间内财务收支或经营管理活动的某些方面及其资料进行部分的、有目的、有重点的审计。

专项审计又称专题审计,是指对某一特定项目所进行的审计。

(四)按审计实施时间分类,可以划分为事前、事中和事后审计

事前审计是指在被审计单位经济业务发生以前所进行的审计。

事中审计是指在被审计单位经济业务执行过程中进行的审计。

事后审计是指在被审计单位经济业务完成以后所进行的审计。会计报表审计和全部审计这类传统的审计均属于事后审计。

> ☞ 提示
> 政府审计、民间审计大多实施事后审计。

(五)按审计动机分类,可以划分为强制审计和任意审计

强制审计是指审计机构根据法律、法规规定对被审计单位行使审计监督权而进行的审计。

任意审计是根据被审计单位自身的需要,邀请审计组织进行的审计。

> ☞ 提示
> 任意审计大多也是按《公司法》《商法》《证券交易法》及其他经济法规要求进行的,也带有一定的强制性。

(六)按审计使用的技术和方法分类,可以划分为账表导向审计、系统导向审计和风险导向审计

账表导向审计是围绕着会计账簿、会计报表的编制过程来进行的,通过对账表上的数字

进行详细核实来判断是否存在技术性错误和舞弊行为。

> **提示**
> 账表导向审计技术和方法适应评价简单的委托经济责任,是审计技术和方法发展的第一阶段,在审计技术和方法史上占据着十分重要的地位。

系统导向审计,强调对内部控制系统的评价,当评价的结果证明内部控制系统可以信赖时,在实质性测试阶段只抽取少量样本就可以得出审计结论;当评价结果认为内部控制体系不可靠时,才根据内部控制的具体情况扩大审查范围。

> **提示**
> 系统导向审计是财务审计发展的高一级阶段,但是,系统导向审计仍需运用账表导向审计的一些技术方法。

风险导向审计,要求审计人员从对企业环境和企业经营状况进行全面的风险分析出发,使用审计风险模型,积极采用分析性复核,以制订与企业状况相适应的多样化的审计计划,以提高审计工作的效率性和效果性。

> **提示**
> 风险导向审计是适应高度风险社会的产物,是现代审计方法的最新发展。

即学即思 审计还有哪些分类?其具体内容是什么?

四、审计人员素质要求

(一)审计人员应具备的基本素质

(1)政治素质。高度的政治责任感、强烈的正义之心是对审计人员最基本的要求。审计是一项得罪人的工作,审计过程中必然要揭露查处一些违纪问题,会遇到各种阻力和压力。审计人员必须要有强烈的政治意识和政治责任感,敢于执法,做国家资产和人民利益的忠诚卫士。

(2)业务素质。不仅要熟悉会计制度和会计准则,具备审计专业技术知识,而且要有一定的理解能力、分析能力、判断能力,能够准确理解法律法规的基本精神,处理法规条文与事实的适用问题,对审计对象做出客观公正、实事求是的审计评价。

(3)团队意识素质。审计人员要牢固树立团队意识,在实际工作中,首先要明确自己所承担的角色和任务,充分发挥自己的主观能动性,努力做好本职工作,力争在团队中实现自己的价值;其次要服从审计组长安排;再次要主动协助他人工作。

(4)健康的身心素质。健康的体质、充沛的精力、良好的心态、耿直的性格是审计人员发挥德、才、能、识的基础。

(5) 思维能力。审计工作是一项集体性工作,需要依靠审计人员的集体智慧、分工协作、积极主动、无私奉献去完成,要求审计人员牢固树立团队意识。

(6) 协调艺术。审计工作要上台阶,不仅需要扎实的业务功底,而且需要协调处理好审计与被审计对象及与各部门的关系。上述关系协调处理得好坏,将直接影响审计机关的形象与威信。

即学即思 审计人员还应具备哪些基本素质?

(二) 审计人员的特别素质

(1) 要有职业敏感。面对给定的审计材料,为什么有的人能迅速找到切入点,有的人能从蛛丝马迹中发现问题,其原因在于个人对问题观察的敏锐程度,这种敏感性要有长时间知识和实践的积累。

(2) 要有洞察力。在敏感性基础上进一步解决问题,关键要有一定的洞察力。敏锐的洞察力可以帮助审计人员找到解决问题的着眼点,即从哪方面着手可以有效地取得对问题正确判断的依据。

(3) 要有高度的综合判断能力。判断能力不仅仅是简单的分析判断,既需要从微观层面进行甄别,更需要从问题的宏观层面进行剖析,分析问题的产生和发展脉络,对被审计单位所处的行业现状有不同程度的研究,能够把握审计所涉及的方方面面。

即学即思 审计人员还应具备哪些特别素质?

五、审计职业面向

职业岗位	职业方向	岗 位 职 责
会计咨询	会计政策、会计法咨询	宣传、解释党和国家的有关会计政策与法规
	会计准则咨询	会计准则讲解
	会计报表分析咨询	会计报表分析方法的介绍
	会计程序管理咨询	会计核算、会计方法、会计人员交接、会计档案管理、会计机构设置等咨询
内部审计	企事业单位内部审计人员	财务报表审计
社会审计	注册会计师审计	资产评估、企业价值评估、验资业务

> **知识拓展**
>
> **我国审计专业技术资格考试**
>
> 审计专业技术初、中级资格考试均设《审计专业相关知识》和《审计理论与实务》两个科目,高级资格考试设《经济理论与宏观经济政策》和《审计理论与审计案例分析》两个科目。
>
> (一) 报名参加全国审计资格考试人员应具备下列基本条件:
>
> 1. 遵守国家法律,具有良好的职业道德。

2. 认真执行《中华人民共和国审计法》以及有关财经法规和制度,无违反财经纪律的行为。

3. 认真履行岗位职责,热爱本职工作。

4. 从事审计、财经工作。

(二) 报考审计初级资格的人员必须具备教育部门认可的中专以上学历。

对尚未获得学历证书的应届毕业生,持能够证明其在考试年度可毕业的有效证件(如学生证等)和学校出具的应届毕业证明也可参加报名。

(三) 报考审计中级资格的人员必须具备下列条件之一:

1. 取得大学专科学历,从事审计、财经工作满5年。

2. 取得大学本科学历,从事审计、财经工作满4年。

3. 取得双学士学位或研究生班毕业,从事审计、财经工作满2年。

4. 取得硕士学位,从事审计、财经工作满1年。

5. 取得博士学位。

我国注册会计师资格证书

同时符合下列条件的中国公民,可以申请参加注册会计师全国统一考试专业阶段考试:

1. 具有完全民事行为能力。

2. 具有高等专科以上学校毕业学历,或者具有会计或者相关专业中级以上技术职称。

有下列情形之一的人员,不得报名参加注册会计师全国统一考试:

1. 因被吊销注册会计师证书,自处罚决定之日起至申请报名之日止不满5年者。

2. 以前年度参加注册会计师全国统一考试因违规而受到停考处理期限未满者。

六、审计人员基本职业道德

(一) 依法审计、坚持原则的职业责任

依法审计、坚持原则,是对审计人员的政治要求。审计人员在具体实施每项审计任务时,一定要按照国家的法律、法规和审计程序办事,对问题的处理,要坚持以事实为依据,以法律为准绳,做到不存私心,不徇私情,不拿原则做交易,不被干扰所影响,不被人际关系所左右,正确行使审计职权,严格审计执法,努力维护法律、法规的严肃性和审计监督的权威性。

(二) 实事求是、客观公正的职业精神

实事求是、客观公正,是对审计人员的作风要求,主要是对审计人员思想作风和工作作风的要求。审计人员在办理审计事项时,要以严肃认真的态度,严谨扎实的作风,从严实施审计,力求把握最真实可靠的审计证据,并对获取的信息资料认真加以归纳分析,对成绩不拔高、不缩小,对问题不掩盖、不夸大,如实反映情况,慎重做出审计评价,确保审计质量,尽

力规避审计风险,力争使每一个审计结论都能经得起法规和历史的检验。

(三)廉洁奉公、保守秘密的职业纪律

廉洁奉公、保守秘密,是对审计人员的法纪要求。审计人员只有做到廉洁奉公,才能树立良好形象;只有做到保守秘密,才能赢得被审计单位的信任。因此,审计人员一定要自觉遵守各项廉政规定,严守工作纪律,依法行使职责和权力,并在思想上筑起一道抵御腐朽思想文化和生活方式侵蚀的坚固防线,顶得住诱惑,守得住清苦,耐得住寂寞,管得住"小节"。

强化审计职业道德建设的措施

即学即思 审计职业道德还应包括哪些内容?

课堂讨论 本任务中引导案例提示的审计知识有哪些?

审计"八不准"三字经

 阅读条目

1. 中华人民共和国审计法
2. 中华人民共和国注册会计师法
3. 审计机关审计人员职业道德准则

任务二 审计对象与审计职能

 **学习目标**

1. 能说出审计对象与审计职能构成。
2. 能描述审计内容。
3. 能描述审计各职能的内涵及关系。

 引导案例

陈玲是财经院校会计专业的在校生,她参加了学校组织的咨询服务活动。在活动中,有人向她咨询了如下问题:(1)审计范围有多大?(2)审计职能是经济监督还是经济评价抑或是经济鉴证?

你能帮陈玲解答吗?

一、审计对象

审计对象,就是审计所要监督的客体和内容。它随着市场经济的发展而变化。

(一)被审计单位的范围

被审计单位的范围,在《中华人民共和国宪法》(以下简称我国《宪法》)和《审计条例》中都有明确规定,主要指国务院各部门、地方各级人民政府和财政金融机构;全民所有制企事业单位和基本建设单位;中国人民解放军;人民团体以及有国家资产的中外合资经营企业、中外合作经营企业、全民所有制与其他所有制联营企业等。

即学即思 银行属于被审计单位吗?为什么?

(二)审计内容

(1)被审计单位的财政财务支出活动。具体包括:财政预算的执行情况和决算结果,信贷计划、财务收支计划的执行情况及其结果,预算外资金的收支及国有资产管理情况,与财政财务收支有关的各项经济活动及其经济效益,严重侵占国家资产、严重损失浪费等损害国家经济利益的行为等。

(2)被审计单位的有关经济活动。主要有以下两个方面:一是构成审计对象的经济活动;二是指具有一定载体的经济活动。

即学即思 厂长、经理离任属于审计内容吗?为什么?

内部审计对象

二、审计职能

审计的职能,是指审计客观上固有的内在功能。

(一)经济监督职能

经济监督是审计的基本职能,它是指检查和督促被审计单位的全部经济活动,使其按照正常的经济规律和法律制度运行。审计监督是整个经济监督体系中的一个重要组成部分,通过审计监督,对被审计单位的财政财务收支及有关经济活动的真实性、合法性、效益性进行审查,促使其符合国家的方针、政策、法规、制度、计划和预算的要求,进而维护财经法纪,促进被审计单位经营管理水平和经济效益的提高。

即学即思 能举例说明审计的经济监督职能吗?

(二)经济评价职能

经济评价,是指通过审查,对被审计单位的经济决策、计划、方案是否先进可行,财政财务收支是否执行了预算和计划,经济效益的高低优劣,有关经济活动的内部控制是否健全、完善和有效等进行评定和建议。

（三）经济鉴证职能

经济鉴证又称审计公正，是指依据财经法规和会计准则，确认被审计单位财务会计报表和有关经济资料所反映的财务账款、经营成果的真实性、合法性和效益性，并做出审计鉴定，以此作为对经营者经济责任的确认和依法处理资产的依据。

企业内部
审计职能

 如何做到审计公正？

课堂讨论 帮助陈玲解答本任务引导案例提出的问题。

阅读条目

1. 中华人民共和国审计法
2. 中华人民共和国审计条例
3. 企业会计准则

任务三　审计依据与审计证据

学习目标

1. 能说出审计依据与证据的特征。
2. 能辨别各种审计依据和审计证据。
3. 能领会审计依据运用的注意点。
4. 能描述审计证据收集的途径。

引导案例

审计甲公司 2021 年会计报表时，发现甲公司办公用楼房为该公司员工张平的财产，甲公司与张平签订了租赁协议，每月支付一定的租赁费用。但审计人员了解情况时，会计人员反映说该楼房实质上是公司购买的，但为了能够获得银行质押贷款，故以职工个人名义购买。试问：该案例中有什么证据？审计人员依据什么进行审计？

一、审计依据

（一）审计依据的含义与特征

1. 审计依据的含义

审计依据是指对所查明的事实与现行的各种规定进行比较、分析、判断和评价，据以提出审计意见和建议，做出审计结论的客观标准。

2. 审计依据的特征

审计依据具有层次性、相关性、时效性和区域性等特点。

> ☞ 提示
>
> 在运用审计依据时，应注意这些特点，选择最适当的依据。

（二）审计依据的内容与结构

1. 审计依据按其来源分类

（1）被审计单位自己制定的依据。

（2）外部各单位制定的审计依据。

2. 审计依据按其性质分类

（1）法律、法规。

> ☞ 提示
>
> 在对审计结果进行评价时，首先应以法律规范的条文作依据，对审查的情况进行是非、好坏、高低、优劣的衡量。

（2）规章制度。

（3）计划（或预算）。

（4）业务规范、经济技术标准。

（5）经济合同。

（6）会计准则和会计制度。

3. 审计依据按照审计的目的和内容分类

（1）财政财务审计依据。

（2）财经法纪审计依据。

（3）经济效益审计依据。

即学即思 你能说出经济效益审计依据的经济指标吗？

（4）经济责任审计意见。

即学即思 你还能说出哪些审计依据？

（三）审计依据的运用

一定要全面地、历史地、辩证地运用审计依据。运用审计依据判断审计情况时，不能采取绝对化的态度。所谓全面地运用审计依据，就是不能片面地以某一方面的审计依据来评判审计的结果。

所谓历史地运用审计依据，就是要以历史的眼光评审已经过去的审计事项。这就是说，衡量、评价被审计单位的经济活动，必须以审计事项所处时期的法规、规定为审计依据。例如，某项经济活动在发生的当时是合法的，用现在的法规衡量却是不合法的，那么只能按当时审计依据去评审；反之，某项经济活动在发生的当时是不合法的，而用现在的依据去衡量是合法的，也不能用现在的审计依据对过去不合法的事项做出是合法的结论。

所谓辩证地运用审计依据，就是对被审计的经济活动，如果有几条审计依据可供采用，而这些审计依据之间又有差异，甚至有的相互抵触，那就要在全面地、历史地运用审计依据的基础上，综合地、发展地分析和研究问题形成的原因与结果，抓住主要矛盾和矛盾的主要方面，弄清问题的实质，选择最恰当的审计依据，提出切合实际的审计意见，做出正确的审计结论。

> **提示**
> 运用审计依据时，必须查对原文。运用的审计依据是否有效、恰当，涉及审计判断及其评价是否正确，直接关系到审计工作的成败，因此，必须十分认真、慎重地对待。

二、审计证据

（一）审计证据的内涵与特征

审计证据是审计人员在审计过程中，按照一定程序和方法获得并查实的用以证明被审计事项真相的凭据。审计方案中的审计目标根据审计人员提出各种不同的专题，用不同的证据加以证实。收集和评价审计证据，是审计人员执行审计业务最核心的工作，是决定审计工作质量的关键。

> **知识拓展**
>
>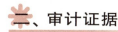
>
> 作为审计证据，必须同时具备三个基本条件：第一，必须是一种不以人意志为转移的、独立存在的客观事物；第二，与被审事项具有内在联系；第三，必须是审计人员根据审计回避制度，依照审计准则和审计程序收集、查证、落实的事实资料。

审计证据是审计人员提出意见、建议和做出审计结论的依据。而要使意见合理、建议可行、结论正确，就应当在取得充分、适当的审计证据后，形成审计意见，出具审计报告。审计报告中的证据在整体上具备如下特征：

（1）相关性。

(2)适当性。
(3)充分性。

> **提示**
> 审计证据的充分性与适当性密切相关。当审计证据的相关与可靠程度较高时,所需的审计证据的数量相对较少。如果审计证据的质量不高,则需要从不同的角度予以印证,才能得出某种结论,因而就需要增加所获审计证据的数量。

(4)可靠性。

即学即思 你还能总结出审计证据的其他特征吗?

(二)审计证据的分类

审计证据可以从不同角度、按不同标准分类。

1. 审计证据按其形态分类,可以分为实物证据、书面证据、口头证据、环境证据

(1)实物证据。实物证据又称物证,凡经验证确实存在的资产,就是实物证据。

(2)书面证据。书面证据又称文件证据,是指审计人员从被审计单位或其他单位取得或审计人员自己编制的书面材料,是审计证据中最重要的部分。

即学即思 书面证据还有哪些?

(3)口头证据。口头证据又称陈述证据、言辞证据,是指有关审计事项当事人、关系人、知情人、被委托的代言人等的口述或答复,一般以证词笔录、代言笔录、录音磁带等形式表现出来。口头证据可以作为实物证据和书面证据的补充与旁证。

(4)环境证据。环境证据又称情况证据,是指对被审计单位产生影响的各种环境因素。

2. 审计证据按其来源分类,可以分为内部审计证据、外部审计证据、相关单位证据和亲历证据

(1)内部审计证据。内部审计证据是从被审计单位内部产生资料中提取的证据。

(2)外部证据。外部证据是从被审计单位以外其他单位或个人产生资料中取得的证据。

(3)相关单位证据。相关单位证据是指被审计单位与其相关单位之间因经济来往而产生的证据。

(4)亲历证据。亲历证据是指审计人员在被审计单位目击或亲自执行某些活动时所取得或编制的证据。

3. 审计证据按其功能分类,可以分为直接证据和间接证据

(1)直接证据。直接证据是指对一定的审计项目或须证事项的正确与否具有直接作证功能的证据。这种证据同审计项目或须证事项有直接、明了、易于辨别的关系。

(2)间接证据。间接证据是指对一定的被证事项具有间接作证功能的证据。

即学即思 为什么间接证据比直接证据的证明力弱?

4. 审计证据按其重要性分类,可以分为基本证据和辅助证据

(1) 基本证据。基本证据又称主证、主要证据,是指对应证事项具有直接证明力的重要的原始证据。

(2) 辅助证据。辅助证据又称佐证、旁证、补充证据,是指能佐证或支持基本证据,或能证明应证事项有关细节和侧面的证据,这种证据对基本证据起到补充、强化作用。

即学即思 基本证据与辅助证据的关系是什么?

5. 按审证据的取证方式分类,可以分为检查证据、调查证据、鉴定证据和其他证据

(1) 检查证据。它是指审计人员在审计过程中,施用审阅、核对、分析、监盘等方法所获得的各种会计资料及其他信息资料等。

(2) 调查证据。它是指审计人员针对某些被审计事项,向有关部门和人员进行调查时所获得的陈述材料和出具资料。

(3) 鉴定证据。它是指在审计实践中,针对某种事项、实物或资料,审计人员要求有必要进行鉴定的,交有关部门进行鉴定后所取得的鉴定结论。

(4) 其他证据。它是指在上述证据之外的各种证据,如审计人员在审计工作中的各种记录、群众的举报材料、来访接待记录、分析对比资料等。

(三) 审计证据的收集、鉴定与综合

1. 审计证据的证据力和证明力

证据力是一种客观存在的可能性,是一种形式上的价值,能否被认定和运用,有待于审计人员验证、鉴别和综合。证明力是指证据资料实质上的价值。证明力是审计人员对证据力加以分析、归纳、判断和综合评价的过程。

> **提示**
> 审计证据证明力的形成分为三个阶段,即潜在证明力、现实证明力和充分证明力。

2. 审计证据的收集

在审计的过程中,收集审计证据是审计人员一项最重要的工作,直接关系到审计工作的成败。

收集审计证据的途径,主要有以下几种:
(1) 要求被审计单位提供。
(2) 实际查阅。
(3) 现场观察。
(4) 询问。

即学即思 收集审计证据除了运用上述专门方法外,还有哪些方法?

3. 审计证据的鉴定

收集到的审计证据,尽管具有证明力,但其证明力还是潜在的。要使潜在的证明力变为现实的证明力,在使用之前还要进行鉴定,以判断证据与被审事项的相关性、证据本身的真

实可靠性(胜任性)、证据内容性质的重要性。

4. 审计证据的综合

经过鉴定的证据，虽然具有现实的证明力，但仍是分散的个别的证据。要使其形成具有充分证明力的证据，还需对证据进行综合评价。综合的过程，就是选出最适宜的、充分的、有说服力的证据，并以此作为编写审计报告、发表审计意见、做出审计结论的依据。如果经过综合评定后证据还不充分，则要扩大审计范围，再补充收集、鉴定证据。

提高审计证据质量的对策

课堂讨论 请回答本任务引导案例中提出的问题。

阅读条目

1. 中华人民共和国审计法、中华人民共和国会计法、中华人民共和国税法、中华人民共和国统计法、中华人民共和国合同法等
2. 中国注册会计师审计准则第 1301 号——审计证据
3. 内部审计具体准则第 3 号——审计证据

任务四　审计准则与审计责任

学习目标

1. 能说出国家审计准则的具体内容。
2. 能说出内部审计准则体系。
3. 能说出社会审计准则的具体内容。
4. 会运用审计准则。
5. 能说出审计责任的类型。

引导案例

凌云科技前身为某石化集团股份有限公司，其主营业务为实用化工及橡胶产品制造。2000年6月10日，在深圳证券交易所挂牌上市。凌云科技2022年4月16日公布2021年年报，宣布扭亏为盈；4月26日公司公告称：我公司部分高管人员、董事、监事涉嫌提供虚假财务报告及其他犯罪行为被某市公安局立案侦查，2021年主审注册会计师刘某也因涉嫌提供虚假证明文件罪被刑事拘留。

从本案例可看出，注册会计师应严格遵循审计准则，否则将承担相应的审计责任。

一、审计准则的含义与特征

(一) 审计准则的含义

审计准则,又称审计标准,是专业审计人员在进行审计时必须严格遵守的最高行为准则,它是审计工作质量的权威性判断标准。

> ☞ 知识拓展
>
> **审计准则含义的扩展**
> (1) 审计准则是制约审计人员的行为准则。
> (2) 审计准则既对审计人员素质提出要求,同时也对社会提供审计工作质量保证。
> (3) 审计准则是通过审计人员执行审计程序体现出来的。
> (4) 审计准则是审计人员签署最终审计意见时的客观保证。

(二) 审计准则的特征

审计准则一般具有以下特征:
(1) 权威性。
(2) 规范性。
(3) 可操作性。
(4) 稳定性。

二、审计准则的结构与内容

(一) 国家审计准则

1. 一般准则

一般准则是审计机关及其审计人员应当具备的资格条件和职业要求,它对保障审计机关及审计人员顺利完成作业准则、报告准则和处理处罚准则规定的任务及实现审计的目标具有重要意义。概括起来,一般准则应当对以下方面进行规范:审计主体的资格条件;审计机关和审计人员在执业过程中应当保持的独立性,以及稳健与谨慎的执业态度;审计机关应当建立继续教育和培训制度,保证审计人员具有熟练的专业知识和业务能力。

即学即思 你能运用所学知识举例说出一般准则吗?

2. 作业准则

作业准则是审计机关和审计人员在审计准备和实施阶段应当遵守的行为规范。主要应包括以下方面:规范审计计划和组织;规范审计方案的编制;规范审计通知;规范审计实施阶段的审计行为;规范审计证据的收集;规范审计工作底稿的编制、复核;规范项目审计质量的控制。

3. 报告准则

报告准则是审计组织反映审计结果、提出审计报告以及审计机关审定报告时应当遵守的行为规范。报告准则的内容应当包括：规范审计报告的内容；规范审计报告的撰写、征求意见和提交；规范审计报告的复核；规范审计报告的审定。

4. 处理处罚准则

处理处罚准则是审计机关对审计事项做出评价、出具审计意见书，以及对违反国家规定的财政、财务收支行为和违反审计法的行为，给予处理处罚、做出审计决定时应当遵守的行为规范。处理处罚准则是与法律赋予审计机关处罚权相适应的，是具有中国特色的政府审计准则的重要内容。

> **知识拓展**
>
> **国际审计准则**
>
> 《国际审计准则》为国际会计师联合会（IFAC）所颁布。国际会计师联合会是国际民间审计组织，成立于1977年10月7日，代表澳大利亚、加拿大、法国、日本、墨西哥、荷兰、菲律宾、爱尔兰等49个国家的63个职业审计团体。该协会下设国际审计实务委员会，代表联合会的理事会负责拟定并颁布《国际审计准则》。自1980年6月至今，先后颁布了第1~53号《国际审计准则》文件。这53项文件，可分为一般准则、外勤工作准则和报告准则三个部分。

（二）内部审计准则

1. 内部审计基本准则

该准则按照一般准则、作业准则、报告准则、内部管理准则等内容，分别对审计机构、审计人员、独立性、重要性和审计风险、审计前的工作、审计方法、审计证据、工作底稿、审计报告的撰写、审计报告的复核、后续审计，以及审计计划、审计人员的管理、内部审计与外部审计的协调等进行了规范。

2. 内部审计具体准则

内部审计具体准则以内部审计基本准则为依据编制，是执行内部审计工作的行为规范。我国内部审计协会颁布的内部审计具体准则包括《审计计划》《审计通知书》《审计证据》《审计工作底稿》《内部控制审计》《舞弊的预防、检查与报告》《审计报告》《后续审计》《内部审计督导》《内部审计与外部审计的协调》《结果沟通》《遵循性审计》《评价外部审计工作质量》《利用外部专家服务》《分析性复核》《风险管理审计》《重要性与审计风险》《审计抽样》《内部审计质量控制》《人际关系》等共20余个具体审计准则。

> **知识拓展**
>
> **国际内部审计准则**
>
> 国际内部审计师协会成立以来，相继发表了一系列适用于内部审计工作的声明和准则，主要有《国际内部审计师协会关于内部审计责任的声明》《国际内部审计师协会会员职业道德准则》《国际内部审计师协会内部审计从业标准》《关于审计委员会的立场》等。

3. 内部审计实务指南

除上述内部审计具体准则之外，内部审计协会还颁布了《建设项目内部审计》《物资采购审计》两个审计实务指南，以利于内部审计工作的进一步开展。

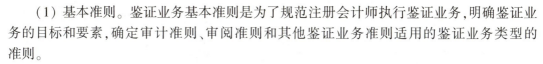

国际内部审计师协会(IIA)规定的内部审计准则框架

（三）社会审计准则（中国注册会计师执业准则）

1. 鉴证业务准则

（1）基本准则。鉴证业务基本准则是为了规范注册会计师执行鉴证业务，明确鉴证业务的目标和要素，确定审计准则、审阅准则和其他鉴证业务准则适用的鉴证业务类型的准则。

（2）审计准则。审计准则是用来规范注册会计师执行历史财务信息（主要是财务报表）审计业务的，是整个业务准则的核心。它包括：一般原则和责任；风险评估与风险；审计证据；利用其他主体的工作；审计结论与报告；特殊领域。

（3）审阅准则。审阅准则是用来规范注册会计师执行历史财务信息审阅业务的，目前主要是财务报表审阅。

（4）其他鉴证业务准则。其他鉴证业务准则是用来规范注册会计师执行除历史财务信息审计和审阅以外的非历史财务信息鉴证业务的。其他鉴证业务准则包括两项：历史财务信息审计或审阅以外的新增业务；预测性财务信息的审核。

2. 相关服务业务准则

相关服务业务准则用以规范注册会计师执行除鉴证业务以外的其他相关服务业务。相关服务业务准则包括两项：对财务信息执行商定程序；代编财务信息。

3. 质量控制准则

质量控制准则是规范会计师事务所执行历史财务信息审计和审阅业务、其他鉴证业务及相关服务业务时应当遵守的质量控制政策和程序，是明确会计师事务所及其人员的质量控制责任的准则。目前质量控制准则主要是业务质量控制。

新旧注册会计师审计准则区别

即学即思 你能说出注册会计师职业准则与会计准则的关系吗？

> **☞ 知识拓展**
>
> **注册会计师职业准则**
>
> 注册会计师职业准则最早诞生于美国。现影响较大的审计准则制定团体是隶属于国际会计师联合会(international federation of accountants, IFAC)的国际审计与鉴证准则理事会(international auditing and assurance standards board, IAASB)，其前身是国际审计实务委员会(international auditing practices committee, IAPC)，其主要任务是发布审计与鉴证业务方面的文告并提高其在全球范围的接受程度，以促进世界范围内审计实务与相关业务的趋同。我国注册会计师协会于1997年5月8日加入IFAC，成为其正式会员。

三、审计责任

（一）被审计单位的法律责任

按照我国审计法的规定,被审计单位如果违反了《审计法》和国家规定的财政收支、财务收支行为,应负有一定的法律责任。

1. 违反《审计法》的法律责任

根据审计法律规定,对于被审计单位违反《审计法》的行为,可以通报批评、给予警告,对直接责任人追究行政责任、刑事责任。

2. 违反国家规定的财政收支、财务收支行为的法律责任

（1）对于违反国家规定的财政收支行为,审计机关、人民政府或者有关主管部门在法定职权范围内,依照法律、行政法规的规定做出处理。

（2）对于违反国家规定的财务收支行为,审计机关、人民政府或者有关主管部门在法定职权范围内,依照法律、行政法规的规定,给予必要的经济处罚和行政处罚。

（二）负有直接责任的个人的法律责任

1. 对被审计单位违反审计法负有直接责任的个人的法律责任

对负有直接责任的主管人员和其他直接责任人员依法应当给予行政处分的,应当提出给予行政处分的建议;构成犯罪的,由司法机关追究刑事责任。

2. 对被审计单位违反国家规定财政收支、财务收支行为负有直接责任的个人的法律责任

被审计单位违反国家规定的财政收支、财务收支行为,负有直接责任的个人包括主管人员和其他直接责任人;负有直接责任的个人应承担行政责任或刑事责任,不涉及民事责任。

（三）报复陷害审计人员的法律责任

《审计法》规定:报复陷害审计人员,构成犯罪的,依法追究刑事责任;不构成犯罪的,给予行政处分。

（四）审计人员的法律责任

1. 国家审计人员的法律责任

《审计法》规定:审计人员滥用职权、徇私舞弊、玩忽职守,构成犯罪的,依法追究刑事责任;不构成犯罪的,给予行政处分。

2. 内部审计人员的法律责任

《审计署关于内部审计人员工作的规定》指出:违反本规定的单位和个人,由其主管部门或单位在法定职权范围内,根据情节轻重,给予行政处分、经济处罚,可提请监察部门、司法部门依法进行处理。

3. 社会审计人员的法律责任

即学即思 注册会计师的行政责任有哪些?

知识拓展

审计人员减少过失和防止欺诈的措施

增强执业独立性;保持职业谨慎、强化执业监督。

注册会计师因违约、过失或欺诈给被审计单位或其他利害关系人造成损失的,按照有关法律和规定,可能被判负行政责任、民事责任或刑事责任。这三种责任可单处,也可并处。

课堂讨论 审计人员如何避免法律诉讼?

会计责任与审计责任的关系

阅读条目

1. 中国注册会计师执业准则
2. 中华人民共和国注册会计师法
3. 中华人民共和国公司法
4. 中华人民共和国刑法
5. 中国内部审计准则
6. 中华人民共和国国家审计准则

任务五 审计程序与审计报告

学习目标

1. 能领会审计程序和审计报告的内涵。
2. 能描述审计程序。
3. 能说出内部审计与社会审计程序的特点。
4. 能分辨审计报告的类别。
5. 会判断审计意见不同的审计报告。

引导案例

A 注册会计师作为 ABC 会计师事务所审计项目负责人,在审计以下单位 2021 年度会计报表时遇到以下情况:

甲公司拥有一项长期股权投资,账面价值 500 万元,持股比例 30%。2021 年 12 月 31

日,甲公司与 K 公司签署投资转让协议,拟以 450 万元的价格转让该长期股权投资,已收到款项 300 万元,但尚未办理产权过户手续。甲公司以该项长期股权投资正在转让之中为由,不再计提减值准备。针对这种情况,A 注册会计师出具保留意见或否定意见审计报告。

请问:为什么?

一、审计程序

(一) 审计程序的含义

审计程序是指审计机构和审计人员对审计项目从开始到结束的全过程,采取系统性的工作步骤。它包括审计工作的阶段及每个阶段的工作要点、各项工作的联系以及审计文件的传递等内容。

即学即思 审计程序有哪些作用?

(二) 政府审计的审计程序

不同审计主体的审计程序,既有共性也有个性。政府审计的审计程序一般包括准备阶段、实施阶段、报告阶段。

1. 审计准备阶段

审计的准备阶段是指审计人员从接受审计任务到下达审计通知书的过程。审计的准备阶段在审计过程中占有重要的地位,准备越充分,审计的实施就越有把握,就能使整个审计工作有序地进行。

(1) 明确审计的对象和任务。

(2) 配备审计人员。

(3) 考察、调查被审计单位。

(4) 制定审计方案。

(5) 下达审计通知书,进驻被审计单位。

2. 审计实施阶段

把一个切实可行的审计方案化为具体的、实际的行动,这个过程称为实施阶段。实施阶段是整个审计过程的中心和重点。

(1) 审阅分析会计资料。企业会计资料一般分为会计凭证、会计账簿和会计报表。

(2) 实质性测试分析,即采用核对、复核、盘查盘点、查询等技术方法对账户余额和经济业务进行审查,对会计信息进行分析。

(3) 整理审计工作底稿。在审查有关资料和经济活动过程中,经过审阅分析会计资料和进行实质性测试,取得大量的审计证据,发现被审计单位存在的问题,审计人员都要进行必要的记录。

审计记录主要有两种形式,一是序时记录,称为审计人员日记;二是小结性记录,称为审计工作底稿。审计工作底稿是审计人员在审计实施阶段所完成的某项工作记录,它是由审计人员编写,并作为拟定审计报告、考核审计人员工作状况的依据。同时,也是重要的历史资料。

3. 审计报告阶段

审计的报告阶段是审计的终结阶段。审计报告是对整个审计过程的全面总结。报告阶段的主要工作包括四个方面的内容,即归纳问题、分析研究;座谈讨论、做出结论;撰写审计报告;审计资料清理归档方面的工作。

> **知识拓展**
>
> **后续审计**
>
> 后续审计是对被审计单位执行审计决定情况进行的监督检查活动,以维护审计后果。后续审计有两方面的任务:一是检查原来的审计决定的执行情况,以及重要建议的落实情况;二是对原被审查单位的隐瞒行为,或漏审、错定等问题,进行复核,重新做出审计决定。后续审计有利于维护审计决定的严肃性,保证被审计单位认真执行,充分发挥审计的作用。

(三) 社会审计与内部审计程序的特点

1. 社会审计审计程序的特点

在实施阶段上,与政府审计基本相同,但准备阶段和终结报告阶段有自身的特点:

(1) 准备阶段。主要工作包括签订审计业务约定书和编制审计计划两大环节。

在社会审计实务中,签订审计业务约定书是一项重要工作。审计业务约定书具有法律效力,因此,在签订前要了解被审计单位的基本情况,如业务性质、经营规模、经营状况等。在了解基础上,对审计风险进行初步评价,如委托人的委托目的和委托动机,动机不纯往往存在较大的风险。双方协商约定审计事项,明确双方的权利、义务。在综合考虑上述因素并做好相应工作的基础上,接受委托,则与委托人签订审计业务约定书。签约之后,在执行具体审计活动前,应根据审计任务和具体情况拟定审计计划,对审计工作做出合理安排。

> **链接**
>
> 审计业务约定书见本教材项目四之任务一。
> 审计计划书见本教材项目四之任务二。

(2) 终结报告阶段。主要工作包括编制审计差异调整表、编制审计报告、提出管理建议书。在编制审计报告前应以书面形式即审计差异调整表的形式,向被审计单位提出调整会计报表的建议,如被审计单位接受建议并调整,则在审计报告中不反映已调整的事项。在完成审计事项的基础上,审计人员正确地运用专业判断,综合收集到的各种审计证据,根据独立审计准则,形成适当的审计意见,编写审计报告,并提出管理建议书。

> **知识拓展**
>
> **管理建议书**
>
> 管理建议书是审计人员针对审计过程中注意到的,可能导致被审计单位会计报表产生重大错报或漏报的内部控制重大缺陷而提出的书面建议。

2. 内部审计审计程序的特点

内部审计由于所处地位的特殊性,从形式上看,与政府审计程序大体相同,但也有自身的特点:

(1)准备阶段。内部审计机构的审计项目来源于本部门和本单位的实际需要,上级领导部门和政府审计机构对内部审计机构的要求。因为内部审计人员熟悉本部门、本单位的情况,因此会很快进入实施阶段。

(2)实施阶段。由于内部审计人员熟悉本部门、本单位的情况,调查了解情况和内部控制的测试等工作减少,可直接运用各种审计方法进行审查,获取审计证据。

(3)终结报告阶段。内部审计人员在完成领导安排的具体审计项目后,应根据审计工作底稿编制具体审计项目报告,反映审计任务完成情况和审计结果。经单位领导审定后,编制下达审计决定。

二、审计报告

(一)审计报告的含义

审计报告,是审计人员在审计工作结束后,将审计情况和审计结果向审计委托人(授权人)所做的书面报告。审计报告是审计工作的最终成果,具有法定证明效力。

审计报告集中反映了审计工作的水平和质量,它是充分体现审计工作成果,并发挥其应有作用的关键。

(二)审计报告的种类

1. 按照审计报告的格式,可以分为标准审计报告和非标准审计报告

(1)标准审计报告。这是指格式和措辞基本统一的审计报告。

(2)非标准审计报告。这是指格式和措辞不统一,可以根据具体审计项目及其审计的具体情况来决定的审计报告。它包括一般审计报告和特殊审计报告。

出具审计报告
应注意事项

2. 按照审计报告使用的目的,可以分为公布目的的审计报告和非公布目的的审计报告

(1)公布目的的审计报告。一般用于对企业投资者、债权人等非特定利害关系人公布的审计报告。这种审计报告,在出具时应同时附送已审计的财务报表。

(2)非公布目的的审计报告。一般用于经营管理、合并或业务转让、融通资金等特定目的而实施审计的审计报告。这种审计报告是分发给特定使用者的。

3. 按照审计报告的详简度,可分为简式审计报告和详式审计报告

(1)简式审计报告,又称段式审计报告。这是指审计人员对应公布的财务报表进行审计后所编制的简明扼要的审计报告。这种审计报告一般适用于公布目的,且具有标准审计报告的特点。

(2)详式审计报告,又称长式审计报告。这是指审计人员对审计对象所有重要的经济业务和情况都要进行详细说明和分析的审计报告。这种审计报告一般适用于非公布目的,且具有非标准审计报告的特点。

4. 按照审计工作的范围和主体，审计报告可以分为外部审计报告和内部审计报告

(1) 外部审计报告。这是指由被审计单位外部的政府审计机关或民间审计组织所出具的审计报告。

即学即思 外部审计通过哪些渠道对外公布？

(2) 内部审计报告。这是指由部门或单位内部相对独立的审计机构所出具的审计报告。

即学即思 内部审计报告需要公布吗？为什么？

(三) 审计报告格式和内容

1. 政府审计报告的格式与内容

政府审计报告，是审计组根据审计事项实施情况和结果，向派出的审计机构提出的书面报告，属于行政关系的工作报告。这种审计报告不是审计机关的最后结论意见，故对被审计单位并没有法律上的直接约束力。只有政府审计机构在审计报告的基础上向被审计单位提出审计意见书并做出审计决定时，被审计单位才有接受和执行的责任，其中审计决定必须执行。

政府审计报告范例：

关于对××市和顺工厂××××年第三季度利润计划完成情况的审计报告

根据我局工作计划安排，我们审计小组于××××年××月××日至××××年××月××日对××市和顺工厂××××年度第三季度利润计划完成情况进行审计。现将审计情况报告如下：

一、被审计单位基本情况(略)

二、审计中发现的问题

××××年第三季度该厂计划利润总额为500万元，实际完成利润总额为475万元，仅完成95%。经审查，发现该厂少摊材料成本差异，多计产品销售成本，违反规定多列营业外支出等共计金额75万元。经调整，利润总额应为550万元(见附件)。

具体情况如下：

(一) 少摊材料成本差异

该厂材料采用计划成本核算，但长期不分摊差异。据核实，××××年第三季度产品成本少分摊差异27万元(贷差)。

(二) 多计产品销售成本

审查修理用料凭证，发现企业将固定资产大修理领料14万元计入中心修理费。审查销售费用凭证，发现将支付给购货单位的回扣0.4万元，作为销售费用计入产品销售成本。

(三) 扩大营业外支出

审查营业外支出，发现该厂将某固定资产基建费33.6万元列入营业外支出。这不符合国家规定，应列入固定资产核算。

上述事实，确属违反财经纪律的行为。为此要求该厂对第三季度利润表做相应调整，并对以后如何做好财务管理工作提出如下建议：

1. 要求严格遵守国家规定的成本开支范围，不得随意摊提费用，擅自提高开支标准，扩

大开支范围。

2. 加强资金管理,分清开支渠道,不得扩大营业外支出项目。

3. 建议对该厂××××年第一、二季度的财务成果进行一次全面深入的审计。

以上意见妥否,请审定。

附件:1份

审计意见与
建议要点

××市审计局工业审计处驻和顺工厂
审计组组长:×××(签章)
年　　月　　日

2. 内部审计报告格式与内容

内部审计报告,是内部审计机构和人员向本单位的领导提交的审计报告,是行政领导下的经济和行政双重监督,是以本单位领导的名义向被审计单位下达的意见书和审计决定,它可供本部门、本单位领导人了解情况,用作经营决策的参考,对外不起公证作用。内部审计报告涉及经济业务较复杂,其深度、广度一般要求较高,应当坦率、中肯地表达审计意见。基本内容及格式与政府审计机关的审计报告基本相同,无原则差别。

内部审计的审计报告范例:

××工厂审计处审计报告

审字××××年度第××号

关于设备使用和管理情况的审计报告

××厂长:

根据审字××××年度第××号文件精神和你的指示,我处对于本厂设备使用和管理情况,于××××年××月××日进行了审计。现将审计结果报告如下:

一、概况

……

二、设备审计综合分析

1. 被审设备状态。审计设备共有38台,已投入生产使用22台,占58%;未使用14台,占37%;报废2台,占5%。

2. 已投产设备使用情况。已投产使用设备22台,其中使用过程中出现一些问题,通过维修或换件能正常使用的有6台;设备使用和维护还稳定的有9台;设备性能稳定、利用率高的有7台。上述情况说明,投产使用的设备是好的或比较好的,在生产上发挥了作用。

3. 未投产使用设备情况。未投产使用设备14台,其中由于设备本身质量原因未能投入使用的有9台设备,由于产品产量调整使设备闲置不能发挥效益的有5台,属于选型不当的有2台设备(详情见附件)。

经审查,影响设备使用效率的原因主要有:① 设备质量差;② 产品质量调整;③ 管理不善;④ 造型不当。一些好用的设备大多数是标准设备,不好用或发挥不了作用的大多数是自制设备。

三、审计意见

1. 针对问题抓措施落实,抓整改,这项工作应在总工程师领导下,由技改办纳入工作计划具体去组织落实。

2. 在全厂范围内进行一次设备大清理,对闲置的设备、无法修复的设备进行鉴定造册。

3. 加强设备管理。

4. 目前需要解决设备造型与设备采购之间的矛盾。

××工厂审计处
年　月　日

3. 社会审计报告格式与内容

(1) 无保留意见的审计报告。无保留意见是指注册会计师对被审计单位的会计报表,依照《独立审计准则》的要求进行审查后确认:被审计单位采用的会计处理方法遵循了会计准则及有关规定;会计报表反映的内容符合被审计单位的实际情况;会计报表的内容完整,表达清楚,无重要遗漏;报表项目的分类和编制方法符合规定要求,因而对被审计单位的会计报表无保留地表示满意。无保留意见意味着注册会计师认为会计报表的反映是公允的,能满足非特定多数的利害关系人的共同需要,并对表示的该意见负责。无保留意见也是委托人最希望获得的审计意见,表明被审计单位的会计控制制度较为完善,可以使审计报告的使用者对被审计单位的财务状况、经营成果和资金变动情况具有较高的信赖。

出具无保留意见的条件包括:会计报表的编制符合《企业会计准则》和国家其他财务会计法规的规定;会计报表在所有重大方面公允地反映了被审计单位的财务状况、经营成果和资金变动情况;会计处理方法的选用遵循了一贯性原则;其审计已按照《独立审计准则》的要求,实施了必要的审计程序,在审计过程中未遇到阻碍和限制;不存在应调整而被审计单位未予以调整的重要事项。

无保留意见的审计报告范例:

审 计 报 告

ABC有限公司董事会:

我们接受委托,审计了贵公司××××年12月31日的资产负债表和该年度的利润表、现金流量表。这些会计报表由贵公司负责,我们的责任是对这些会计报表发表审计意见。我们的审计是依据中国注册会计师《独立审计原则》进行的。在审计过程中,我们结合贵公司的实际情况,实施了包括抽查会计记录等我们认为必要的审计程序。

我们认为,上述会计报表符合《企业会计准则》和《××会计制度》的规定,在所有重大方面公允地反映了贵公司××××年12月31日的财务状况和该年度经营成果以及资金变动情况,会计处理方法的选用遵循了一贯性原则。

会计师事务所(公章)　　注册会计师(签名盖章)
(地址)　　　　　　　年　月　日

(2) 保留意见的审计报告。注册会计师通过审计报告对被审计单位的会计报表持有异议或存在某些疑问,就不应该签发无保留意见的审计报告。注册会计师应视被审计单位的实际情况及所掌握的审计证据,签发保留意见、否定意见或拒绝表示意见的审计报告。

保留意见是指注册会计师对会计报表的反映有所保留的审计意见。一般由于某些事项的存在,使用无保留意见的条件不完全具备,影响了被审计单位会计报表的表达,因而注册会计师对无保留意见加以修正,对影响事项提出保留意见,并表示对该意见负责。

注册会计师经过审计后,认为被审计单位会计报表的反映就其整体而言是恰当的,但还存在着下述情况之一时,应出具表示保留意见的审计报告:个别重要财务会计事项的处理或个别重要会计报表项目的编制不符合《企业会计准则》和国家其他有关财务会计法规的规定,被审计单位拒绝进行调整;因审计范围受到局部限制,无法按照独立审计准则的要求取得应有的审计证据;个别会计处理方法的选用不符合一贯性原则。

保留意见的审计报告范例:

审 计 报 告

ABC 有限公司董事会:

我们接受委托,审计了贵公司××××年12月31日的资产负债表和该年度的利润表、现金流量表。这些会计报表由贵公司负责,我们的责任是对这些会计报表发表审计意见。我们的审计是依据中国注册会计师《独立审计原则》进行的。在审计过程中,我们结合贵公司的实际情况,实施了包括抽查会计记录等我们认为必要的审计程序。

经审计,我们发现贵公司××××年12月预付的下年度产品广告费××元,全部作为当月费用处理。我们认为,按照《企业会计准则》的规定,预付的产品广告费应作为待摊费用处理,但贵公司未接受我们的意见。该事项使贵公司12月31日资产负债表的流动资金少了××元,该年度利润表的利润总额减少××元。

我们认为,除存在本报告第二段所述预付产品广告费的会计处理不符合规定外,上述会计报表符合《企业会计准则》和《××会计制度》的规定,在所有重大方面公允地反映了贵公司××××年12月31日的财务状况和该年度经营成果及资金变动情况,会计处理方法的选用遵循一贯性原则。

会计师事务所(公章)　　注册会计师(签名盖章)
(地址)　　　　　　　　年　月　日　　

(3) 否定意见的审计报告。在注册会计师出具的审计报告中,无保留意见的审计报告和保留意见的审计报告较为常见,发表否定意见的审计报告则不经常遇到,无论是注册会计师还是被审计单位都不希望发表此类审计意见报告。所谓发表否定意见是指与无保留意见相反,提出否定会计报表公允地反映被审计单位财务状况、经营成果和资金变动的审计意见。

当未调整事项、未确定事项、违反一贯性原则的事项等对会计报表的影响程度在一定范围内时,注册会计师可以发表保留意见。但是如果其影响程度超出一定范围,以致会计报表无法被接受,被审计单位的会计报表已失去其价值,注册会计师就不能发表保留意见,又不应不发表意见,而只能发表否定意见。

注册会计师经过审计以后,认为被审计单位的会计报表存在下述情况之一时,应当出具否定意见的审计报告:会计处理方法的选用严重违反《企业会计准则》和国家其他有关财务会计法规的规定，被审计单位拒绝进行调整；会计报表严重歪曲了被审计单位的财务状况、经营成果和资金变动情况，被审计单位拒绝进行调整。

注册会计师在出具否定意见的审计报告时，应于"意见段"之前另设"说明段"，说明所持反对意见的理由，并在"意见段"中使用"由于上述问题造成的重大影响""由于受到前段所述事项的影响"等专业术语，并指出会计报表"不能公允地反映""不符合……规定"等问题。

否定意见的审计报告范例：

审 计 报 告

ABC有限公司董事会：

  我们接受委托，审计了贵公司××××年12月31日的资产负债表和该年度的利润表、现金流量表。这些会计报表由贵公司负责，我们的责任是对这些会计报表发表审计意见。我们的审计是依据中国注册会计师《独立审计原则》进行的。在审计过程中，我们结合贵公司的实际情况，实施了包括抽查会计记录等我们认为必要的审计程序。

  经审计，我们发现贵公司的资产负债表未反映长期投资项目，而将长期投资××元列为其他应收款。我们认为这种会计处理方法违反《企业会计准则》和《××会计制度》的规定。我们提出了调整意见，贵公司拒绝采纳。

  我们认为，由于本报告第二段所述问题造成的重大影响，上述会计报表不符合《企业会计准则》和《××会计制度》的规定，未能公允地反映贵公司××××年12月31日的资产负债表和该年度经营成果与资金变动情况。

会计师事务所（公章）　　注册会计师（签名盖章）
（地址）　　　　　　　　年　月　日

（4）拒绝表示意见的审计报告。拒绝表示意见是指注册会计师对被审计单位的会计报表不能发表意见，也即对会计报表不发表包括肯定、否定和保留的审计意见。

注册会计师出具拒绝表示意见的审计报告，不同于拒绝接受委托，它是注册会计师实施了必要的审计程序后发表审计意见的一种方式；注册会计师出具拒绝表示意见的审计报告，也不是不愿发表意见。如果注册会计师已能确定应当出具保留意见或否定意见的审计报告，则不得以拒绝表示意见的审计报告来代替。保留意见或否定意见是注册会计师在取得充分、适当的审计证据后形成的，由于被审计单位存在某些未调整事项或未确定事项等，按其影响的严重程度而表示保留或否定的意见，并不是无法判断措辞的使用或问题的归属。拒绝表示意见是由于某些限制而未对某些重要事项取得证据，没有完成取证工作，使得注册会计师无法判断问题的归属。

注册会计师在审计过程中，由于审计范围受到委托人、被审计单位或客观环境的严重限制，不能获取必要的审计证据，以致无法对会计报表具体反映发表审计意见时，应当出具拒绝表示意见的审计报告。

注册会计师在出具拒绝表示意见的审计报告时，应于"意见段"之前另设"说明段"，以说明所持拒绝表示意见的理由，并在"意见段"中使用"由于审计范围受到严重限制""由于无法实施必要的审计程序""由于无法获取必要的审计证据"等术语，并指出"我们无法对上述会计报表整体反映发表审计意见"。

拒绝表示意见的审计报告范例：

审 计 报 告

ABC 有限公司董事会：

  我们接受委托，对贵公司××××年 12 月 31 日的资产负债表及该年度利润表、现金流量表进行审计。贵公司收入的很大一部分为现金销售收入，但缺乏我们可以依赖的相关控制制度，我们无法采用合适的审计程序以证实收入的完整性。因此，我们不能获得有关收入真实性的证据。

  由于本报告第一段所述原因，我们无法对上述会计报表整体反映发表审计意见。

              会计师事务所（公章） 注册会计师（签名盖章）
                  （地址）   年 月 日

课堂讨论 请回答本任务引导案例提出的问题。

阅读条目

1. 中国注册会计师审计准则第 1501 号——审计报告
2. 中国注册会计师审计准则第 1502 号——非标准审计报告
3. 中国内部审计准则第 2106 号——审计报告
4. 中国内部审计准则第 2102 号——审计通知书

项目二

会计错弊剖析

任务一 会计错误剖析

 学习目标

1. 能说出会计错误的含义与成因。
2. 会分析会计错误的形式。
3. 会总结会计错误的特点。

 引导案例

审计人员在审查某企业2021年7月会计资料时,发现7月份的增值税为30 200元,消费税为16 600元,则应交的教育费附加为1 404元[(30 200+16 600)×3%],但企业"应交教育费附加"为1 566元。查企业7月50号记账凭证,发现所附原始凭证增值税为30 200元误记为32 000元,企业多交教育费附加54元[(2 000-200)×3%]。该笔业务明显属于会计错误。

一、会计错误的含义及成因

会计错弊的认定规则

(一)会计错误的含义

会计错误是指在会计核算中存在的非故意因素导致的过失。

(二)会计错误的成因

(1)会计差错的产生主要与相关人员的主观因素有关。当相关人员的业务水平和熟练程度较低时,往往会发生较多的差错。

（2）当相关人员的业务熟练程度较高时，他们在大量的业务面前，也会由于疲劳或大意产生一些差错，这是人的一种生理现象，即使实行电算化以后，仍有可能发生会计差错。

即学即思 会计错误产生的原因还有哪些？

二、会计错误的特征

（一）非故意性

会计错误不是出于相关人员的主观故意行为，相关人员并没有从中获得任何好处，这也是会计错误最重要的特点。

（二）非失真性

会计错误的产生会给企业的财务状况和经营成果造成影响，由于其只在业务处理过程和方法上有不妥的影响，因而可能并不影响会计信息的合法性、公允性和真实性。

（三）非隐蔽性

在企业内部控制制度良好的情况下，差错很容易在复核、账目核对、试算平衡、内部审计等环节中被发现并予以纠正。

即学即思 你还能总结出会计错误的其他特征吗？

三、会计错误的形式

（一）技术性错误

它是指由于财会人员对专业工作的陌生，导致对相应技术运用不当造成的错误，包括凭证填制错误、记账方向出错、数字位置填写错误、红蓝色笔用错等。

（二）习惯性错误

习惯性操作错误主要表现为：将几个零字连笔书写，经常少写或多写，"0"经常不封口被错认为"6"，"1"写成或被当作"7"；某些账户称谓使用不准；某些字书写潦草，使人不易辨认而造成错误；等等。习惯性错误是由于会计人员不良的工作习惯造成的，这种不良习惯会体现在其工作和生活的各个方面，并且具有一定的持续性，形成后是很难改变的。

（三）条件性错误

条件性错误主要是由于客观因素而造成的错误。条件性错误的特征是客观条件影响主观行为，例如当计算机系统出现故障不能使用而改为人工记账时，差错率会比计算机系统工作正常时有所上升；当报销的人较多且其涉及的金额零星、货币面值较小时，比报销人数较少、所涉金额较大时的差错要多；财会人员情绪低落、思绪分散时要比情绪稳定、注意力集中时差错率大。

（四）操作性错误

它是指由于财会人员操作不当而导致的错误。操作性错误是财会人员在工作中经常发生的，且原因各异、无规律性可循，也是最难避免的错误之一。查找操作性错误时主要应对关键环节进行查对。

（五）管理性错误

它是指由于管理薄弱、基础工作不齐备、有关财会人员的职责权限范围不明，而造成财会人员的错误。管理性错误是财会人员及其领导协调和控制不力所造成的，如果有关部门和人员加强管理，这类错误是可以避免的。这类错误对环境有很大的依赖性，当单位的管理控制较弱时这类错误发生的概率会很高，反之则会很低。

（六）责任性错误

它是指由于财会人员责任心不强所造成的本可以消除的错误。这类错误的产生主要与财会人员素质有关，但也与企业内部管理的宽严及水平有一定关系。

 会计错误还存在哪些形式？

 你在进行会计处理时，犯过哪些会计错误？

会计差错

阅读条目

1. 企业会计准则——基本准则
2. 企业会计制度
3. 会计基础工作规范（财政部）

任务二　会计舞弊剖析

 学习目标

1. 能说出会计舞弊的含义与成因。
2. 会总结会计舞弊的特点。
3. 会分析会计舞弊的形式。
4. 会比较会计错弊。

引导案例

审计人员在审计时发现,2021年企业年计划利润100万元,1—11月已实现利润79万元,据悉12月最多能实现10万元,故对此产生了怀疑。审计人员首先审阅"管理费用"和"销售费用"账户,发现有转入"其他应付款"账户的数额,以此线索查核有关账册、凭证,知晓12月发生的管理费用和销售费用在期末结转之前,分别由"管理费用"账户和"销售费用"账户各转出10.5万元和9.5万元,记入"其他应付款"账户,致使本年度虚增利润20万元。该案例属于人为调节利润。

一、会计舞弊的含义及成因

(一) 会计舞弊的含义

舞弊是指故意的、有目的的、有预谋的、有针对性的造假和欺诈行为。

(二) 会计舞弊的成因

(1) 外部环境的缺陷为制造会计弊端提供了条件。表现为:从宏观环境来讲,国家缺乏强有力的宏观经济调控机制,监督系统不完善,存在执法不严、知法犯法的问题;从某一单位或部门的角度来讲,在其内部存在管理混乱、内部控制系统不健全的问题。

(2) 相关人员的不良动机或企图为制造会计弊端提供了条件。

即学即思 你还能总结出会计舞弊的其他原因吗?

二、会计舞弊的特征

(一) 故意性

当事人进行舞弊是为了实现某种不正当的企图,因而会计舞弊一般都是故意行为。例如出纳人员为侵吞现金而隐瞒现金收入。

(二) 失真性

当事人进行舞弊都会违反国家有关法规和企业会计制度,扭曲客观事实,因而会计舞弊一般都会导致企业会计信息最终被歪曲或掩盖,不能准确、公允地反映企业的财务状况和经营成果。

(三) 行为性

会计舞弊的行为人可能是个人,也可能是相互串通的团伙。

（四）预谋性

当事人进行舞弊一般采用的手段隐蔽，较难被发现，而且都会经过事先的精密谋划。

（五）严重性

会计舞弊一旦发生，往往导致企业财产受损、国有资产流失、国家税收流失等经济后果，而且会计舞弊被查处后后果比较严重，它一般会构成经济违法犯罪。

即学即思 会计错误与会计舞弊有什么相同与不同之处？

三、会计舞弊的形式

（一）贪污公款公物

贪污公款是指会计人员利用职务之便，侵吞、盗窃、骗取或者采用其他方法非法占有公有款项的行为。它一般发生在会计员与出纳员相互兼职或者相互串通的情况下；有时，由上述人员兼任采购、报账人时，虚报冒领也可能发生贪污现象。贪污公款是会计人员易发生的行为，在国家有关部门所统计的行业犯罪中，居于较前位置。

贪污公物是指有关人员利用职务之便利，侵吞、盗窃、骗取或者采用其他方法非法占有公有物品的行为，这种行为容易发生在会计人员兼任实物保管人或利用领用物品之机冒领实物之时。

（二）财产转移

转移财产是指将公司的公有账面或非账面财产转于账外的行为，也存在将本单位财产以捐赠、低价转让、无偿租用等方式转出的做法。

> **知识拓展**
>
> **资产转移的主要手段**
>
> 将账内资产借故销账，将相应资产实物转出；将应入账的资产有意隐匿不报，放置账外；将其他单位或个人支付款项转入第三方账户或由个人私收等；将本公司财产长期让其他公司或个人无偿使用。

转移财产为单位私设"小金库"、贪污挪用单位财物提供了有利条件。

即学即思 转移财产手段还有哪些？

（三）挪用公有财产

挪用行为是指有关人员将具有特定用途的财产私自或违法挪用于别处的行为，具体形式表现如下：

1. 个人挪用

个人挪用是指会计人员在未经单位主管领导授权的情况下,将单位钱财私自挪作他用,尤其是用于个人的某种支出或用途。

2. 单位挪用

单位挪用是指会计人员受单位领导的支配,将有法定用途的资金改用于其他用途。

(四)调节财务

调节财务是指会计人员在单位领导示意下,在单位的会计资料中做一些技术处理,以使会计报表所反映的财务状况符合经营者利益需要的行为。

即学即思 请举出调节财务的方式。

(五)偷骗税款

偷骗税款是指通过在账务处理或其他会计处理环节造假的手段,以达到给国家少交税款目的的行为。偷税行为在一般企业中均可能发生,骗税主要发生在有出口业务的企业中。

即学即思 会计舞弊还有哪些形式?

课堂讨论 如何防范会计舞弊?

阅读条目

1. 企业会计准则——基本准则
2. 企业会计制度
3. 会计基础工作规范(财政部)
4. 内部审计具体准则第6号——舞弊的预防、检查与报告

会计舞弊——
非管理性舞弊

会计舞弊
手法透视

项目三

审计方法与技术

任务一 审计基本方法

学习目标

1. 能说出顺查法、逆查法、详查法、抽查法、审阅法、复核法的特点、适用范围和程序。
2. 会比较顺查法与逆查法。
3. 会比较详查法与抽查法。
4. 会简单运用审阅法、复核法。

引导案例

审计人员在审查某企业2021年年终报表时,发现企业"应交增值税明细表"中所列"销项税额"为9 546 000元,而"利润表"中所列营业收入61 000 000元计算的"销项税额"为11 370 000元,两者数额出现了差异。如果该企业为大型企业,则主要应采用什么审计方法?如为中型企业,应采用什么审计方法?如该企业内部控制实行较好,又将采用什么审计方法?

一、顺查法与逆查法

顺查法是指审计人员按经济业务处理的先后顺序依次进行审查的方法。顺查法从问题的起因查起,以资料相互核对为核心,按业务处理的顺序逐一核对,依次审查,主要审查原始凭证反映经济业务的真实性、正确性、合法性;核对审查记账凭证与原始凭证是否一致;核对审查账簿记录与记账凭证是否一致;核对总账与明细账记录是否一致;审查报表是否根据相关账户记录填列,相关项目是否存在勾稽关系。

顺查法的特点:顺查法从原始凭证的审查开始,从小处着手,从点到面;顺查法着重于账、表、单证之间的机械核对;顺查法的审查重点在于原始凭证审查,用以确定经济业务的真实性、合法性;注重记账凭证的审查,用以确定金额计算的正确性和科目适用的适当性。因此,顺查法又称为正查法。

顺查法便于理解,操作简单,审查结果能够做到全面、系统、准确。但机械地审查核对,费时费力,不易抓住重点,同时也不便于系统研究各项业务,分散了审计注意力;不便于分工,不便于了解个别会计事项与项目整体之间的联系。它一般适用于管理及会计工作混乱、业务量较少的单位及重要的审计项目。

即学即思 你能画出顺查法的图例吗?

逆查法指针对审计目标按照会计记账程序的相反方向,从会计报表、账簿查到凭证的一种审计方法,即从问题的结果开始查找,直查到问题发生的起因。其顺序为:审阅和分析会计报表;根据会计报表核对总账、明细账及日记账;核对总账及所属明细账;核对账簿与记账凭证记录及所附原始凭证;审核分析原始凭证;进行账实核对。因此,逆查法又称倒查法。

逆查法的特点:逆查法从会计报表分析开始,从大处着手,由表及里,由面到点;逆查法着重于面的观察分析,根据分析结果,再据以确定审查的重点对象;逆查法的重点在于数额较大的收支,内部控制不够健全的收支,对成本、盈亏影响变化异常的项目,内容不清的可疑账项等。

逆查法可以避免不必要的全面审查,主攻方向明确,能够节约一定的人力、物力,提高审查效率,同时便于根据业务类别进行合理分工和系统审查,但逆查法容易遗漏重大问题,不利于全面揭露会计上的各种错弊问题。因此,对于规模较大、业务较多的大中型企业单位和凭证较多的事业单位,可以采用这种方法。

☞ **提示**
在实际工作中,顺查法与逆查法不能机械地使用,必要时应结合起来。

即学即思 你能画出逆查法的图例吗?

二、详查法与抽查法

详查法指审计人员对被审计单位一定时期内的会计资料及其他经济资料进行全面详细审查的一种方法。

详查法的特征:对所审查的被审计单位一定时期的凭证、账簿和报表等会计资料和其所反映的财务收支及有关经济活动做全面、详细的审查,巨细无遗,以查明被审计单位或被审计项目所存在的各种差错和舞弊。

这种方法审查结果全面、准确,检查较为彻底,能保证审查质量,但须投入大量的人力、财力和物力,耗费时间长并且不易抓住重点。

一般适用于经济业务较少、会计核算简单的企业。

抽查法指审计人员对被查单位的会计资料及其他经济资料抽取一部分进行审查,根据审查结果推断总体情况的一种方法。如果经过抽查没有发现问题,则对其余部分不再进行审查;反之,在抽查中如发现了问题,则需要根据具体情况,适当扩大抽查规模;如问题较多或发现严重问题,应改为详查法,以便彻底把全部问题查清。

抽查法的特征:根据被审计期的审计对象总体的具体情况和审计的目标与要求选取具有代表性的样本,然后根据抽取样本的审查结果来推断总体的正确性,或推断其余未抽查部分有无错误和弊端。

抽查法能够避免详查法的繁重工作,节约人力、物力、财力和时间,大大提高工作效率,但如果抽样不合理或缺乏代表性,会出现以偏概全的错误,影响审查结果的准确性。

这种方法适用于内部控制系统较健全、会计基础较好的企事业单位。

即学即思 比较一下详查法与抽查法。

三、审阅法

审阅法是通过对书面资料的审查阅读,来审查资料本身及其反映的经济活动是否真实、合法、合理的一种审计方法。审阅法一般从两个方面进行审查:

一是形式上的审查。

二是内容上的审查。

审阅法无论是审阅凭证、账簿还是报表,其要点是:真实性、完整性、合法性和正确性。审阅法是一种最基本的审计方法,使用简便,易于掌握,常常与其他审计方法、技术结合使用,用来发现疑点,确定进一步审查的线索。审阅法在财务财政审计中运用最为广泛。

即学即思 为什么审阅法是最基本的审计方法?

四、复核法

复核法是指对凭证、账簿和报表等书面资料之间的有关数据进行互相对照检查,借以查明证证、账证、账账、账表、表表之间是否相符,从而取得有无错弊的书面证据的一种复核查对方法。

在审查会计资料时,一般主要核对以下内容:

(1)核对原始凭证的数量、单价、金额和合计数是否相符。

(2)核对记账凭证与其所附原始凭证是否相符,原始凭证的合计数与记账凭证的合计数是否相符,原始凭证的张数与金额是否相符。

(3)核对记账凭证是否已过入有关明细账和总账。

(4)核对各明细账户的余额合计数与总账中有关账户的余额是否相符。

(5)核对总账户的期初余额、本期发生额和余额的计算是否正确,各账户的借方余额合计与贷方余额合计是否平衡。

(6)核对会计报表的数字是否与总账余额或明细账余额相符。

(7)核对银行对账单、客户往来清单等外来对账单是否与本单位有关账项的记载相符。

(8)核对资产负债表、利润表、现金流量表上的数字计算是否正确无误。

(9)核对资产负债表、利润表和现金流量表之间以及利润表与利润分配表、主营业务收支明细表之间的相关数字是否相符。

(10) 核对账簿上所反映的实物余额是否与实际存在的实物数额相符。

即学即思 你还能说出其他核对的内容吗?

通过上述详细核对后,可以发现会计资料中存在的差错和问题,然后再进一步分析其性质。有的可能是一般工作的差错,有的则可能是违法乱纪行为,应依据问题的性质及其严重程度进行处理。

☞ 知识拓展

审计符号及使用

审计人员在核对过程中应认真细致、有条不紊地进行,这样才不至于遗漏和重复。为了使这项工作井然有序,就需要使用一些符号。符号是多种多样的,既可用书本上提供的,也可以自己创造。一般使用的符号有以下几种:

√——表示已经核对,√表示已核对第二次,√表示已核对第三次,等等。

×——表示所核对的资料有误。

?——表示所核对的资料可能有问题,待查。

!——表示所核对的数据有待调整。

\——表示有待详查。

⩗——表示疑点已经消除。

5/2——表示已核对至5月2日。

课堂讨论 请回答本任务引导案例中所提出的问题。

审计其他方法

阅读条目

企业会计工作规范(财政部)

任务二 审计技术方法

学习目标

1. 能说出分析法的要点,并简单运用分析法。
2. 能说出盘存法的种类及其公式。
3. 能运用调节法、查询法,会撰写查询函。
4. 能说出鉴定法要点与注意事项。
5. 知晓各种技术方法的适用范围。

项目三 审计方法与技术

 **引导案例**

审计人员在对某企业 2021 年 3 月银行存款进行审计时,发现"银行存款"账户余额为 7 847 946.68 元,银行对账单余额为 8 325 632.76 元,审计人员该采用何种审计办法?要审查 2021 年 3 月 9 日"库存现金"总账与日记账及实存现金数,又该采用什么审计方法?

审计技术方法

一、分析法

分析法是通过对会计资料的对应比较、分析,发现线索中的疑点,进一步开展检查的审计方法。分析法是根据事物的内在规律和科学的记账原理,运用逻辑思维方法进行推测、判断。

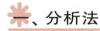 分析法还有哪些?

(一)账户分析法

账户分析法是根据会计原理和会计制度,对账户对应关系及其发生额和余额进行分析,以发现错弊和异常情况,为进一步审计提供线索的方法。

账户分析法通过对总分类账、明细分类账、日记账中的摘要、结余额、发生额、入账时间、账龄及对应关系等进行分析,以判断其账户记录以及所反映的经济活动是否正确、可靠的一种分析方法。

(二)指标分析法

指标分析法亦称为报表分析法,是指对报表中相关项目进行对比分析,包括绝对数和相对数的比较分析,从而判断报表编制是否存在问题,证实和评价报表所反映的财务状况、经营成果及现金流量变动情况的一种审计方法。

审计分析方法
运用的注意点

通过指标分析法,可以发现被审计单位的有关问题。

二、盘存法

盘存法又称实物清查法,是指对被审计单位各项财务物资进行实地盘点,以确定其数量、品种、规格及其金额等实际状况,借以核查有关实物账户的余额是否真实、正确,从中收集实物证据的一种方法。

盘存法按其组织方式不同,分为直接盘点和监督盘点两种。

直接盘点是由审计人员亲自到现场盘点实物,证实书面资料同有关的财产物资是否相符的方法。在直接盘点方式下,对于容易出现舞弊行为的现金、银行存款和贵重的原材料,应采用突击性的盘点。突击性盘点是指事先不告知经管财产的人员在什么时间进行盘点,以防止经管人员在盘点前,将财产保管工作中的挪用、盗窃及其他弊端加以掩饰。对于大宗的原材料、产成品等,应采用抽查性的盘点。抽查性的盘点,是指不对所有的财产物资都进行盘点,而是只对一部分财产物资进行抽查核实,以便检查日常盘点工作质量的优劣,检验盘点记录是否真实和正确,查明财产物资是否安全、完整,有无损坏或被挪用、贪污和盗窃等情况。

即学即思 直接盘点的特点还有哪些?

监督盘点是指为了明确责任,审计人员不亲自进行盘点,而是由经管财产人员及其他有关人员进行实物盘点清查,审计人员只是在一旁对实物盘点进行监督,如发现疑点可以要求复盘核实的方法。在监督盘点方式下,也可以采用突击性盘点和抽查性盘点形式。监督盘点一般用于数量较大的实物,如厂房、机器设备等。

即学即思 监督盘点的特点是什么?

三、调节法

调节法是指在审查某个项目时,通过调整有关数据,从而求得需要证实的数据的方法。

在审计过程中,往往出现现成的数据和需要证实的数据在表面上不一致的现象,为了证实数据是否正确,可用调节法。

运用调节法还可以证实财产物资账实是否相符。当盘点日同书面资料结存日不同时,结合实物盘点,将盘点日期与结存日期之间新发生的出入数量与结存日期有关财产物资的结存数进行调节,以验证或推算结存日期有关财产物资的应结存数。其计算公式为:

结存日(书面资料日期)数量=盘点日盘点数量+结存日至盘点日发出数量-结存日至盘点日收入数量

四、鉴定法

鉴定法是指对书面资料、实物和经济活动等的分析、鉴别,超过一般审计人员的能力和知识水平而邀请有关专门部门或人员运用专门技术进行确定和识别的方法。

鉴定法可应用于财务审计、财经法纪审计和经济效益审计。如对实物性能、质量、价值的鉴定,涉及书面资料真伪的鉴定,以及对经济活动的合理性和有效性的鉴定等;如伪造凭证的人不承认其违法行为,可通过公安部门鉴定其笔迹,以确定其违法行为;又如对质次价高的商品材料的质量情况难以确定时,请商检部门通过检查化验确定商品质量和实际价值等;还可以邀请基建方面的专家,对基建工程进行质量检查等。这是通过观察法不能取证时,必须使用的一种方法。

即学即思 鉴定法还有哪些情形?

> ☞ **提示**
>
> 　　鉴定法的鉴定结论必须是具体的、客观的和准确的,并作为一种独立的审计证据,详细地记入审计工作底稿。

五、查询法

查询法是指查账人员通过询问的方式,取得必要的资料或证实某些问题的一种方法。

(一) 口头查询

口头查询是指审计人员向被审计单位或部门的有关人员、其他与被审计单位有关的人员当面了解情况,核实问题,取得证据。采用这一方法有利于审计人员了解被审计单位的经营活动,发现和分析例外情况、异常情况、重要变动情况。成功的口头查询有赖于以下几个因素:要事先针对查询的内容拟好询问提纲,不要对被询问者的回答造成障碍;要准确地记录被访问者的回答,询问结束后,要由被询问人在记录上签字作为证据,必要时应寻找佐证加以核实。

审计询问方法与技巧

(二) 书面查询

书面查询也称函证,它是指向有关单位和个人发函询问,以证实有关事项的真实情况。函询法多用于核实被审计单位或部门与外单位的债权债务、往来款项以及银行存款余额等。函询时,应注意设计好查询函的问题及回答方式,以便于对方回函,争取被询问单位的积极配合。

函证

审计方法选用原则

> **知识拓展**
>
> **积极函证、消极函证**
>
> 积极函证,又称为肯定式函证,要求被函证方无论实际情况与实施是否相符都要回复。它是指审计人员向被审计单位债务人(债权人)发出询证函,要求被函证人证实所查人欠、欠人款项是否正确并复函的一种方法。其优点是所获取的审计证据较为可靠,缺点是审计成本较高。
>
> 消极函证,又称否定式函证,只要求被函证方对函证事项有不同意见时才予以回复。其优点是成本较低,缺点是因不可知因素的存在,所获取的审计证据较前者来说不可靠。

即学即思 重要函证未收到回函,审计人员应如何处理?

提示 实际工作中,各种审计方法结合使用,会使审计工作取得更好的效果。

课堂讨论 为什么要将审计方法结合使用?

阅读条目

1. 中国注册会计师审计准则第 1311 号——存货监盘
2. 中国注册会计师审计准则第 1312 号——函证

项目四

审计方案编制

任务一 审计业务约定书的编制

1. 能说出审计业务约定书的含义。
2. 能说出审计业务约定书的基本内容。
3. 能描述审计业务约定书的签订过程。

连云公司的财务人员小张去车站接会计师事务所的审计人员,该家事务所今年刚接手连云公司财务报表的审计工作。事务所派来两位审计人员,一位项目负责人和一位助理人员。在车站去宾馆的路上,审计人员与小张进行了简短的交谈,他们的对话如下:

项目负责人问:"你们的企业是经营什么的?"小张答:"目前不经营了,只是计提折旧,就是一个空壳企业。"又问:"去年出具的审计报告是什么类型的?"小张答道:"应该是无保留意见。""不对呀,企业不持续经营,至少是保留意见的。""是吗?不清楚。"再问:"主管会计今天在吗(当天是周日)?"小张答道:"在的。""财务部有几个人呢?""10 个人。"……请在学完本任务后,分析他们的对话有什么目的。

、审计业务约定书的含义

审计业务约定书,是指会计师事务所与被审计单位签订的,用以记录和确认审计业务的委托与受托关系、审计目标和范围、双方的责任以及报告的格式等事项的书面协议。如果被审计单位不是委托人,在签订审计业务约定书前,注册会计师应当与委托人、被审计单位就审计业务约定相关条款进行充分沟通,并达成一致意见。委托人是指向会计师事务所提出业务委托,并与会计师事务所签订审计业务约定书的单位或个人,包括政府机关、企业法人以及其他经济组织。

　　会计师事务所必须以书面形式与委托人签订审计业务约定书，切忌采用口头形式签约，在实务中，审计业务约定书可以采用合同式或信函式两种形式。审计业务约定书应由会计师事务所和委托人双方的法定代表人或其授权人一同签订，并加盖委托人和会计师事务所的印章。签订后的审计业务约定书有经济合同的性质，具有法定约束力。当会计师事务所承接的审计出现法律诉讼时，可据此确定注册会计师及其所在会计师事务所审计责任的承负、减轻以至免除，它是确定双方责任的首要依据之一。

> ☞ **知识拓展**
>
> 审计业务约定书的签约主体
>
> 　　审计业务约定书的签约主体必须包括委托人和受托人双方，即委托审计业务的单位或个人与会计师事务所双方，特别值得注意的是当委托人是个人的时候，受托人仍应是会计师事务所而不是注册会计师，因为注册会计师不得以个人名义承揽业务。

二、审计业务约定书的内容

（一）审计业务约定书的基本内容

（1）财务报表审计的目标。它是指注册会计师通过执行审计工作，对财务报表是否按照适用的会计准则和相关会计制度的规定编制，是否在所有重大方面公允地反映被审计单位的财务状况、经营成果和现金流量发表审计意见。

（2）管理层对财务报表的责任。按照适用的会计准则和相关会计制度的规定编制财务报表是被审计单位管理层的责任。

（3）管理层编制财务报表采用的会计准则和相关会计制度。

（4）审计工作的范围，包括提及在执行财务报表审计业务时遵守的中国注册会计师审计准则。

（5）执行审计工作的安排，包括出具审计报告的时间要求。

（6）审计报告格式和对审计结果的其他沟通形式。

（7）由于测试的性质和审计的其他固有限制，以及内部控制的固有局限性，不可避免地存在着某些重大错报可能仍然未被发现的风险。

（8）管理层为注册会计师提供必要的工作条件和协助。

（9）注册会计师不受限制地接触任何与审计有关的记录、文件和所需要的其他信息。

（10）管理层对其做出的与审计有关的声明予以书面确认。

（11）注册会计师对执业过程中获知的客户信息保密。

（12）审计收费，包括收费的计算基础和收费安排。

（13）违约责任。

（14）解决争议的方法。

（15）签约双方法定代表人或其授权代表的签字盖章，以及签约双方加盖的公章。

> **提示**
> 审计业务约定书的具体内容,可能因被审计单位的不同而不同。

(二)审计业务约定书的特殊情况

1. 特殊需要

如果情况需要,注册会计师应当考虑在审计业务约定书中列明下列内容:

(1)在某些方面对利用其他注册会计师和专家工作的安排。
(2)与审计涉及的内部审计人员和被审计单位其他员工工作的协调。
(3)预期向被审计单位提交的其他函件或报告。
(4)与治理层整体直接沟通。
(5)在首次接受审计委托时,对与前任注册会计师沟通的安排。
(6)注册会计师与被审计单位之间需要达成进一步协议的事项。

2. 集团审计

如果负责集团财务报表审计的注册会计师同时负责组成部分财务报表的审计,注册会计师应当考虑下列因素,决定是否与各个组成部分单独签订审计业务约定书:

(1)组成部分注册会计师的委托人。
(2)是否对组成部分单独出具审计报告。
(3)法律法规的规定。
(4)母公司、总公司或总部占组成部分的所有权份额。
(5)组成部分管理层的独立程度。

3. 连续审计

对于连续审计,注册会计师应当考虑是否需要根据具体情况修改业务约定的条款,以及是否需要提醒被审计单位注意现有的业务约定条款。

> **知识拓展**
>
> 连 续 审 计
>
> 连续审计是审计人员在进行与审计相关的活动中,由独立审计人员使用的,对由企业管理层承担责任的项目提供书面鉴证的技术。

4. 审计业务的变更

在完成审计业务前,如果被审计单位要求注册会计师将审计业务变更为保证程度较低的鉴证业务或相关服务,注册会计师应当考虑变更业务的适当性。

> **知识拓展**
>
> 被审计单位要求变更业务的原因
>
> (1)情况变化对审计服务的需求产生影响;(2)对原来要求的审计业务的性质存在误解;(3)审计范围存在限制。

如果没有合理的理由,注册会计师不应当同意变更业务。如果不同意变更业务,被审计单位又不允许继续执行原审计业务,注册会计师应当解除业务约定,并考虑是否有义务向被审计单位董事会或股东会等方面说明解除业务约定的理由。

三、审计业务约定书签订前的准备工作

(一)明确审计业务的性质和范围

在会计报表审计、专项审计、期中审计、验资等诸多审计业务的委托过程中,注册会计师必须清晰地察觉今后的审计范围是否会受到限定,被审计企业能否如实地提供全部资料,注册会计师能否顺利地在审计过程中取得充分适当的证据以支持审计意见等问题。

(二)初步了解被审计单位的基本情况

(1)业务性质、经营规模和组织结构。
(2)经营情况和经营风险。
(3)以前年度接受审计的情况。
(4)财务会计机构及工作组织。
(5)其他与签订审计业务约定书相关的事项。

(三)评价会计师事务所的胜任能力

(1)评价执行审计的能力。
(2)评价独立性。
(3)评价保持应有谨慎的能力。如果事务所不具备胜任能力,应当拒绝接受委托。

(四)商定审计收费

我国目前会计师事务所收费标准由注册会计师协会统一规定,采用计时收费或计件收费。

(五)明确被审计单位应协助的工作

(1)在实施现场审计前,被审计单位应将所有会计资料准备齐全。
(2)在审计过程中,被审计单位的财会人员应对询问、审查给予解释和配合,提供注册会计师外勤办公的场地和设备等。

课堂讨论 请回答本任务引导案例中提出的问题。

阅读条目

1. 中国注册会计师审计准则第1111号——审计业务约定书

审计业务约定书签订时应注意问题

任务二 审计计划的编制

学习目标

1. 能说出审计计划的含义及内容。
2. 能看懂审计计划。

引导案例

中新会计师事务所第一次接手东方公司的审计业务,东方公司以前也从未进行过审计,事务所派注册会计师丁兰前往审计。丁兰来到东方公司后,发现其会计账册不齐,而且账也不平,于是用一周时间帮助公司会计整理账簿,但公司会计却向财务经理抱怨注册会计师妨碍其正常工作。第二周,丁兰向会计人员索要有关客户资料以便对应收账款等进行函证,会计人员以这些资料是公司机密为由加以拒绝。丁兰又要求公司停产一天,以便对存货进行盘点,公司以生产任务忙为由拒绝。注册会计师和被审计单位之间矛盾重重,审计工作无法正常开展。

一、审计计划的含义

审计计划就是指审计人员为了完成各项审计业务,达到预期的审计目标,在具体执行审计程序之前编制的工作计划。

审计计划工作是一个持续的过程,通常审计人员在前一期审计工作结束后即开始本期的审计计划工作,直到本期审计工作结束为止。

即学即思 审计计划的作用有哪些?

二、审计计划的内容

审计计划包括总体审计策略和具体审计计划两个层次。

(一) 总体审计策略

(1) 确定审计范围。确定审计业务的特征,包括采用的会计准则和相关会计制度、特定行业的报告要求以及被审计单位组成部分的分布等,以界定审计范围。

(2) 明确审计业务的报告目标,以及计划审计的时间安排和所需沟通的性质,包括提交审计报告的时间要求,预期与管理层和治理层沟通的重要日期等。

(3) 确定审计方向。考虑影响审计业务的重要因素,以确定项目组工作方向,包括确定适当的重要性水平,初步识别可能存在较高的重大错报风险的领域,初步识别重要的组成部分和账户余额,评价是否需要针对内部控制的有效性获取审计证据,识别被审计单位、所处行业、财务报告要求及其他相关方面最近发生的重大变化等。

(4) 审计资源的运用。审计人员应在总体审计策略中说明审计资源的规划和调配,包括确定执行审计业务所必需的审计资源的性质、时间和范围。

> **知识拓展**
>
> **审计资源**
>
> 审计资源是指为实现审计目标所需要的基础性条件的总称。它有广义和狭义之分,广义的审计资源,是指为审计机关拥有或能够支配的,服务于审计执法的人力、财物、方法、技术、信息情报等各种资源的总和。狭义的审计资源则主要指审计人力资源,因为"人"是各种资源要素中最活跃的因素。

(二) 具体审计计划

其具体内容包括:
(1) 风险评估程序。
(2) 计划实施的进一步审计程序。
(3) 计划其他审计程序。

即学即思 总体审计策略和具体审计计划之间的关系是什么?

三、审计计划的编制

审计计划
的功能

(一) 初步业务活动

(1) 针对保持客户关系和具体审计业务实施相应的质量控制程序。
(2) 评价遵守职业道德规范的情况,包括评价独立性。
(3) 就业务约定条款与被审计单位达成一致理解。

(二) 了解被审计单位经营及所属行业的基本情况

编制审计计划之前,要全面了解被审计单位各方面的情况,包括年度会计报表、财务机构及工作组织、相关内部控制制度、上一年的审计档案等。可通过与被审计单位管理人员交流讨论,召开职工代表会议,现场观察,向被审计单位以外的其他知情人查询等方法收集相关资料,并形成书面记录。

即学即思 审计计划编制的初步业务活动及了解被审计单位基本情况的活动和签订审计业务约定书之前的准备工作有何区别?

（三）初步评估重要性水平

审计重要性是指被审计单位会计报表中错报或漏报的严重程度，这一严重程度在特定环境下可能影响会计报表使用者的判断或决策，其在量上表现为审计重要性水平。换言之，重要性水平可理解为报表使用者允许会计报表出现错报、漏报的水平。重要性取决于在具体环境下对错报金额和性质的判断。如果一项错报单独或连同其他错报可能影响财务报表使用者依据财务报表做出的经济决策，则该项错报是重大的。

编制审计计划时必须对重要性水平做出初步判断，在确定初步判断时，应考虑数量和性质两方面因素。从数量方面看，一般认为金额大的错报或漏报比较重要，金额小的就不重要。但这个大小不是绝对而是相对的。

对重要性的评估没有具体的标准可用，它依靠的是注册会计师的专业判断。审计人员既不可以将重要性水平定得过高，也不可将重要性水平定得过低。

在编制审计计划时，审计人员应当考虑导致财务报表发生重大错报的原因。审计人员应当在了解被审计单位及其环境的基础上确定重要性，并随着审计过程的推进，评价对重要性的判断是否仍然合理。

（四）初步评估审计风险

审计风险是指财务报表存在重大错报而审计人员发表不恰当审计意见的可能性。审计业务是一种保证程度高的鉴证业务，可接受的审计风险应当足够低，以使审计人员能够合理保证所审计财务报表不含有重大错报。审计风险与重要性水平成反向关系：重要性水平确定得越高，审计风险就越低；重要性水平确定得越低，审计风险就越高。

审计风险包括重大错报风险和检查风险。重大错报风险是指财务报表在审计前存在重大错报的可能性。在设计审计程序以确定财务报表整体是否存在重大错报时，注册会计师应当从财务报表层次和各类交易、账户余额、列报认定层次考虑重大错报风险。检查风险是指某一认定存在错报，该错报单独或连同其他错报是重大的，但审计人员未能发现这种错报的可能性。检查风险取决于审计程序设计的合理性和执行的有效性，检查风险不可能降低为零。

重大错报风险与检查风险之间为反向关系，用数学公式表示如下：

审计风险＝重大错报风险×检查风险

重大错报风险与被审计单位有关，审计人员对此无能为力，但可通过对被审计单位的了解，通过控制测试对其高低做出评估。注册会计师可控制的仅为检查风险。因此在编制审计计划时，应针对不同性质的风险，设计不同的审计程序和方法，以期降低审计风险。

> **☞ 知识拓展**
>
> 重大错报风险包括财务报表层次重大错报风险和认定层次的重大错报风险，认定层次的重大错报风险包括固有风险和控制风险。
>
> 固有风险，又称内在风险，是指假定不存在相关内部控制时，某一认定发生重大错报的可能性，即无论控制多么严格，某一账户或交易类别单独或连同其他账户、交易类别产生重大错报的可能性。固有风险是注册会计师无法控制但可以评估的风险。评估

的固有风险越高,则所需的审计证据就越多,反之就越少。

控制风险,又称制度风险,是指某一账户或交易类别单独或连同其他账户、交易类别产生错报或漏报,而未能被内部控制防止、发现或纠正的可能性,即由内部控制的不完善或未能完全遵守(执行)所引起的风险。

(五) 编制审计计划

在编制审计计划时,审计人员应当特别考虑以下因素:
(1) 委托目的、审计范围及审计责任。
(2) 被审计单位的经营规模及其业务复杂程度。
(3) 被审计单位以前年度的审计情况。
(4) 被审计单位在审计年度内经营环境、内部管理的变化及其对审计的影响。
(5) 被审计单位的持续经营能力。
(6) 经济形势及行业政策的变化对被审计单位的影响。
(7) 关联者及其交易。
(8) 国家新近颁发的有关法规对审计工作产生的影响。
(9) 被审计单位会计政策及其变更。
(10) 对专家、内部审计人员及其他审计人员工作的利用。
(11) 审计小组成员的业务能力、审计经历和对被审计单位情况的了解程度。

(六) 审计计划的审核

1. 总体审计策略审核
(1) 审计目的、审计范围及重点审计领域的确定是否恰当。
(2) 时间预算是否合理。
(3) 审计小组成员的选派与分工是否恰当。
(4) 对被审计单位内部控制制度的依赖程度是否恰当。
(5) 对审计重要性的确定及审计风险的评估是否恰当。
(6) 对专家、内部审计人员及其他审计人员工作的利用是否恰当。
2. 具体审计计划的审核
(1) 审计程序能否达到审计目标。
(2) 审计程序是否适合各审计项目的具体情况。
(3) 重点审计领域中各审计项目的审计程序是否恰当。
(4) 重点审计程序的制定是否恰当。
对审计计划的审核和批准意见应记录于审计工作底稿。

课堂讨论 试分析社会审计计划与内部审计计划的差别。

审计计划的程序

阅读条目

1. 中国注册会计师审计准则第1201号——计划审计工作
2. 中国注册会计师审计准则第1221号——重要性
3. 内部审计准则第1号——审计计划
4. 内部审计准则第17号——重要性与审计风险
5. 中国注册会计师审计准则第1231号——针对评估的重大错报风险实施的程序
6. 中国注册会计师审计准则第1211号——了解被审计单位及其环境并评估重大错报风险

任务三 审计工作底稿的编制

学习目标

1. 能说出审计工作底稿的含义、编制要求。
2. 能分辨出审计工作底稿的类别。
3. 能描述审计工作底稿的基本要素和结构、审计工作底稿的管理。

引导案例

连云公司是一家大型上市公司,在北京、上海、深圳等地都有投资项目,按证监会要求,聘请中天会计师事务所为其进行财务会计报表审计。双方签约时约定:为避免连云公司遭受损失,要求注册会计师在了解被审计单位有关投资计划和投资实施阶段的情况后,能够做到保守商业机密,特别不能在审计工作底稿中公开,这给审计人员提出一个大难题。如果不在审计工作底稿中详细记录被审计单位的投资项目和投资过程,就无法形成与发表审计意见有关的审计证据,也不符合审计工作底稿的编写要求。如果在审计工作底稿中详细说明,又违背了双方承诺。经过思考,审计人员在填写投资项目的审计工作底稿时,不直接用项目本身的名称,而是拟定了相应的秘密代码,该代码作为机密由审计组长亲自保管,并存放于专门的保密档案中。

一、审计工作底稿含义

审计工作底稿,是指审计人员对制订的审计计划、实施的审计程序、获取的相关审计证据,以及得出的审计结论做出的记录。审计工作底稿是对审计过程的一个完整反映,是连接被审计单位记录和审计报告的桥梁。

审计工作底稿可以以纸质、电子或其他介质形式存在。审计工作底稿通常包括业务约定书、管理建议书、项目组内部或项目组与被审计单位举行的会议记录、与其他人士(如其他注册会计师、律师、专家等)的沟通文件及错报汇总表、总体审计策略、具体审计计划、分析表、问题备忘录、重大事项概要、询证函回函、管理层声明书、核对表、有关重大事项的往来信件(包括电子邮件),以及对被审计单位文件记录的摘要或复印件等。

审计工作底稿的作用

> **☞ 知识拓展**
>
> **分析表、问题备忘录、核对表**
>
> 分析表主要是指对被审计单位财务信息执行分析程序的记录。
>
> 问题备忘录一般是指对某一事项或问题的概要的汇总记录。在问题备忘录中,注册会计师通常记录该事项或问题的基本情况、执行的审计程序或具体审计步骤,以及得出的审计结论。例如,有关存货监盘审计程序或审计过程中发现问题的备忘录。
>
> 核对表一般是指会计师事务所内部使用的,为便于核对某些特定审计工作或程序完成情况的表格。例如,特定项目(如财务报表列报)审计程序核对表、审计工作完成情况核对表等。

即学即思 审计工作底稿的作用有哪些?

二、审计工作底稿的分类

(一)按照审计工作底稿的性质和作用分类

1. 综合类工作底稿

综合类工作底稿是审计人员在审计计划和审计报告阶段,为规划、控制和总结整个审计工作,并发表审计意见所形成的审计工作底稿。主要包括审计业务约定书、审计计划、审计报告、审计总结及审计调整分录汇总表等综合性的审计工作记录。

2. 业务类工作底稿

业务类工作底稿是审计人员在审计实施阶段执行具体审计程序时所编制和取得的工作底稿。包括注册会计师在执行预备调查、符合性测试和实质性测试等审计程序时所形成的工作底稿。

3. 备查类工作底稿

备查类工作底稿是审计人员在审计过程中形成的,对审计工作仅具有备查作用的审计工作底稿。主要包括与审计约定事项有关的重要法律性文件、重要会议记录与纪要、重要经济合同与协议、企业营业执照、公司章程等原始资料的副本或复印件。

(二)按照审计工作底稿的格式不同分类

1. 一般工作底稿

一般工作底稿没有固定的格式,由审计人员根据需要随意记录形成。

2. 专用工作底稿

专用工作底稿有专门格式，专门记录某一事项，由审计人员根据该类事项的情况在工作底稿内记录。

（三）按照审计工作底稿的来源不同分类

1. 外来工作底稿

外来工作底稿是审计人员从被审计单位以外收集整理的工作底稿。

2. 自制工作底稿

自制工作底稿是审计人员自己编制的工作底稿。

即学即思 审计工作底稿还有其他分类吗？

三、审计工作底稿的基本要素和结构

（一）审计工作底稿的基本要素

(1) 被审计单位名称。
(2) 审计项目名称。
(3) 审计项目时间或期间。
(4) 审计过程记录。
(5) 审计结论。
(6) 审计标识及其说明。
(7) 索引号及页次。
(8) 编制者姓名及编制日期。
(9) 复核者姓名及复核日期。
(10) 其他应说明事项。

（二）审计工作底稿的结构

(1) 被审计单位的未审情况。
(2) 审计过程的记录。
(3) 审计人员的审计结论。

即学即思 请设计一张库存现金的审计工作底稿。

四、审计工作底稿的编制要求

（一）结构完整、要素齐全

既有未审定情况、审计过程记录和审计结论等内容，又要有被审计单位名称、审计项目名称、索引号及页次、编制人、复核人等要素。

（二）内容完整、记录真实

审计计划规定的审计程序实施后，必须全部编制审计工作底稿，记录在审计底稿上的各类资料来源必须真实、可靠，所附审计证据齐全，如实反映被审计单位的财务收支情况。

（三）重点突出、繁简得当

要根据记录内容的不同，按照重要性原则，对重要的、与形成审计结论密切相关的内容进行详细记录，对一般内容可酌情简单记录。

（四）标识一致、记录清晰

审计人员在编制审计工作底稿时，可以使用各种审计标识，但应说明其含义，并保持前后一致。审计工作底稿的记录应该文字工整、记录清楚、数字整洁，便于识别。

（五）结论明确、条理清楚

对所涉及审计事项的评价、形成的初步结论和处理意见要观点明确，不可含糊其词；对审计事项的未审定情况、审计过程和审计结论等要排列有序、条理清楚、行文工整。

即学即思 你还能说出审计工作底稿编制的其他要求吗？

五、审计工作底稿的复核和管理

（一）审计工作底稿的复核

审计工作底稿复核的要点主要有：
（1）所引用的有关资料是否翔实、可靠。
（2）所获取的审计证据是否充分适当。
（3）审计判断是否有理有据。
（4）审计结论是否恰当。

如何编写审计日记与工作底稿

> **知识拓展**
>
> **审计工作底稿的三级复核制度**
>
> 审计工作底稿的三级复核制度，就是会计师事务所制定的以主任会计师、部门经理和项目经理为复核人，对审计工作底稿进行逐级复核的一种复核制度。
>
> 项目经理复核又称第一级复核（详细复核），由项目经理在审计过程中对工作底稿进行逐张详细复核，发现问题及时指出。
>
> 部门经理复核又称第二级复核（一般复核），是指由部门经理在外勤工作结束时对审计工作底稿中重要会计问题的审计、重点审计程序的执行以及审计调整事项的复核。它是对项目经理复核的一种再监督，也是对重要审计事项的重点把关。

主任会计师复核又称第三级复核(重点复核)，由主任会计师在审计工作结束、审计报告签发前，对审计过程中的重大审计问题、重要的审计工作底稿以及重大的审计调整事项进行复核。既是对前两级复核的再监督，也是对审计质量的重点把握。

(二) 审计工作底稿的管理

对每项具体审计业务，审计人员应当将审计工作底稿归整为审计档案，审计档案的所有权属于承接该项业务的会计师事务所。注册会计师应当按照会计师事务所质量控制政策和程序的规定，及时将审计工作底稿归整为最终审计档案。

审计工作底稿范例：

审计工作底稿的保管、保密与查阅

×××会计师事务所
审 计 标 识

标 识	含 义
β	期初余额与上年审计后报表期末数相符
G/L	与总账核对相符
S/L	与明细账核对相符
TB	与试算平衡表核对相符
FS	与已审会计报表核对相符
V	与原始凭证核对相符(发票、入库单、出库单)
r	与文件依据核对相符(合同、协议、会议纪要)
√	与银行对账单核对一致
C	已发询证函
¢	已收回询证函
S/S	未达事项已经发生
L	记录在正确的期间
∧	直栏数字加计(竖加)，复核无误
χ	横栏数字加计(横加)，复核无误
▲	重点符号
*	备注1
**	备注2
N/A	无此情况，不适用
&	关联单位

×××会计师事务所
库存现金盘点核对表

被审计单位名称				签名		日期		索引号 C170	
审计项目	现金			编制人				页次	
会计期间或截止日				复核人					

检查核对记录					实有现金盘点记录				
项 目	行次	人民币	美元	元	面额	人民币(元)		美元	
						张(枚)数	金额	张(枚)数	金额
上一日账面库存余额					1 000				
盘点日未记账传票收入金额					500				
盘点日未记账传票付出金额					100				
盘点日账面应有余额					50				
盘点日实有现金数额					20				
盘点日应有金额与实际金额差异					10				
差异原因分析					5				
					2				
					1				
追溯至报表账面结存额	报表日至查账日现金付出总额				0.5				
	报表日至查账日现金收入总额				0.2				
	报表日库存现金应有余额				0.1				
	报表日账面汇率				0.05				
	报表日余额折合本位币金额				0.02				
本位币合计					0.01				
调整					合计		0		0
审定数									

审计说明及调账分录：

审计结论：

出纳签字：　　　　　　　　　　　　　　　　会计签字：

×××会计师事务所
存货审定表

被审计单位名称		编制人		签名				日期	索引号 F100
审计项目	存货	复核人							页次
会计期间或截止日									

上年末审定数		未审数核对			索引号	调整数	重分类	审定数	
账面金额	减值	项目	账面金额	减值				审定数	减值
		报表数							
		明细账:							
		在途材料							
		原材料							
		委托加工材料							
		包装物							
		低值易耗品							
		在产品							
		产成品							
		库存商品							
		合 计							
审计说明及调账分录:									
审计结论:									

×××会计师事务所
应收账款审定表

被审计单位名称					签名		日期	索引号 E400
审计项目	应收账款			编制人				页次
会计期间或截止日				复核人				

年初数	项目	未审数	调整数	重分类	审定数	款项性质
—	应收账款					
—	坏账准备	—				

续表

		应收账款价值	—	—	—
	年初数		审定数		
审定金额	计提比例(%)	坏账准备	账龄分析：	审定金额	计提比例(%)	按比例坏账准备
			账龄 3 个月以内			
			账龄 3 个月~1 年		—	—
			账龄 1~2 年			
			账龄 2~3 年			
			账龄 3~4 年			
			账龄 4~5 年			
			账龄 5 年以上			
			合　计			

前五大债务人情况：

客户名称	账龄分析	款项性质	占该科目比例

持有公司 5%股份的金额：

审计说明及调账分录：

审计结论：

×××会计师事务所
资本公积审定表

被审计单位名称		签名	日期		索引号 C2
审计项目	资本公积	编制人			页次
会计期间或截止日		复核人			
年初余额	本年增加		本年减少		未审数	调整数	审定数
	原因	金额	原因	金额			
	股本溢价						
	股权投资准备						

续表

年初余额	本年增加		本年减少		未审数	调整数	审定数
	原因	金额	原因	金额			
	其他资本公积转入						
	接受非现金资产捐赠准备						
	接受现金捐赠						
	拨款转入						
	外币资本折算差额						
	子公司资本公积净增金额中属母公司部分						
	其他		其他				
	合计						
审计说明:							
审计结论:							

☞ **知识拓展**

内部审计准则第4号——审计工作底稿（摘要）

1. 内部审计工作底稿主要包括以下记录：内部审计通知书、项目审计计划、审计方案及其调整的记录；审计程序执行过程和结果的记录；获取的各种类型审计证据的记录；其他与审计事项有关的记录。

2. 审计工作底稿应载明下列事项：被审计单位的名称；审计事项及其期间或截止日期；审计程序的执行过程和执行结果记录；审计结论；执行人员姓名和执行日期；复核人员姓名、复核日期和复核意见；索引号及页次。

课堂讨论 设计一张银行存款审计工作底稿。

 阅读条目

1. 中国注册会计师审计准则第 1131 号——审计工作底稿
2. 内部审计准则第 4 号——审计工作底稿
3. 会计师事务所质量控制准则第 5101 号——业务质量控制

项目五

凭证及账簿审计

任务一 原始凭证审计

学习目标

1. 能够说出原始凭证错弊的表现形式。
2. 能够运用审计方法对原始凭证进行审计。
3. 会对发现的原始凭证错弊提出处理意见。

引导案例

某企业出纳员业务不熟,采购员要带支票外出购材料时,出纳员拿出一张空白支票,并用中文大写数字填写贰零壹柒年零壹月零陆日,随之将支票交采购员去购买材料,但支票上既没有填写金额又没有填写用途限定。采购人员于1月14日采购时,发现支票遗失。就在庆幸支票快要到期时,1月15日该单位银行存款被划走几十万元用于购买其他物品,给单位造成了一定的经济损失。支票在遗失后,拾到的人可将支票用于购买任何物品。

上述案例显示,原始凭证填制存在错弊,该企业的凭证审核程序存在问题。

一、原始凭证常见错弊

(一)原始凭证常见错误

> **链接**
> 原始凭证内容,请参见"基础会计实务"中的相关内容。

无论是自制原始凭证还是外来原始凭证,由于工作的疏忽,都可能会发生一些错误。主要错误是把原始凭证中各项内容错记或漏记,主要表现为:

1. 凭证名称错误

有的原始凭证无名称,有的虽有名称但不够简明、确切,更主要的是有的凭证名称与所反映的经济业务内容不符。

2. 数字书写错误

阿拉伯数字书写潦草,难以辨认;合计金额前未加人民币符号;大写金额字迹飞舞,"整"字该写的未写,不该写的却写了;大写金额前未注明"人民币"字样,或留有空余,易被人在此和相应阿拉伯数字前添加数字,达到贪污目的。

3. 原始凭证编号错误

> ☞ 提示
> 原始凭证一般应按照一定的标准或顺序编号。

在实际工作中存在着原始凭证无编号、编号不连续、编号连续但不符合经济业务实际情况的错弊。

4. 原始凭证摘要错误

常出现的问题是未填写摘要,或摘要过于简单,不能说明经济业务的具体情况。

5. 原始凭证日期错误

> ☞ 提示
> 原始凭证日期能反映经济业务发生的时间,同时起到监督、控制作用。

有的凭证未填日期,有的凭证所写日期与实际情况不符。

6. 原始凭证汇总错误

汇总中可能出现重汇、漏汇现象,如多汇付款凭证、少汇收款凭证等。

7. 原始凭证签章错误

有的原始凭证签章不全;有的签章是伪造的,没有进行鉴别。

> ☞ 提示
> 原始凭证中的会计错误虽然不是故意行为,但其危害很大,如原始凭证中的印鉴错误会使单位财务人员对其真实性和合法性产生怀疑;原始凭证中的金额、计量单位错误会导致多付或少付货币;错误的日期会影响该项业务的正确归属期。

(二) 原始凭证常见舞弊

原始凭证会计舞弊是指篡改、伪造、窃取、不如实填写原始凭证,或利用旧、废原始凭证来将个人所花的费用伪装为单位的日常开支,借以达到损公肥私的目的。舞弊虽然手段各异,但在原始凭证上舞弊不外乎篡改、伪造。原始凭证常见的舞弊方式具体有以下 8 种:

（1）内容记载含糊不清，或故意掩盖事情真相，进行贪污作弊。
（2）单位抬头不是本单位。
（3）数量、单价与金额不符。
（4）无收款单位签章。
（5）开具阴阳发票，进行贪污作弊。
（6）在整理和粘贴原始凭证过程中采用移花接木的手法，故意将个别原始凭证抽出，再重复报销，或在汇总原始凭证金额时，故意多汇或少汇，达到贪污其差额的目的。
（7）模仿领导笔迹签字冒领。
（8）涂改原始凭证上的时间、数量、单价、金额，或添加内容和金额。

即学即思 原始凭证还有哪些错弊形式？

二、原始凭证的审计方法与技巧

（一）原始凭证更改的审计方法与技巧

> ☞ **链接**
> 原始凭证更改方法，请参见"基础会计实务"中的相关内容。

1. 对刮、擦、用胶带拉扯过的原始凭证的审计

其表面总会有毛糙的感觉，可用手摸或背光目视的方法检查出来；对用化学试剂消退字迹而后写上的原始凭证，其纸张上会显示出表面光泽消失、纸质变脆、原始凭证纸张格子线保护花纹受到破坏、新写的字迹由于药剂作用变淡等特征。

2. 对添加改写的原始凭证的审计

其文字分布位置不合比例，字体不是十分一致，有时出现不必要的重描和交叉笔画。

3. 对冒充签字的原始凭证的审计

其冒充签字常常在笔迹熟练程度、字形、字的斜度、字体的方向和形态、字与字的间隔、行与行的间隔、字的大小、压力轻重、字的基本结构等方面存在差异，有时可以通过肉眼观察发现。

4. 对伪造的原始凭证的审计

可以通过对比真原始凭证的防伪标识来鉴别，对此类错弊可仔细鉴别，认真核实，必要时，可请公安部门运用特定的技术进行鉴别。

（二）原始凭证书写的审计方法与技巧

（1）原始凭证明显不规范，要素不全，经常缺少部分要素，其关键要素经常出现模糊，让人对其经济业务活动的全貌感到怀疑。

（2）原始凭证的金额往往只有一个总数，而没有分项目的明细，经不起推敲。

（3）原始凭证摘要模糊。先有重点地审阅一部分会计凭证，看其内容和数字是否有与

实际不符之处,如有,应进一步查证,若属一般性会计错误,通过向制证人员调查询问便可查证;若属会计舞弊,应该通过账证、证证、账实等方面核对,对有关问题进行鉴定、分析,查找错误。

(三)原始凭证其他的审计方法与技巧

(1) 原始凭证的经手人经常含而不露,有时有名无姓或有姓无名,如果仔细追问很可能查无此人。

(2) 原始凭证上的时间与业务活动发生的时间及以后的入账时间相距甚远。

(3) 摘要有关业务凭证与其相关的凭证不配套,有时只有其中一部分,而没有另一部分。如销售货物只有销售发票而无发货单据、托运证明、出门单、结算凭证等。

(4) 凭证的形式不规则,以非正规的票据凭证代替正规的原始凭证。对经手人、时间等要落实清楚,对原始凭证的号码应确定其连续的范围。再查看是否有编号间断现象,原始凭证使用是否正确。此外,要求会计人员在接受原始凭证时,认真审核真伪,查验签章是否齐全,杜绝由此发生的违法违纪事件。另外,原始凭证的内容、结算方式、资金流向与对方单位等处都可能存在异常,审计人员都要予以注意。

公章

即学即思 原始凭证还有哪些审计方法与技巧?

三、案例分析

案例一:

2021年12月1日,收到联华公司交来的投资款,共计450 000元,开出收据如下:

统一收据
贰零贰壹年壹拾贰月零壹日

今收到 联华公司		
交来 投资款		
人民币(大写) 肆拾伍万元		450 000.00
收款单位(公章) 财务科	收款人 方明	交款人 费洁

错误:① 日期填写不正确:应为2021年12月1日。

② 人民币(大写)处不完整:应为肆拾伍万元整。

③ 人民币小写数字书写少"¥",应为¥450 000.00。

案例二:

2021年12月1日,销售一批彩电给华欣公司,共40台,每台售价5 000元,开出增值税专用发票如下:

江苏省增值税专用发票 NO 03186405

开票日期：2021 年 12 月 1 日

购货单位	名称：华新公司 纳税人识别号：1403958 地址、电话：太原路 27 号　43857492 开户行及账户：工商银行昌平分理处 　　　　　　　29818374384				密码区		（略）
货物或应税劳务名称	规格型号	单位	数量	单价	金额	税率	税额
彩电		台	40	5 000	200 000	17%	34 000
合　计					￥200 000		￥34 000
价税合计（大写）	贰拾叁万肆仟元整				（小写）23 400.00		
销货单位	名称：天马股份有限公司 纳税人识别号：178392744839947 地址、电话：元华路 27 号　438295647 开户行及账户：工商银行昌元华路分理处 　　　　　　　8347192301				备注		

收款人：黄小明　　　复核人：李强　　　开票人：陈平　　　销货单位（章）：

错误：① 原始凭证抬头书写不正确，应为"华欣公司"。
　　　② 价税合计（小写）处没有写"￥"符号。
　　　③ 未盖销货单位发票专用章。
　　　④ 价税合计额大小写数字不一致。

课堂讨论 请指出本任务引导案例中凭证审核程序存在哪些问题。

审计告诉你如何判断会计原始凭证失真及审查方法

阅读条目

1. 企业会计准则——基本准则
2. 会计基础工作规范（财政部）

任务二　记账凭证审计

学习目标

1. 能够说出记账凭证错弊的表现形式。
2. 能够运用审计方法对记账凭证进行审计。
3. 会对发现的记账凭证错弊提出处理意见。

引导案例

审计人员审查某企业"应收账款"账户,发现其中一笔业务的会计分录为:

借:应收账款　　　　　　　　　　　　　　　　　75 000
　　贷:应付职工薪酬　　　　　　　　　　　　　　75 000

进一步查证发现:账户对应关系不正确,"应收账款"账户的借方一般应与"主营业务收入"账户的贷方相对应,而该企业却与"应付职工薪酬"账户相对应是不正常的。审计人员进一步审查该笔业务的会计凭证,特别是原始凭证,查明原始凭证是一张销售发票,并采用查询法向欠款单位核实该笔业务的真伪。待问题查证后,确系产品销售业务,应当做如下调整分录:

借:应付职工薪酬　　　　　　　　　　　　　　　75 000
　　贷:主营业务收入　　　　　　　　　　　　　　75 000
借:应收账款　　　　　　　　　　　　　　　　　12 750
　　贷:应交税费——应交增值税(销项税额)　　　12 750

这个案例显示,该企业记账凭证填制和审核程序存在错弊。

一、记账凭证常见错弊

> **链接**
>
> 记账凭证内容,请参见"基础会计实务"中的相关内容。

(一)记账凭证常见错误

(1)基本要素不全或填写不完整。
(2)科目运用错误。
(3)记账凭证无编号或者编号错误。
(4)附件数量和金额错误。记账凭证所附原始凭证的张数和内容与记账凭证不符,或者各张原始凭证所记金额的合计数与记账凭证记录金额不符。
(5)印鉴错误。对已入账记账凭证未加盖印章,或者加盖不全;记账凭证中没有记账、审核等人员的签章。

即学即思 记账凭证还有哪些错误?

(二)记账凭证常见舞弊

1."假账真做"

"假账真做"是指无原始凭证而以行为人的意志凭空填制记账凭证,或在填制记账凭证时,让其金额与原始凭证不符,并将原始凭证与记账凭证不符的凭证混杂于众多凭证中。

2."真账假做"

"真账假做"是舞弊者故意错用会计科目或忽略某些业务中涉及的中间科目,来混淆记账凭证对应关系,扰乱审计人员的视线。

3."障眼法"

"障眼法"是对记账凭证的摘要栏进行略写或错写,使人看不清经济业务的本来面目。舞弊者采用这种手法使记账凭证的摘要往往与原始凭证所反映的真实经济业务不符,或将摘要空出不写,或者粗粗写上让人不得要领的几个字,以达到掩饰和弄虚作假的目的。

 记账凭证还有哪些舞弊?

二、记账凭证的审计方法与技巧

> ☞ 链接
>
> 记账凭证编制方法,请参见"基础会计实务"中的相关内容。

(一) 审阅

1. 审阅记账凭证的外在形式

看其基本要素是否表达清晰,有无涂改、模糊之处,其手续是否完备,填制的经手人和复核人是否签章。

2. 审阅记账凭证填制的会计分录

看其所运用的会计科目是否正确,能否反映原始凭证所载的经济业务,其对应关系是否明确,指向是否清楚,科目层次是否明确,所记金额是否无误。

3. 审阅记账凭证的摘要

看能否简要而准确地说明经济业务的内容,有无似是而非之处。

4. 审阅记账凭证的编号

检查记账凭证是否有重号、漏号和错误的编号。

(二) 核对

在初步审阅的基础上,如发现异常或疑点,应立即将记账凭证的可疑之处与原始凭证、相关账簿进行核对,这也是对记账凭证的进一步检查。

核对法核对的内容主要是:记账凭证反映的经济业务内容与原始凭证是否相符,记账凭证中的借贷方金额是否与原始凭证相符,特别是附有多张原始凭证的情形,应对其进行加总验证,不但要核对数量、金额,而且要核对其业务内容、凭证张数、业务发生的时间等;记账凭证与明细账、日记账及总账的内容是否相符,是否存在矛盾的地方。如果发现了明显有矛盾且不能正常解释的异常凭证,审计人员应该做进一步的查询。

(三) 查询

查询法是指审计人员针对记账凭证中出现的异常和可疑之处,向被审计单位有关操作人员、当事人或者知情人进行询问。查询法包括函询,可向出具原始凭证的单位、开具凭证的经办人、被审计单位的货主或者客户等发询问函以求查证。查询时应查清记账凭证中出现的各种问题,并取得有关问题的证据材料。

（四）其他方法

在记账凭证检查中,审查人员还应该综合使用其他技术方法:

（1）使用比较分析法,对原始凭证和记账凭证填制的时间,业务发生地点,所涉及的数量、金额等进行分析。可以对比其他正常业务凭证,找出可疑凭证的破绽;对比发生误差的凭证,找出错误和舞弊的共性。

（2）使用经验判断法,分析和判断记账凭证错误和舞弊的动因与根源,界定其对相关业务及会计资料的影响。

（3）采用计算统计法,分析记账凭证发生舞弊的概率,计算出凭证舞弊所涉及的金额。

（4）也可以采用内查外调法,对在被查单位内部无法查清楚的特殊凭证,向有关单位和个人进行调查寻访,以收集外部审查证据。

> **链接**
> 记账凭证审计方法的具体内容,请参见本书"项目三"中的相关内容。

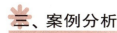 记账凭证还有哪些审计方法与技巧?

三、案例分析

案例一:

2021年12月3日,向银行借入为期3个月的借款80 000元,款项已存入银行。

收款凭证

借方科目:短期借款　　　　2020年12月3日　　　　银收字第2号

摘 要	贷方会计科目		金 额								记账
	总账科目	明细科目	百	十	万	千	百	十	元	角	分	
借入短期借款	银行存款				8	0	0	0	0	0	0	✓
合　　计					8	0	0	0	0	0	0	

附件1张

会计主管:陈星　　　记账:王远　　　复核:丁一　　　出纳:张岚　　　制单:丁一

错误: ① 记账凭证日期不正确,应为2021年12月3日。

② 分录不正确,借入短期借款,会计分录应为:

借: 银行存款　　　　　　　　　　　　　　　　80 000

贷：短期借款　　　　　　　　　　　　　　　　　　　　　80 000

③ 合计金额没有写"￥"符号，应为￥80 000.00。

④ 复核与制单不得为同一人。

案例二：

2021 年 12 月 18 日，结转已销售材料的成本 15 000 元。

转账凭证

2021 年 12 月 18 日　　　　　　　　　　　　　　　转字第 9 号

摘要	会计科目		借方金额								贷方金额								记账	
	总账科目	明细科目	百	十	万	千	百	十	元	角	分	百	十	万	千	百	十	元	角	分	
结转销售材料成本	主营业务成本	A材料			1	5	0	0	0	0	0										✓
	原材料	A材料												1	5	0	0	0	0	0	✓
合计			￥		1	5	0	0	0	0	0	￥		1	5	0	0	0	0	0	

附件 1 张

会计主管：陈星　　记账：王远　　复核：王屹　　出纳：张岚　　制单：

错误：① 会计科目用错，结转销售材料成本，应记入"其他业务成本"科目。

② 未划注销线，应补划。

③ 未填写制单人员，应填写好。

 课堂讨论　请指出本任务引导案例记账凭证填制和审核存在的问题。

阅读条目

1. 企业会计准则——基本准则
2. 企业会计基础工作规范（财政部）

异常的会计凭证——十堰审计查出一单位套取国家专项资金1 000万元

任务三　会计账簿审计

学习目标

1. 能够说出会计账簿错弊的表现形式。
2. 能够运用审计方法对会计账簿进行审计。
3. 会对发现的会计账簿错弊提出处理意见。

引导案例

某企业 2021 年年初向上级主管部门立下了完成某项指标的军令状,在年底前进行了财务试决算,发现距离完成计划的要求差距不小,为此厂领导商量对策,决定对账面"微调"。具体的账面处理由财务部经理负责实施。采取的手法是先将所需要的利润数字计算出来,然后采取倒挤的方法,依次推出所需的成本和收入,先编制会计报表,然后根据报表数据来调节账目结账,拼凑凭证。

这个案例显示,该企业存在登账作假的错弊现象。

一、会计账簿常见错弊

(一)会计账簿常见错误

会计账簿中常见错误主要是由于工作疏忽或业务不熟,在设置、启用和登记账簿时造成的错误,也可能由于会计凭证错误产生的连带错误,也可能凭证无误,由于登记账簿时眼误、手误或计算错误而产生的错误。

即学即思 会计账簿还有哪些错误形式?

(二)会计账簿常见舞弊

> **链接**
> 会计账簿内容,请参见"基础会计实务"中的相关内容。

1. 无据记账,凭空记账

在会计账簿中所列的业务不是根据经审核无误的原始凭证填制记账凭证并逐笔登录的,而是会计人员凭空捏造出来的,或者在合法的凭证中插入一些不合法的业务内容据以登记。

2. 涂改、销毁、遗失、损坏会计账簿以掩盖其舞弊行为

在会计账簿中用类似涂改凭证的方法来篡改有关记录,有的则制造事故,造成账簿不慎被毁的假象,从而将不法行为掩盖于一般的过失当中。

3. 设置账外账

在一个企业建立两套或更多套的账,一套用于应付外来部门的检查,从而根据自己的需要做出对外公布的一套账,其他用于内部需要(对外不公开)。

4. 登账、挂账、改账、结账作假

登账作假是指在登记账簿的过程中,不按照记账凭证的内容和要求记账,而是随意改动业务内容,或者故意使用错误的账户,使借贷方科目弄错,混淆业务应有的对应关系,以掩饰其违法乱纪的意图。

挂账作假就是利用往来科目和结算科目将经济业务不结清到位,而是挂在账上,或者将有关资金款项挂在往来账上,等待时机成熟再转回到账中,以达到"缓冲"、不露声色和隐藏事实真相之目的。

记账作假是指对账簿记录中发生的错误不按照规定的方法改错,而是用非规范的改错方法进行改错,或者利用红字"改错"随意对账户中的记录进行加减处理。

结账作假是指在结账及编制报表的过程中,通过提前或推迟结账、结总增列或结总减列和结账空转等手法故意多加或减少数据,以达到其掩饰或舞弊的目的。

5. 利用计算机舞弊

随着计算机会计系统的普及,计算机舞弊正被日益关注。其主要的作案手法是在系统程序中做手脚,利用别人对计算机的信赖,使得计算机核算出貌似真实的会计资料。

即学即思 会计账簿还有哪些舞弊形式?

二、会计账簿的审计方法与技巧

会计账簿
审计程序

(一) 账簿启用的审计方法与技巧

> **链接**
>
> 会计账簿启用规则,请参见"基础会计实务"中的相关内容。

(1) 审阅被审计单位每个账簿中的扉页记录内容和账簿中所有账页的页数编写情况,以便于查证问题或发现问题的疑点。

(2) 调查询问有关当事人,如调查询问会计工作的交接双方当事人、监交人员以及当时的记账人员、会计主管人员。

(3) 在审阅、核对、复核的基础上查证问题的具体形态及其性质。

(二) 账簿设置的审计方法与技巧

> **链接**
>
> 会计账簿格式和内容,请参见"基础会计实务"中的相关内容。

(1) 运用审阅法,了解被审计单位设计与设置账簿的实际情况。

(2) 根据被审计单位的规模、特点及其他有关情况,确定其对账簿设计与设置的具体要求,以及应设计或设置出一套怎样的账簿体系。

(3) 将被审计单位实际设计与设置的会计账簿及实际情况和应设计、设置的会计账簿进行对照比较,查证其在账簿设计与设置上不合理、不恰当的地方。

(三) 账簿登记的审计方法与技巧

> **链接**
>
> 会计账簿的登记方法,请参见"基础会计实务"中的相关内容。

（1）审阅会计账簿登记内容，检查其是否有未按规定进行登记的问题，如检查其登记账簿是否按规定使用允许使用的笔墨，登记账簿有无跳行、隔页的情况等。

（2）审阅会计凭证中的签章和"过账"或"页数"栏中所做的标记，检查其账簿登记完毕后，是否在会计凭证上签章，在"过账"或"页数"栏是否做出已记账的标志。

（3）根据被审计单位的规模、业务量及其他有关情况确定其应采用的会计核算形式。然后，检查被审计单位的登记内容，分析其登记总账的形式是否合适、账簿登记是否及时。

（四）会计结账的审计方法与技巧

> ☞ **链接**
>
> 会计账簿的结账方法，请参见"基础会计实务"中的相关内容。

（1）审阅被审计单位的账簿结账记录，检查其结账时是否在账户摘要中注明了适当内容，如"本月合计""本年累计""结转下年"和"上年转结"等；是否在"本月合计"和"本年累计"下面画了单线或双线；是否按规定的时间进行结账等。

（2）进行账账、证账核对，并结合审阅、分析、检查被审计单位的其他会计资料及有关资料，调查询问有关实际情况，来查证被审计单位结账前是否有将应记入本期的经济业务未全部登记入账的会计舞弊行为。

即学即思 会计账簿审计方法与技巧还有哪些？

会计账簿
审计方法

三、案例分析

案例一：

某企业2021年12月主营业务收入明细账如下表：

主营业务收入明细账

2021年	凭证号	摘　　要	借　方	贷　方	余　额
12月1日	1	销售甲商品		60 000.00	
12月7日	12	销售乙商品		48 000.00	
12月14日	38	销售甲商品		15 000.00	
12月23日	77	销售甲商品折让	1 000.00		
12月25日	89	出租固定资产		20 000.00	
12月28日	98	销售A材料		102 000.00	
…	…	…	…	…	…

其中，12月23日第77号凭证的分录为：

销售甲商品折让：

借：主营业务收入（不考虑增值税的影响）　　　　　　　1 000

　　贷：库存现金　　　　　　　　　　　　　　　　　　　　　1 000

（未附任何原始凭证）

错误：① 销售折让因没有原始凭证，是虚假业务，是以折让名义进行贪污。故做如下调整分录：

借：其他应收款　　　　　　　　　　　　　　　　　　　　1 000
　　贷：主营业务收入　　　　　　　　　　　　　　　　　　　　1 000

② 12月25日第89号凭证中，出租固定资产不属于主营业务的范畴，应为"其他业务收入"。故做如下调整分录：

借：主营业务收入　　　　　　　　　　　　　　　　　　　20 000
　　贷：其他业务收入　　　　　　　　　　　　　　　　　　　20 000

③ 12月28日第98号凭证中，销售A材料不属于主营业务的范畴，应为"其他业务收入"。故做如下调整分录：

借：主营业务收入　　　　　　　　　　　　　　　　　　　102 000
　　贷：其他业务收入　　　　　　　　　　　　　　　　　　　102 000

 请回忆你在登记账簿中存在的问题。

阅读条目

1. 企业会计准则——基本准则
2. 企业会计基础工作规范(财政部)

审计调整分录
应注意问题

项目六

货币资金审计

任务一 库存现金审计

 学习目标

1. 能够说出库存现金错弊的表现形式。
2. 能够运用审计方法对库存现金进行审计。
3. 能结合案例分析库存现金错弊及运用相应的审计技巧。
4. 会编制库存现金盘点表。
5. 会对发现的库存现金错弊提出处理意见。

引导案例

审计人员在审计某冷饮厂"库存现金日记账"时,发现9月份现金收入比8月份收入总额少了13 760元,比冷饮销售淡季的4月份还少了2 345元。经调查了解,该厂9月份生产正常,市场销售较正常。审计人员怀疑该厂销售不入账,有"坐支"现金的嫌疑。

审计人员查阅了7、8、9月份的销售收入明细账与产成品或库存商品明细账中的有关记录并进行核对,看其产成品的明细账中有无销售记录;审计人员进一步审阅、核对与复核相应的会计资料,在调查分析的基础上查证被审计单位截留销售收入,将其存入了"小金库";审计人员发现该厂领导和财务人员几个人身上都穿着名牌T恤衫,经询问,该单位领导承认,财务人员"坐支"现金,利用销售货款给单位领导和财会人员购买了消费品。

通过审计发现该厂存在如下问题:销售收入不入账,违反财经纪律;财会人员将现金收入不入账,违反现金结算制度;公款用于个人消费。

上述案例显示,库存现金业务中存在错弊,审计人员采用不同方法进行了审计。

库存现金审计目标

一、库存现金业务常见错弊

（一）贪污现金

1. 采取"涂改凭证"或有意填错数据的手段贪污现金

会计人员或有关当事人，采取"涂改凭证"或有意填错数据的手段贪污现金。

2. 采取"联手舞弊"的手段贪污或私分现金

会计人员或有关当事人，采取"联手舞弊"的手段贪污或私分现金。

> **知识拓展**
>
> **联手舞弊**
>
> "联手舞弊"是指会计人员或有关当事人利用假发票、假收据、假报销单进行报销、贪污或私分现金的舞弊行为。

"联手舞弊"主要表现为两种形式：

（1）购货方和销货方合谋，由销货方提供假凭证和假发票，供货方报销，报销后私分现金。

（2）销货方为了扩大营业范围，按照客户要求开具假凭证和假发票。

即学即思 类似的问题还有哪些？

3. 采取"汇总增列"或"汇总减列"的手段贪污现金

会计人员采取"汇总增例"或"汇总减例"的手段，贪污现金。会计人员先按正确的方法编制付款业务和收款业务的记账凭证，然后在汇总时，有意或无意多记库存现金贷方发生额和对应账户的借方发生额，或者少记库存现金借方发生额和对应账户的贷方发生额，借贷双方的金额虽然相等，但是，库存现金总账和明细账之间会产生差额，这样就可能发生贪污现金的行为。

4. 采取公款私存的手段贪污现金

现金管理人员利用手中的权限和企业内部控制中的漏洞，将企业的存款公开以个人名义存入银行，私吞存款利息。

5. 采取撕毁票据或盗用凭证的手段贪污现金

会计人员或出纳人员将收入现金的票据撕毁，将现金据为己有，或用盗取的发票、收据等凭证向客户开票，隐匿现金，达到贪污的目的。

6. 采取建立账外账的"小金库"手段贪污现金

> **知识拓展**
>
> **小金库**
>
> "小金库"是指违反国家财经法规及其他相关规定，侵占、截留国家和单位收入，化大为小、化公为私，未在本单位财务、会计部门列支或未纳入预算管理，私存、私放的各种资金。

"小金库"的具体目的是通过建立账外账形式截留企业的营业收入,非法侵占或出售国家及其他单位的收益。

即学即思 "小金库"范围还包括哪些内容?

五招锁定
"小金库"

7. 采取虚假凭证、虚构内容等手段贪污现金

会计人员通过虚列支出凭证和虚构支出内容,占有部分现金。

(二)挪用现金

1. 采取"出借公款"的手段常年拖欠、挪用公款

会计人员或有关当事人以购买物品或以临时处理某项经济业务为名,借出大量公款,私存银行或投资于他人经商,长期拖欠。

2. 采取"浑水摸鱼"的手段挪用、存入"小金库"或据为己有

采取"浑水摸鱼"的手段,取得收入时不入账,并提取等额现金,挪用、存入"小金库"或据为己有。

> **☞ 知识拓展**
>
> **"浑水摸鱼"的主要手法**
>
> "浑水摸鱼"的主要手法有两种:
>
> (1) 财务人员收到银行存款增加的票据,在填制银行存款进账单的同时,签发一张相等金额的现金支票,一起送银行,并提取现金,一收一支都不入账,相互抵消,以达到挪用、贪污现金的目的。
>
> (2) 企业出纳员或收款员利用企业内部控制混乱,故意将开具的非正式内部收据隐藏或撕毁,将所收现金据为己有,并使发票存根联、发票记账联、记账凭证、账簿、报表一致,令人无法发现收入现金的动向。

3. 利用库存现金日记账挪用现金

4. 采取循环入账方式挪用现金

在采用商业信用方式销售商品和提供劳务时,会计人员或出纳人员可在第一笔应收账款收到现金后,暂不入账,而将现金挪作他用,待第二笔应收账款收现后,用以抵补第一笔应收账款,待第三笔应收账款收现后,用以抵补第二笔应收账款,如此循环挪用现金。

5. 采取延迟入账挪用现金

企业收入的现金应及时入账,并及时送存银行。如果收入的现金未及时制证并登记入账,就给出纳人员提供了挪用现金的机会。

(三)违规

1. 采取"坐支现金"的手段违规开支

> **☞ 知识拓展**
>
> **坐 支 现 金**
>
> 坐支现金是指单位用自己业务收入的现金直接支付业务支出的行为。

2. 采用支付回扣或佣金违规开支

企业在销售商品的过程中，为刺激销售，会按收入的一定比例支付给购货方采购人员回扣或佣金。这种回扣或佣金，由于发票或单据上没有记录，财务上无法对其进行正确反映，只能以作假方式处理，以使销货方和购货方少数人员获利。

3. 采取利用本单位账户为其他单位套取现金

即学即思 你还能想出库存现金可能出现的其他错弊形式吗？

二、库存现金的审计方法与技巧

（一）库存现金日记账的审计方法与技巧

☞ **链接**

库存现金日记账的设置，请参考"基础会计实务"中的有关内容。

（1）根据日期和凭证号数栏记载，查明是否以记账凭证为依据逐笔序时登记收支业务并逐笔结出余额，有无前后日期和凭证编号前后顺序颠倒的情况。

（2）根据摘要栏、金额栏和对方科目栏的记载，判断经济业务的会计处理、会计科目的使用是否恰当。

（3）进一步审计零星的现金收入是否及时如数送存银行，有无违反规定以收抵支、坐支现金。库存现金收付的内容和金额是否符合国家规定的范围和限额。

（4）根据结存栏，审计是否有异常的红字余额。

（5）审计库存现金日记账的每日账面是否遵守银行核定的余额，超过限额的现金是否及时送存银行。

（二）库存现金收付款凭证的审计方法与技巧

☞ **链接**

库存现金核算，请参考"财务会计实务"中的有关内容。

（1）凭证的内容是否完整。审计时要注意凭证在签发单位名称、地址、接收单位名称、签发日期、内容摘要等方面的内容是否齐备，若有疑点应进一步审计。

（2）凭证的计算是否正确。审计时要注意凭证的数量、单价、金额、合计等方面有无漏洞，大小写是否相符。

（3）凭证本身是否合法合规。审计时要注意企业的正式发票是否印有税务局发票监制章，如不符合相关规定，须指出并酌情处理。

（4）凭证所反映的经济业务是否真实。审计时应注意有无弄虚作假、营私舞弊等情况。

（5）凭证编制是否正确。这主要是指根据原始凭证编制的记账凭证是否正确。

（6）审计有关费用、支出凭证，判断其是否合理合法。

（三）现金支票的审计方法与技巧

（1）抽取 1~2 个月已使用过的支票进行审计，了解是否按顺序签发支票及支票存根号码是否连续，有无缺号或断号现象，作废支票是否与存根联一并保存在支票上并有"作废"戳记。

（2）审计支票上已签发的支票号码和金额与相同月份的银行对账单上的支票号码是否相符，确认已付讫的支票。

（3）对于月末尚未付讫的支票，要编列清单，列明未兑现支票的号码和金额，并审计由企业人员编制的相同月份的银行存款余额调节表，审计这些未兑现的支票是否列入"企业已付银行未付"项目中。

（4）将期末未兑现支票与下一月份的银行对账单核对时，核实月末未兑现支票在下月初是否已全部兑现等内容。

（5）对于超过正常期限未付讫的支票，查明原因，以便进一步调整。

（6）对银行存款余额调节表上漏记或少记的月末未兑现的支票，应予以审计，审计其是否有挪用现金或现金短缺等情况。

（四）现金收入的审计方法与技巧

> ☞ 链接
>
> 现金收取范围，请参考"财务会计实务"中的相关内容。

（1）先审计库存现金日记账收方记录金额，将超过 1 000 元以上限额的收款业务与据以记账的会计凭证进行核对，根据收款业务的具体内容判断是否违反了有关规定。

（2）调查询问业务人员及其他相关人员，发现问题的线索，然后结合该线索所涉及的经济活动和会计反映，进行追踪审计。

（3）在企业出纳人员和会计人员没有适当分离的情况下，对于涉及现金收入的暂收款、存入押金、现销等业务，抽取部分业务凭证与相关的明细账记录相核对，审计每一笔收入的金额、日期等要素的记录是否相符。如果不相符，就可能有截留、挪用收入款的行为。

（4）审计部分收回贷款业务的现金收入凭证与相关的应收账款明细账的付款人单位名称、金额、日期等记录是否相符。如果发现有张冠李戴、金额或日期相差甚远的情况，应进一步查明是否存在循环入账、挪用现金等行为。

（5）检查对外投资、联营的有关经济活动资料和会计资料，是否根据合同协议及时、足额收取投资和联营利润，若发现疑点，可向接受投资方或联营方进行调查，进一步审计有无将投资收益存入"小金库"的行为。

（6）调查了解企业有无将罚款收入作为收入而未开具收据的情况；有无经营或代办其他业务，其经营或代办业务是否有收入；是否有收入而未入账。如存在问题，则应跟踪追查相关单位，审计其收入是否存入"小金库"。

（五）现金支出的审计方法与技巧

> ☞ 链接
> 库存现金使用范围，请参考"财务会计实务"中的相关内容。

（1）审计"库存现金日记账"付方金额记录的内容。对金额较大、登记"摘要"内容模糊不清的，要认真核对付款凭证及原始凭证。

（2）审计原始凭证有无挖补、更改等现象；核对总金额与支付金额是否一致。

（3）审阅分析有关会计凭证，主要包括付款凭证上是否多汇总、数字是否颠倒；审核账证是否相符，是否存在账账相符但证证不符、贪污差额款等现象。

（4）调查发票、收据等原始凭证的真实性，必要时可询问编制付款凭证的单位或个人，或者对会计凭证中的有关记录进行技术鉴定。

（5）对非正常的重要支出，应确定是否经过适当的授权或批准，每笔支出是否附有审核的原始凭证及利用适当的会计科目来反映，必要时要对业务的来龙去脉进行核查。

（六）库存现金实存的审计方法与技巧

> ☞ 提示
> 现金盘查时应特别注意，一切未经批准的借条、收据都不能抵充库存现金，不能有白条抵库的情况。

（1）为了防止出纳员在审计之前采取措施掩盖贪污挪用的事实或转移账外资金，审计的时间应安排在营业起讫时间，避开现金收支高峰时段。

（2）应事先问明库存现金的存放处，并要求出纳员提供所经营的全部现金及尚未入账的收付凭证，同时还应审计存放现金的保险柜或抽屉内是否有遗留的现金或凭证单据。

（3）所有的现金和可流通票据、有价证券应置于审计人员的控制之下，直至库存现金审计完毕。

（4）要求出纳员和企业的主管会计人员在场，以防现金短缺时分不清责任。在审计过程中，发现借条、借据应加以分析，区别对待。

（5）对经过批准且手续完备的临时借条、借据，可视同现金，纳入现金实有额。对于不符合手续，未经批准的非正式借条、借据，应向借款人询问，审计借款的真实性。

（6）由于临时业务所需而借款的，应允许补办手续后视同库存现金处理；属私人挪用现金的白条等不得充抵库存现金，应由企业的主管人员勒令出纳员限期追回。

（7）应根据审计的结果，编制"库存现金盘点表"，反映库存现金实存数、账面结存数以及账实差额。

库存现金审计
盘查应注意事项

即学即思 你还能想出库存现金的其他审计方法与技巧吗？

课堂讨论 甲公司是 ABC 会计师事务所的常年审计客户,在对甲公司 2020 年度财务报表进行审计时,A 注册会计师负责审计货币资金项目。甲公司在总部和营业部均设有出纳部门。2021 年 2 月 3 日,A 注册会计师对甲公司的库存现金进行监盘,为顺利监盘库存现金,A 注册会计师在监盘前一天已通知甲公司会计主管人员做好监盘准备。考虑到出纳日常工作安排,对总部和营业部库存现金的监盘时间分别定在上午 10 点和下午 3 点。监盘时,会计主管人员没有参加,由出纳全权负责,出纳把现金放入保险柜,并将已办妥现金收付手续的交易登入现金日记账,结出现金日记账余额;然后,A 注册会计师当场盘点现金,在与现金日记账核对后填写"库存现金监盘表",并在签字后直接形成审计工作底稿。

要求:请指出上述库存现金监盘工作中有哪些不当之处,并提出改进建议。

三、库存现金审计的工作底稿

(1) 被审计单位有关现金的内部控制制度。审计人员应取得被审计单位有关现金的内部控制的文件资料,以及对这些文件资料进行检查,调查了解其执行情况的有关工作记录。

(2) 库存现金总分类账、库存现金日记账审计中搜集和自行编制的工作底稿。

(3) 库存现金收支凭证审计中搜集和自行编制的工作底稿。包括:重要业务的有关文件、资料、合同、计划等的原件或复印件,违法违规业务的原始凭证复印件,凭证审计中的有关工作记录等。

(4) 库存现金盘点表。

(5) 库存现金审计的有关计划安排及相关的工作记录。

库存现金审计
工作底稿编制
注意事项

四、案例分析

案例一:

1. 疑点

审计人员查阅某单位器材部采购员张某出差的旅馆住宿发票,单价是 300 元,人数 1 人,时间为 10 天,金额为 3 000 元,发现发票金额模糊不清,怀疑有涂改的迹象。

2. 查证

审计人员利用审阅法审查原始凭证,审查内容为有无分管领导的签字、字迹是否清楚、金额有无涂改、笔体是否一致等。利用分析法,审计人员对以上内容审查分析,发现单价 300 元和 3 000 元中的"3"字都不是很规范,墨迹比其他数字浓重,并且与"2"字体相似。大写金额中的"叁"字字体与其他字体也有所不同。采用函证法请当地审计机关帮助调查发票存根情况,对方回函证明为单价 200 元,金额为 2 000 元,并提取出了改发票记账联的复印件。在确凿的证据面前,该采购员承认自己贪污现金 1 000 元的事实。

3. 问题

张某利用涂改发票金额的办法,扩大原始凭证金额,目的是贪污现金。

4. 调账

应做如下分录:

借：库存现金　　　　　　　　　　　　　　　　　　　　　1 000
　　贷：其他应收款　　　　　　　　　　　　　　　　　　　　1 000

案例二：

1. 情况

银行为振兴物资公司核定库存现金限额800元，2021年5月20日下午6:00，审计人员审查该厂出纳经管的现金支出业务，库存现金日记账余额为850元。经过清点，实际库存情况如下：

（1）现金实存数870元。

（2）职工陈兴借条一张，未经批准，金额100元，日期4月19日，该厂未入账。

（3）出差职工任重未领工资120元（包括在现金实存数中）。

（4）本市甲单位交来转账支票一张，日期4月20日，金额200元，该厂未入账。

2. 要求

指出出纳工作中存在的问题。并写出调整会计分录。

3. 解析

（1）盘点日库存现金日记账应为850元，盘点现金实存数870元。

差异（现金长款）= 870−850 = 20（元）

（2）差异原因分析：① 白条入库100元；② 长款120元。

（3）存在的问题：① 入账不及时，4月20日收到的转账支票，5月20日还没入账。② 有白条抵库的情况，如陈兴借条。③ 库存现金870元超过库存限额800元的部分没有及时送存银行。④ 现金长款120元。

4. 调账

借：其他应收款——陈兴　　　　　　　　　　　　　　　　100
　　贷：库存现金　　　　　　　　　　　　　　　　　　　　100
借：库存现金　　　　　　　　　　　　　　　　　　　　　120
　　贷：待处理财产损溢　　　　　　　　　　　　　　　　　120

5. 说明

从上述情况看，现金长款120元很可能是出差职工任重的未领工资未入账所致，可继续查在收到任重工资时是否做了"借：库存现金120；贷：其他应付款——任重120"的处理，或者是工资未领却全部做了付现的处理。

课堂讨论　王明从某学校财会专业毕业，在一家纺织厂已做了4年的财会工作，2021年被上级主管部门抽调去审查同行业一家企业的账务，王明被安排去审查货币资金项目。在审查过程中他遇到了以下问题：

1. 王明做了4年的财会工作，虽然对管理和核算方面有一定的了解，但独自在外做审计工作还是第一次。他按照货币资金的构成首先从库存现金审查开始，请你根据所学内容帮助王明拟定一个库存现金审查的程序计划。

2. 王明在对该厂现金收付凭证进行审查时，发现以下疑点，请你根据情况，判断可能会是哪种情况的库存现金业务错弊：

（1）6月21日现付字10#凭证，摘要为用现金支付办公室复印机修理费500元，记账凭证金额为500元，而审查所附的一张原始凭证金额为300元。

（2）在审查复核9月份零星销售产品现金收款收据(发票)留存联时,发现其中一本缺少第36#和第77#留存联。

（3）在审查采购员差旅费报销单的住宿发票时,发现该发票未采用打印的方式填制。

（4）在盘点库存现金时,发现一张未经领导审批的李金私人借条。

扶贫培训补助资金"小金库"现形记

阅读条目

1. 内部会计控制规范——货币资金
2. 现金管理暂行条例
3. 中国人民银行支付结算办法

任务二　银行存款审计

学习目标

1. 能说出银行存款错弊的表现形式。
2. 能运用审计方法对银行存款进行审查。
3. 能运用银行存款的审计技巧。
4. 会对银行存款进行核对并编制"银行存款余额调节表"。
5. 会对发现的银行存款错弊提出处理意见。

引导案例

审计人员在审阅某机械厂"银行存款日记账"时,发现2021年3月6日18#凭证,收入金额为35万元,账面未做摘要。3月8日11#凭证为银行支出,金额也是35万元,摘要是"转出",原始凭证为汇往某副食品批发部购副食品。从一收一付两张凭证分析,它们可能存在某种联系,审计人员怀疑其中可能存在问题,那如何审查呢?

银行存款审计目标

一、银行存款业务常见错弊

（一）贪污

（1）制造余额差错。故意算错银行存款日记账的余额,来掩饰利用转账支票挪用公款的行为,也有的在月结银行存款试算不平时,乘机制造余额差错,为今后贪污做准备。

(2) 擅自提现。利用工作上的便利条件，私自签发现金支票后，提取现金，不留存根、不记账，从而将提取的现金占为己有。

(3) 混用"库存现金"和"银行存款"科目。利用工作上的便利，在账务处理时，将银行存款收支业务同现金收支业务混同起来编制记账凭证，用银行存款的收入代替现金的收入，或用现金的支出代替银行存款的支出，从中套取现金并占为己有。

(4) 转账套现。用外单位的银行账户为其套取现金。这种手法既能达到贪污的目的，也能达到转移资金的目的。

☞ 知识拓展

套 取 现 金

"套取现金"是指会计人员利用转账凭证，编造用途和利用账户替其他单位和个人获取现金的行为。

(5) 涂改银行对账单。涂改银行对账单上的发生额，从而掩饰从银行存款日记账中套取现金的事实。

(6) 支票套物。利用工作之便擅自签发转账支票套购商品或物资，不留存根不记账，将所购商品据为己有。

(7) 提银留现。利用工作的便利条件，在用现金支票提出现金时，只登记银行存款日记账，不登记现金日记账，从而将提出的现金占为己有。

(8) 套取利息。利用账户余额平衡原理，采取支取存款利息不记账手法将其占为己有。

(9) 存款漏账。利用业务上的漏洞和可乘之机，故意漏记银行存款收入账目，伺机转出或者转存占为己有。

(10) 重交存款。利用实际支付款时取得的银行结算凭证和相关的付款原始凭证，分别登记银行存款日记账，使得一笔业务两次报账，再利用账户余额平衡原理，采取提现不入账的手法，将款项占为己有。

(11) 涂改转账支票日期。将以前年度已入账的转账支票收账通知上的日期涂改为报账年度的日期进行重复记账，再擅自开具现金支票提取现金并占为己有。

(12) 涂改银行进账单日期。利用工作上的便利条件，将以前年度会计档案中的现金送存银行的进账单日期涂改为本年度的日期，采取重复记账的手法侵吞现金。

即学即思 你还能找出贪污的其他手法吗？

（二）违规

(1) 出借转账支票。利用工作上的便利条件，非法将转账支票借给他人用于私人营利性业务的结算，或将空白转账支票为他人做买卖充当抵押。

(2) 公款私存。将公款转入自己的银行户头，从而侵吞利息或挪用单位资金；将各种现金收入以个人名义存入银行；以"预付货款"名义从单位银行账户转汇到个人银行账户；虚拟业务将银行存款转入个人账户；业务活动中的回扣、劳务费、好处费等不交公、不入账，以业务部门或个人名义存入银行；等等。

(3)出借账户。本单位有关人员与外单位人员相互勾结,借用本单位银行账户转移资金或套购物资,并将其占为己有。也有单位通过对外单位或个人出借账户转账结算而收取好处费。

即学即思 你还能想出银行存款可能出现的其他错弊形式吗?

二、银行存款的审计方法与技巧

(一)银行存款日记账的审计方法与技巧

> **链接**
> 银行存款日记账的设置,请参考"基础会计实务"中的有关内容。

(1)审阅日期和凭证号数栏。查明是否以记账凭证为依据逐笔序时登记银行存款日记账,并结算出余额,有无日期和凭证号顺序颠倒的情况。
(2)审阅银行存款日记账的结算凭证栏、摘要栏、对方科目栏、金额栏。
(3)审阅结存栏,看结存是否有异常变动,是否出现不正常的红字余额。
(4)验证计算的正确性。抽取一段时期,或审查期全部银行存款日记账的记录,验算其发生额和余额的正确性。注意是否有故意少计收入、多计支出的情况。

(二)银行存款收付凭证的审计方法与技巧

> **链接**
> 银行存款核算,请参考"财务会计实务"中的有关内容。

(1)银行存款收入事项是否符合国家规定,是否属于企业的正常经营业务内容并以合法凭证为依据。
(2)抽取部分现金业务收入凭证与银行送款回单联、银行存款日记账记录进行对照,判断现金收入是否及时如数送存银行,如果发现入账时少记收入,就有被挪用、坐支、延迟存款或贪污的可能。例如,可以抽取一日或几日现金收款的销售收入进行核对。
(3)审查部分收回货款业务的收款凭证与相关的应收账款明细账进行核对,如发现有张冠李戴,金额、日期相差甚远的情况,要进一步查明是否存在循环入账、挪用现金等行为。同时应注意有无将银行账户借给其他单位和个人使用的情况。
(4)支票是否由专人按顺序签发,已签发的支票存根号码是否连续,有无缺号,作废支票是否和存根联一起保存在支票本上,并有"作废"戳记。
(5)将支票本上已签发的支票号码、金额与相同月份的银行对账单上的支票号码、金额逐一核对,确认已付讫的支票。对尚未付讫的支票,要编列清单,并查证由非出纳人员编制的该月份银行存款余额调节表,确认这些未兑现的支票是否已列入,然后在下月的银行对账单中继续跟踪审查其兑现情况。

(6) 对于超过正常期限付讫的支票,应进一步查明原因;对于银行存款余额调节表上漏记或少记的月末未付讫的支票,应进一步审查,看是否有挪用等现象。

(7) 要审查支票支付事项内容的正确性、合理性、合法性。注意与相关原始凭证和账簿记录核对。

(三) 银行存款账户余额的审计方法与技巧

(1) 将企业银行存款日记账与银行存款对账单逐笔核对,确认每笔账项的正确性,列出未达账项。

(2) 将本期银行存款日记账收付发生额与银行存款收付凭证的发生额合计核对相符。可抽取一定时期银行存款收付凭证,加计收付发生额合计,再与银行存款日记账该期发生额合计核对。

(3) 向开户银行询证期末银行存款余额。由企业按开户银行分别账号开出询证函,再由审查人员发出并收回,以保证询证结果的真实性。

关注定期存款、保证金等受限制银行存款审计

(四) 银行存款余额调节表的审计方法与技巧

(1) 审查银行存款余额调节表、企业银行存款日记账余额和银行对账单余额,看其列示是否正确。

(2) 将银行对账单记录与银行存款日记账记录逐笔核对,核实未达账项在调节表中的列示是否相符。任何漏记或多记调节项目都应引起审查人员的重视。

(3) 复核加减调节数及调节后余额,验证调节后余额是否正确。

> ☞ **链接**
> 银行存款余额调节表的编制方法,请参考"财务会计实务"中的有关内容。

(4) 逐笔查证未达账项,以确定其真实性。对银行的未达账项要审查企业的相关业务凭证,对企业的未达账项可采用询证等方式向银行查证。

即学即思 你还能想出银行存款的其他审计方法与技巧吗?

关注未达账项审计

三、银行存款审计的工作底稿

(1) 被审查单位有关银行存款的内部控制制度,包括有关制度、文件、图表等及审计人员对内部控制制度的建立和执行情况审查的工作记录。

(2) 银行存款总分类账、日记账审查中搜集和编制的工作底稿。

(3) 银行存款收支凭证审查中搜集和编制的工作底稿。

(4) 银行对账单、银行存款余额调节表复印件。

(5) 银行存款余额询证回函。

(6) 银行存款审计有关计划安排及相关工作记录。

四、案例分析

案例一：

1. 疑点

审计人员审查甲企业 2021 年 6 月 3 日"银行存款日记账",在搜集对账单时,发现缺少 5 月份的账单,于是到银行复印一份,核对发现 6 月 3 日的一笔 10 000 元的银行收入未入账,审计人员怀疑有贪污行为。

2. 跟踪查证

(1) 采用审阅法、核对法、调整法,审计人员将审查日的银行存款日记账的账面余额与银行对账单进行调整,验证了银行账和企业银行存款日记账相符。后又将企业银行存款日记账与对账单进行核对。详细审查 5 月份银行存款日记账,发现企业在 6 月 4 日开出一张现金支票提出现金 10 000 元也未入账。

(2) 采用询问法,审计人员针对上述这一付一收金额相符,但均未入账的疑点,对企业会计人员李某进行询问,李某如实交代了犯罪事实。

3. 问题

甲企业购入原材料,金额 20 万元,用汇票结算,乙公司收到货款后出具发货票,甲企业据此做了账务处理:

借:原材料　　　　　　　　　　　　　　　　　　　　　　200 000
　　贷:银行存款　　　　　　　　　　　　　　　　　　　　　　200 000

但为了促销,乙公司按购价的 5% 折扣通过银行汇入甲企业开户行,退给甲企业折扣款 10 000 元,会计李某收到该款后,认为有机可乘,欲侵吞此折扣款,于是将银行汇款单及相关票据毁掉,并于次日开出现金支票将此款提出,装入个人口袋。月末,将 6 月份银行对账单销毁,以逃避检查。

4. 调账

追回贪污款,并对李某处以罚款 3 000 元,做如下账务处理:

借:银行存款　　　　　　　　　　　　　　　　　　　　　　13 000
　　贷:其他应收款　　　　　　　　　　　　　　　　　　　　　10 000
　　　　营业外收入　　　　　　　　　　　　　　　　　　　　　　3 000

案例二：

1. 疑点

审计人员在审查某工厂"银行存款日记账"时,发现 6 月 8 日 50# 凭证摘要为"送存现金",金额为 8 万元。平时该厂现金收入很少,审计人员怀疑其现金来源的真实性。

2. 跟踪查证

(1) 采用查阅法、调查分析法,审计人员调阅了 66# 凭证,其分录为:

借:银行存款　　　　　　　　　　　　　　　　　　　　　　80 000
　　贷:库存现金　　　　　　　　　　　　　　　　　　　　　　80 000

所附银行进账单日期为 6 月 8 日,其来源为退还职工奖金。审计人员进一步审查该厂上半年发放奖金数,实发奖金为 20 万元,实际退还率为 80%。审计人员分析,半年退还奖金

80%不太可能,因而进一步查证现金来源。通过现金日记账调阅收款凭证,发现全部现金收款单日期为10月11日,注明该现金为职工返还的奖金,出现了先存款后付款的怪现象。

(2)采用审阅法、综合分析法、询证法,审计人员进一步审查"银行存款日记账",发现5月26日投入某服装厂投资款8万元,凭证号为30#。调阅凭证,仅附一张信汇凭证,并无投资合同。审计人员初步判断,该厂以假投资换取现金。经与某服装厂核实,该工厂确实从某服装厂提走现金8万元。

3. 问题

该工厂为少交纳税金而采用假退款做法,违反了财经纪律,该厂对此供认不讳。

4. 调账

借:管理费用　　　　　　　　　　　　　　　　　　　　　　　80 000
　　贷:持有至到期投资　　　　　　　　　　　　　　　　　　　　80 000

课堂讨论　请指出本任务引导案例进行审查的办法。

阅读条目

1. 内部会计控制规范——货币资金
2. 中国人民银行支付结算办法

项目七

销售与收款循环审计

任务一 主营业务收入审计

学习目标

1. 能说出主营业务收入错弊的表现形式。
2. 能运用审计方法对主营业务收入进行审计。
3. 能结合案例分析主营业务收入错弊及运用相应的审计技巧。
4. 会编制主营业务收入审定表。
5. 会对发现的主营业务收入错弊提出处理意见。

引导案例

审计人员江涛在对宏达公司2021年度的销售收入进行分析性复核时,发现本年度的销售收入比2020年明显减少,在前期调查中江涛了解到2021年宏达公司生产、销售业绩是历史上最好的。江涛感到2021年销售收入的真实性值得怀疑,于是,抽查了9月份、12月份相关的会计凭证,发现其原始凭证中有销货发票的记账联,而记账凭证中反映的是"应付账款",共计120万元。江涛针对此情况,询问了有关的当事人,并向应付账款的对方企业函证,结果发现宏达公司将企业正常的销售收入反映在"应付账款"中,作为其他企业的暂存款处理。

> ☞ **启示**
> 审计人员在审计销售收入时,要关注被审计单位是否少计或多计销售收入。

上述案例显示,主营业务收入业务中存在错弊,审计人员采用不同方法进行了审计。

一、主营业务收入业务常见错弊

(一) 利用发票作弊

> ☞ **提示**
>
> 发票是经济活动中法定的原始凭证,一切单位和个人在销售商品、产品和提供劳务以及通过其他业务活动取得收入时,均应开出发票。它不仅是企业登记有关收入账的原始凭证,也是税务机关征税的主要凭据。

(1) 以收据代替发票,或不开发票。采用该种手段的最主要目的是偷税,同时,也往往会使此类收入形成账外收入,会造成个人的贪污、挪用或私设"小金库"等作为。

(2) 发票内容虚假。

(3) 开"空头发票"。有的企业,在年末为了达到虚增本年利润的目的,在未实现销售的情况下,开出虚假销售发票做应收账款处理,下年初用红字冲回做销售退回。

> ☞ **知识拓展**
>
> **空头发票**
>
> 没有经营活动而开发票就是"空头发票"。

(4) 为他人代开发票,不开销售发票等,给贪污盗窃、偷税漏税、私设"小金库"等违规行为留下了可乘之机。

即学即思 利用发票作弊的手段还有哪些?

(二) 商品销售收入确认不合规

即学即思 类似的问题还有哪些?

(三) 商品销售收入的会计处理不合规

(1) 将已实现的商品销售收入不记入"主营业务收入"账户,而长期挂在"应收账款""应付账款"等账户上。

(2) 以浮动价或协议价销售的商品,按平价入账,将其价差不记入"主营业务收入"账户,而列入"营业外收入"等账户或不入账。

(3) 视同销售业务不做销售处理。

> ☞ **链接**
>
> 视同销售业务,请参见"财务会计实务"中的相关内容。

我国会计制度和税法规定企业在发生视同销售行为时也应交纳增值税,如果没有交纳增值税,视为偷税漏税处理。

(4) 月末时,违背配比原则少转、不转或多转商品销售成本。

(5) 期末结账时,"主营业务收入"账户留有余额,或将余额转入其他账户,从而虚减本期利润。

(6) 白条出库,做销售入账。企业应在发出商品、提供劳务,同时收讫货款或取得索取货款的凭证时,确认商品销售收入的实现。有的企业为了虚增利润,依据白条出库来确认销售收入的实现。

> **知识拓展**
>
> **白　　条**
>
> 所谓白条,是指行为人开具或索取不符合正规凭证要求的发货票和收付款项证据,以逃避监督或偷漏税款的一种舞弊手段。

即学即思　利用白条舞弊的手法还有哪些?

(7) 对销货退回的处理不正确,虚拟退货业务。按规定,不论是本年度的销货退回,还是以前年度的销货退回,均应冲减当月销售收入。

(8) 将企业正常的销售收入作为其他业务收入或营业外收入处理。有些企业混淆各种收入的界限,将正常的商品销售收入作为其他收入处理,影响了有关指标的真实性。

(四) 故意隐匿收入

(1) 为了达到少交税或不交税、减少收益的目的,人为地将企业正常的销售收入反映在"应付账款"或"其他应付款"账户,作为其他企业的暂存款处理,将记账联单独存放,造成当期收入减少、利润减少,达到少缴税的目的。

(2) 在应确认收入的情况下不确认收入,而将实现的收入长期挂账,通过在实现收入的当期少计收入,达到少交所得税的目的。

(3) 延期确认收入。将当期应确认的收入延迟入账,达到操纵利润的目的。

(4) 以收入直接冲减成本,少计收入。即以"应收账款"或"银行存款"账户与"库存商品"账户相对应。一些企业在销售商品时没有按正常的会计处理程序,而是以收入直接冲减成本,从而达到操纵利润、少交所得税的目的。

(五) 虚增虚减销售收入

1. 以真实客户为基础,虚拟销售

公司对某些客户有一定的销售业务,为了粉饰业绩,在原销售业务的基础上虚构销售业务,人为扩大销售数量,使得公司在该客户名下确认的收入远远大于实际销售收入。特别是一些经营业绩不佳的企业在年终时为了达到粉饰报表的目的,集中在年末虚拟销售,等到次年再做退货处理。

2. 虚构客户,虚拟销售

公司通过伪造顾客订单、伪造发运凭证、伪造销售合同、开具税务部门认可的销售发票等手段来虚拟销售对象及交易,对并不存在的销售业务,按正常销售程序进行模拟运转。

3. 虚构销售退回

销售退回仅用红字借记"应收账款",贷记"主营业务收入""应交税费——应交增值税(销项税额)",记账凭证后面没有相应的销售发票、销售退回单、商品验收单等原始凭证。销售退回、销售折扣、销售折让会直接冲减企业的收入和税金,所以企业往往通过办理假退回、折扣等虚减企业的主营业务收入。

4. 利用与某些公司的特殊关系虚构销售收入

公司将商品销售给予其没有关联关系的第三方,然后再由其子公司将商品从第三方购回,这样既可以增加销售收入,又可以避免公司内部销售收入的抵消。该第三方与公司虽没有法律上的关联关系,但往往与公司存在一定的默契。还有一些公司利用关联方交易虚构收入,如母子公司之间通过转移定价操纵收入,或年底互开发票等。

 你还能想出主营业务收入业务可能出现的其他错弊形式吗?

二、主营业务收入业务的审计方法与技巧

(一)销售发票管理的审计方法和技巧

(1)审查发票内容是否真实,是否符合本单位的营业范围。
(2)审查发票是否合法。
(3)审查发票有无涂改痕迹。
(4)审计人员可以通过查阅发票存根联、记账联,将发票存根与供货合同核对等查找线索,必要时向购货方核对。

主营业务收入的审计目标

(二)销售入账时间的审计方法和技巧

 你还记得销售入账时间吗?

(1)依据主营业务收入凭证和记录(发票、提货单、运单、有关记账凭证、主营业务收入明细账及总账、应收账款明细账等),来审查企业是否有不记、少记、漏记和错记的行为。
(2)审计人员应审阅"主营业务收入"明细账摘要记录,调阅有关原始凭证和记账凭证,根据所附的发运证明、收货证明,确定其发出日期,根据所附的托收回单、送款单等确定其收款依据,以此判断其入账时间是否正确,必要时应调查询问有关业务人员和保管人员,以取得证据;特别要注意查证期末前几天的销售账,同时还应注意检查被查单位有无开票后不入销售账的情况,查清问题后再做处理。

(三)销售收入会计处理的审计方法和技巧

(1)审计人员应查阅"主营业务收入"明细账记录并调阅有关会计凭证,检查其账户对应关系是否正确。同时审核其原始凭证,看账证是否相符,内容是否正确。

 你还记得主营业务收入确定需要满足的条件是什么吗?

(2) 审计人员可以通过查阅有关会计凭证发现线索,如存在销项税额处理不正确的问题一般会证证不符。将"应交税费——应交增值税"明细账的"销项税额"专栏中的记录与其相对应的销售收入明细账及银行存款或应收账款明细账进行核对,如果存在问题,一般会出现金额不符的情况。

(3) 审阅"主营业务收入"或"营业外支出"或者其他有关账户、凭证,如果其中有列支销售商品发生的索赔款,应确定其列支的账户是否正确,有无虚列索赔款。

(4) 检查有无特殊的销售行为,如附有销售退回条件的商品销售、售后回购、以旧换新、出口销售、售后租回等,确定恰当的审计程序进行审核。

> 链接
> 特殊的销售业务审核,参见"财务会计实务"中的相关内容。

(5) 销售退回、折扣、折让有关审批手续的审计。

① 有的公司为了提高报告年度的经营业绩,在年末集中实现"销售",但这些销售并未真正实现,往往在期后表现为销货退回。审计时,应关注资产负债表日后有无大额或连续的退货,并查明这些退货是否为年末集中"销售"部分。另外,可以通过检查资产负债表日后相关银行进账单等收款凭证以及应收账款收回记录,进一步证实报告期收入确认的合理性。

② 审计人员应通过审阅双方签订的合同,询问当事人,查阅有关会计凭证等方式发现线索,并在此基础上做进一步调查,如折扣和折让的审批手续是否齐全,有无随意确定折扣率情况等。

③ 审计人员应从查阅"银行存款"日记账入手,审查对方科目、摘要内容,必要时查阅有关原始凭证和记账凭证,看证证是否相符。同时,应查阅"库存商品"明细账中有关红字发出数量的记录,以发现线索,特别应注意销货退回的同时是否退了增值税,账务处理是否正确。此外,还应注意销货退回发生的运杂费有无混入销售一并冲销的现象,如有则应立即纠正。另外,应注意审查期初或结账时的退货。在年终,有的企业为追求销售计划的完成,有时虚构销售,次年年初又用红字冲回,对此,应有充分的警惕。

(6) 将企业正常的销售收入作为其他业务收入或营业外收入处理。

审计人员可以通过查阅会计凭证发现线索,特别是检查原始凭证的内容,看证证是否相符。

(四) 故意隐匿收入的审计方法和技巧

(1) 如果其原始凭证中有销货发票记账联,而记账凭证中反映的是"应付账款",很明显企业隐匿了收入。

(2) 如果原始凭证中无记账联,可以询问有关当事人,了解暂存款的内容、账龄等,必要时向对方企业调查,了解问题的真相。

(3) 审计人员可以对比前后各期利润表,看销售收入有无明显减少的情况。查阅"银行存款"日记账记录,了解对应账户,并进一步调阅有关会计凭证,检查其原始凭证的种类及内容。

(五)虚增虚减销售收入的审计方法和技巧

(1) 审计人员可以通过对比企业前后各期销售收入有无明显变化来发现线索,必要时查阅主营业务收入明细账,再进一步调阅有关的记账凭证和原始凭证,因为这种情况大多是企业虚拟业务,一般无原始凭证,或"应收账款"账户无明细记录。发现线索后再通过询问当事人查证,或进一步查阅"库存商品"明细账及"主营业务成本"账簿记录,看当期成本与收入是否配比。

(2) 关注公司是否存在关联方交易。母子公司、企业集团之间通过关联方交易进行收入舞弊、操纵利润的现象更常见,对于这一类公司更应关注其关联方交易的情况。国际审计准则指定的可用来发现其他关联方的特定审计程序有:向管理者询问全部关联方的名称;向董事会和高级职员询问同其他单位的隶属关系。

即学即思 你还能想出主营业务收入的其他审计方法和技巧吗?

三、主营业务收入审计的工作底稿

(1) 被审计单位有关主营业务收入的内部控制制度。审计人员应取得被审计单位有关主营业务收入的内部控制的文件资料,以及对这些文件资料进行检查,调查了解其执行情况的有关工作记录。

(2) 主营业务收入总分类账、主营业务收入明细账审计中搜集和自行编制的工作底稿。

(3) 主营业务收入凭证审计中搜集和自行编制的工作底稿。包括:重要业务的有关文件、资料、销售合同、销售计划等的原件或复印件,违法违规业务的原始凭证复印件,凭证审计中的有关工作记录等。

(4) 主营业务收入明细表,折扣与折让明细表,主营业务收入审定表。

(5) 主营业务收入审计的有关计划安排及相关的工作记录。

四、案例分析

案例一:

1. 疑点

审计人员在审查甲工业企业时,发现主营业务收入记账凭证上的数额与原始凭证不一致,怀疑有可能是截留收入。

2. 查证

根据上述疑点,审计人员进一步审查相关凭证发现,甲工业企业 2021 年 10 月 12 日销售商品一批,售价 130 800 元,却按 130 000 元入账,另 800 元截留在"其他应付款"账户,即做了如下账务处理:

借:银行存款 153 036
　　贷:主营业务收入 130 000
　　　　应交税费——应交增值税(销项税额) 22 236

其他应付款　　　　　　　　　　　　　　　　　　　　　　　　　800

3. 问题

将800元的商品销售收入截留在"其他应付款"账户中，表现为少记商品销售收入。

4. 调账

应做如下分录：

借：其他应付款　　　　　　　　　　　　　　　　　　　　　　　800
　　贷：主营业务收入　　　　　　　　　　　　　　　　　　　　　　　800

案例二：

1. 疑点

审计人员在审查某工业企业2021年5月的利润表时，发现该期销售收入与以前各期相比有明显下降，但销售成本水平无明显变化，决定进一步调查。

2. 查证

经查阅5月的"银行存款"日记账，发现有一笔暂存款468 000元，对方科目为"应付账款"，经调阅2021年5月20日10#记账凭证，凭证记录的内容为：

借：银行存款　　　　　　　　　　　　　　　　　　　　　　　468 000
　　贷：应付账款　　　　　　　　　　　　　　　　　　　　　　　400 000
　　　　应交税费——应交增值税（销项税额）　　　　　　　　　　 68 000

该凭证所附的原始凭证是一张托收回单，说明该张记账凭证不符合实际业务情况。经审查该单位销货发票，发现存根中有一张销售金额400 000元、增值税68 000元的发票与该记账凭证所记录的单位名称相同，进一步询问当事人确认该单位将正常的销售收入作为"应付账款"处理了。

3. 问题

被查企业为了达到少交税、少计利润的目的，利用"应付账款"账户隐匿收入400 000元，造成该期利润不实。

4. 调账

（1）如果上述问题在2021年5月当期被发现，被查企业应编制调账分录如下：

借：应付账款　　　　　　　　　　　　　　　　　　　　　　　468 000
　　贷：主营业务收入　　　　　　　　　　　　　　　　　　　　　400 000
　　　　应交税费——应交增值税（销项税额）　　　　　　　　　　 68 000

（2）如果该问题在2021年年终结账以前被发现，应编制调账分录如下（假定该企业采用账结法核算利润）：

借：应付账款　　　　　　　　　　　　　　　　　　　　　　　468 000
　　贷：主营业务收入　　　　　　　　　　　　　　　　　　　　　400 000
　　　　应交税费——应交增值税（销项税额）　　　　　　　　　　 68 000

假定所得税税率为25%：

借：所得税费用　　　　　　　　　　　　　　　　　　　　　　 100 000
　　贷：应交税费——应交所得税　　　　　　　　　　　　　　　　100 000

借：主营业务收入　　　　　　　　　　　　　　　　　　　　　 400 000
　　贷：本年利润　　　　　　　　　　　　　　　　　　　　　　　400 000

```
借：本年利润                                              100 000
    贷：所得税费用                                          100 000
```
假定该企业按净利润10%提取盈余公积,60%分配投资者利润：
```
借：利润分配——提取盈余公积                                30 000
            ——应付投资者利润                             180 000
    贷：盈余公积                                            30 000
        应付利润                                          180 000
借：本年利润                                              300 000
    贷：利润分配——未分配利润                              300 000
```
（3）如果上述问题在2021年年终结账以后才被发现，被查企业应编制调账分录如下：
```
借：应付账款                                              468 000
    贷：应交税费——应交增值税(销项税额)                     68 000
        以前年度损益调整                                  400 000
借：以前年度损益调整                                      100 000
    贷：应交税费——应交所得税                              100 000
借：以前年度损益调整                                      300 000
    贷：盈余公积                                            30 000
        应付利润                                          180 000
        利润分配——未分配利润                               90 000
借：应交税费——应交所得税                                 100 000
    贷：银行存款                                          100 000
借：应付利润                                              180 000
    贷：银行存款                                          180 000
```

案例三：

1. 资料

（1）审计人员审查某企业已售出B产品1 000件，给甲企业每件售价为1 000元，双方商定优惠折让为5%，并按商定付款时间长短给予2%~3%的销售折扣(不含增值税)。该企业的会计处理如下：
```
借：应收账款——甲企业                                  1 111 500
    财务费用                                               50 000
    贷：主营业务收入                                    1 000 000
        应交税费——应交增值税(销项税额)                   161 500
```
（2）该企业上项货款按约定付款时间，除折扣外已收到，并已存入银行。销售折扣应为3%。其账务处理如下：
```
借：银行存款                                            1 083 000
    销售费用                                                28 500
    贷：应收账款——甲企业                                1 111 500
```

2. 要求

对该单位的经济业务及其账户进行审计，如有错误，请指出并判明属何种错误，提出相应处理意见,如需调账则做出原始的基本更正分录。

3. 审计分析

(1) 销售折让＝1 000 件×1 000×5%＝50 000(元);实际产品销售收入＝1 000×1 000－50 000＝950 000(元)。

因此,账务处理不正确,违反了关于商业折扣处理的规定,多计主营业务收入和财务费用各 50 000 元。处理意见:调账。

借:主营业务收入　　　　　　　　　　　　　　　　　　50 000
　　贷:财务费用　　　　　　　　　　　　　　　　　　　　　50 000

(2) 现金折扣＝950 000×3%＝28 500(元);实收货款＝1 111 500－28 500＝1 083 000(元)。

因此,账务处理不正确,违反了关于现金折扣账务处理的规定,多计销售费用 28 500 元,少计财务费用 28 500 元。处理意见:调账。

借:财务费用　　　　　　　　　　　　　　　　　　　　28 500
　　贷:销售费用　　　　　　　　　　　　　　　　　　　　　28 500

课堂讨论　审计人员李浩在对华兴公司营业收入实施实质性测试时,抽查到以下销售业务:

1. 确认对 A 公司销售收入计 1 000 万元(不含税,增值税税率为 17%)。相关记录显示:销售给 A 公司的产品系华兴公司生产的半成品,其成本为 900 万元,华兴公司已开具增值税发票且已经收到货款;A 公司对其购进的上述半成品进行加工后又以 1 287 万元的价格(含税,增值税税率为 17%)销售给华兴公司,A 公司已开具增值税发票且已收到货款,华兴公司已做存货购进处理。

2. 确认对 B 公司销售收入计 2 000 万元(不含税,增值税税率为 17%)。相关记录显示:销售给 B 公司的产品系按其要求定制,成本为 1 800 万元;B 公司监督该产品生产完工后,支付了 1 000 万元款项,但该产品尚存放于华兴公司,且华兴公司尚未开具增值税发票。

3. 确认对 C 公司销售收入计 3 000 万元(不含税,增值税税率为 17%)。相关记录显示:根据双方签订的协议,销售给 C 公司该批产品所形成的债权直接冲抵华兴公司所欠 C 公司原料采购款;相关冲抵手续办妥后,华兴公司已经向 C 公司开具增值税发票;该批产品的成本为 2 500 万元。

4. 拟在 2021 年 12 月按合同约定以离岸价向某外国公司出口产品时,对方告知由于其所在国开始实施外汇管制,无法承诺付款。为了开拓市场,华兴公司仍于 2021 年年末交付产品,在 2021 年确认相应的业务收入。

5. 华兴公司于 2021 年年末委托某运输公司向某企业交付一批产品。由于验收时发现部分产品有破损,该企业按照合同约定要求华兴公司采取减价等补偿措施或者全部予以退货,华兴公司以产品破损全部是运输公司责任为由拒绝对方要求。由于发货前已收到该企业预付的全部货款,华兴公司于 2021 年确认了相应业务收入。

6. 华兴公司于 2021 年 12 月初以每件 500 元(不含增值税)的价格向某公司交付了 1 000 件产品。双方约定,在该公司付清货款前,尽管华兴公司不再对所交付的产品实施管理和控制,但仍对尚未收款的该部分产品保留法定所有权。截至 2021 年年末,华兴公司收取了该公司支付的其中 800 件产品的货款,但确认了业务收入 500 000 元。

要求：

1. 针对以上 1 至 6 项，请分别判断华兴公司已经确认的销售收入应否确认。若回答是"不应确认"，请提出审计调整建议（编制审计调整分录时不考虑流转税附加及对所得税和利润分配的影响）。

2. 结合本案例中不同情况下的收入确认，讨论收入确认原则以及应当注意的问题。

 阅读条目

1. 企业会计准则第 14 号——收入
2. 中国注册会计师审计准则第 1211 号——通过了解被审计单位及其环境识别和评估重大错报风险
3. 中国注册会计师审计准则第 1231 号——针对评估的重大错报风险采取的应对措施
4. 中国注册会计师审计准则第 1313 号——分析程序
5. 中国注册会计师审计准则第 1314 号——审计抽样
6. 企业内部控制应用指引第 9 号——销售业务
7. 企业内部控制应用指引第 7 号——销售业务解读

任务二　应收账款审计

 学习目标

1. 能说出应收账款错弊的表现形式。
2. 能运用审计方法对应收账款进行审计。
3. 能结合案例分析应收账款错弊及运用相应的审计技巧。
4. 会对发现的应收账款错弊提出处理意见。

引导案例

2021 年 1 月，审计人员在对达成公司进行审计时，发现该单位"应收账款——华成公司"明细账从 2019 年年底至查账日一直保留 38 万元的余额。出于职业习惯，审计人员决心弄清这个账户的来龙去脉。为此，审计人员追查了该账户的发生额情况，发现其在 2018 年 11 月 18 日用现金支票预付给华成公司货款 16 万元，2018 年 12 月 18 日用现金支票预付给华成公司货款 14 万元，2019 年 4 月和 8 月分别用现金支票预付给华成公司货款 38 万元，2019 年 12 月用现金缴存银行 30 万元，冲减预付给华成公司货款 30 万元，至 2019 年 12 月底该账户余额为 38 万元，并一直保留。这究竟是怎么回事呢？该单位财务科长解释说，原准备到华成公司调一批货,预付了该批货的款项,后来由于本地的销售形势不好,故未购进这批货,经与华成公司协商,华成公司答应退回货款,但在退回30万元后,因该公司资金较紧张,故尚欠38万元还未退回。从表面来看,这属于业务上的往来,但事实果真如此吗?预付这么大金额的货款为何不通过转账支付?第一批货未到为何又要预付第二批、第三批货款呢?为此,审计部门一方面派审计人员到华成公司调查核实;另一方面继续清查有关账户。经调查取证,华成公司账上并未反映预收到该公司的货款,也未发生退款业务。那么,预付的几笔现金到哪里去了呢?收回的现金又从何而来?

带着这些疑问,审计人员找来该单位领导进行询问。在铁的事实面前,该单位领导不得不道出真情。为列支一些不便于在账面列支的费用,2018年以预付货款的名义支取现金30万元,以个人名义存入"清光储蓄所",存定期1年,2019年到期已归还;2019年单位为配置手机等物品,又不便于在账上开支,所以又以预付货款的名义支取现金38万元,以个人名义存入"清光储蓄所",存定期1年。后因单位经济效益较好,且贷款利率不断降低,再加上同"清光储蓄所"的个人感情关系,为帮其完成储蓄任务,故一直未取出归还账上。至此,该单位财务科长不情愿地把存款利息清单、收取存款手续费收据和一些开支单据全部如实交出,其中部分多余的利息收入已交单位财务,作"财务费用"入账。

通过以上案例我们可以发现,用"应收账款""其他应收款"等往来账户套取现金进行公款私存是一种新的违纪动向。在该案例中,审计人员成功地运用了应收账款账龄分析法来发现公司应收账款的不正常现象。另外,对应收账款进行函证也是审计人员在审计应收账款时采用的一种重要的审计程序。

上述案例显示,应收账款业务中存在有错弊,审计人员采用不同方法进行了审计。

一、应收账款业务常见错弊

(一) 应收账款的入账金额不实

在实际工作中,可能出现按净价法入账的情况,以达到推迟纳税或将正常收入少记的目的,客观上造成应收账款入账金额不实的错弊。

(二) 应收账款账户记录的内容不真实、不合理、不合法

(1) 通过"应收账款"账户虚列收入。

(2) 将应在"应收票据"账户反映的内容反映在"应收账款"账户,以达到多提坏账准备的目的。

(3) 有的企业为了藏匿财产,贪污资金,存在着利用"应收账款"账户从事舞弊活动的问题。

(4) 企业销售后有可能发生退货,退货金额应冲减应收账款,但企业忘记冲减或故意不予冲减,使账面数字虚假。

(5) 利用"应收账款"科目转移资金。有些企业为了达到某种目的,故意将本企业资金或库存商品以"销售"或"劳务""外借"等名义转移到外地某关系单位,然后通过该关系单位的配合将这部分资金、物资挪作他用或者私分。

即学即思 类似的问题还有哪些？

（三）应收账款回收期过长，周转速度慢

（1）应收账款是变现能力最强的流动资产之一，因此，其回收期不能过长，否则会影响企业正常的生产经营活动。但在实际工作中，有时存在着应收账款迟迟不能收回的情况。

（2）企业应对超过信用标准、回收期较长的应收款项进行调查，看是否存在款项收回后被以不正当手段私分的问题。

（四）应收账款金额过大，周转不灵

一般来说，应收账款余额在企业流动资产中的比率不能过大，否则不利于本企业的资金周转，从而影响正常的生产经营活动。对此，应通过查阅应收账款明细账，确定欠款的原因。应收账款金额大的项目应重点关注，有可能存在利用应收账款舞弊的现象。

（五）对坏账损失的确认及其会计处理不合理

（1）如交替使用直接转销法和备抵法，随意变更会计方法，前后期核算口径不一致等。

（2）会计核算时备抵法运用不正确。

知识拓展

备抵法运用不正确的主要表现

1. 人为扩大计提范围和标准，以达到多提坏账准备，多列费用，减少当期收益的目的。

2. 年终结算时未考虑"坏账准备"账户的余额情况。

3. 未按坏账损失的标准确认坏账的发生，如将预计可能收回的应收账款作为坏账处理，形成账外资金，然后用于不合理开支或者私分，或将应列为坏账的应收账款长期挂账，造成资产不实。

4. 收回已核销的坏账时，未增加坏账准备而是作为"营业外收入"或"应付账款"，或不入账而作为内部"小金库"处理。

5. 对应收账款坏账准备提取不符合实际，或是不予提取，导致虚增资产。

（六）应收账款账账不符

（1）企业对在生产经营过程中发生的各种应收账款，设"应收账款"总分类账户，进行总分类核算，按各债务单位设"应收账款"明细分类账户，进行明细分类核算。

（2）应收账款的账账不符主要指总分类账余额与各明细分类账余额之和不符。此外，还包括企业"应收账款"账与债务单位"应付账款"账不符的情况。

即学即思 你还能想出应收账款可能出现的其他错弊形式吗？

二、应收账款的审计方法与技巧

（一）销货发票的审计方法与技巧

（1）了解有无销售折扣与折让情况，看其与"应收账款""主营业务收入"等账户记录是否一致，以弄清是否存在以净价法入账而导致应收账款入账金额不实等问题。

（2）审查销货发票，看是否有销售折扣与折让，核对账款是否相符。

（二）应收账款数据真实性的审计方法与技巧

（1）积极函证，要求对方无论函证的内容对错都应复函答复。一般对于重要的业务、内部控制比较薄弱的事项及疑点较多的事项，应采取肯定式函证方式，否则可用否定式函证方式。

（2）对于无从投递的退回函件，必须仔细分析，了解其中的原因；收取复函后，审查人员应结合其他查账方法，分析差异，提出函证结论。

（3）审计人员应当直接控制询证函的发送和回收。对于因无法投递而退回的信函要进行分析、研究、处理，查明是由于被函证者地址迁移、差错导致信函无法投递，还是这笔应收账款本来就是一笔假账。对于采用肯定式函证方式而没有得到复函的，应采用追查程序。

（4）一般来说，应发送第二次乃至第三次询证函，如果仍得不到答复，审计人员则应考虑采用必要的替代查证程序。对没有函证的应收账款，审计人员应抽查有关销售合同、销售订单、销售发票副本以及发运凭证等，从而验证这些未函证应收账款的真实性。

> ☞ **提示**
>
> 对于金额比较大或是挂账时间比较长的应收账款，应重点审查，并进行函证。如果函证结果有差异，可能的原因有：
> 1. 双方入账时间不一致。
> 2. 一方或双方记账错误。
> 3. 存在弄虚作假、舞弊行为。

（三）运用账龄分析法查证应收账款的审计方法与技巧

> ☞ **链接**
>
> 应收账款的账龄分析法，请参见"财务会计实务"中的相关内容。

（1）应收账款属于企业的短期债权，是企业变现能力最强的流动资产之一，一般不应超过一个经营周期。

（2）审计人员可以通过对应收账款进行账龄分析，编制或索取应收账款账龄分析表来分析应收账款的账龄，将重要的客户及其余额列示表中，对不重要的或余额较小的可以汇总列示。将账龄表中所列示的应收账款加总,并扣除相应的坏账准备,看是否与资产负债表中的应收账款余额相符,并进一步分析应收账款收回的可能性。

(3)对于数额大、久欠不还、有纠纷、催收情况不明的应收账款,应进行重点审查。

(4)对于应收账款迟迟不能收回的情况,审计人员应根据企业的具体业务情况和客户情况确定一个标准的回收期,将其与企业"应收账款"账户有关明细账资料做对比,对于超过标准回收期的款项再做进一步调查,看是否存在款项收回后,通过不正当手段转移、贪污的情况。

(四)应收账款账户记录内容真实性的审计方法和技巧

(1)对于虚构的应收账款业务,可能只记入了应收账款总账,未在明细账中记录,应审查明细账与总账是否相符,审查应收账款的原始凭证是否存在,记账凭证的内容是否齐全、真实,企业应收账款与对方的应付账款科目内容、金额等是否一致,即可发现是否存在虚设应收账款现象。

(2)抽查有无不属于结算业务的债权。不属于结算业务的债权,不应该在应收账款中进行核算。

(3)将被审计年度的期末应收账款余额与上年同期数据进行比较,可查找被审计年度期末应收账款余额被高估或低估的可能性。

(4)将被审计年度计提坏账准备占应收账款的百分比同以前年度比较,可查找是否高估或低估坏账准备。检查坏账的确认、坏账准备的计提及账务处理的正确性。

即学即思 你还能想出应收账款的其他审计方法和技巧吗?

三、应收账款审计的工作底稿

(1)被审计单位有关收款业务的内部控制制度。审计人员应取得被审计单位有关收款业务的内部控制的文件资料,以及对这些文件资料进行检查,调查了解其执行情况的有关工作记录。

(2)应收账款总分类账、应收账款明细账审计中搜集和自行编制的工作底稿。

(3)应收账款增减凭证审计中搜集和自行编制的工作底稿。包括:重要业务的有关文件、资料、合同、计划等的原件或复印件,违法违规业务的原始凭证复印件,凭证审计中的有关工作记录等。

(4)应收账款账龄分析表、应收账款函证结果汇总表、应收账款审定表。

(5)应收账款审计的有关计划安排及相关的工作记录。

四、案例分析

案例一:

1. 疑点

审计人员在审阅某企业账簿时,发现12月的"主营业务收入""应收账款"账户较以往各期发生额大,经与明细账核算核对,发现"应收账款"明细账中根本未做登记,总账与明细账相差 400 000 元,由此怀疑该企业可能有虚增销售收入、虚报指标完成的问题。

2. 查证

审计人员根据有关账簿中的记录,调阅相关记账凭证,发现 12 月 21 日 125#凭证的内容是:

借:应收账款　　　　　　　　　　　　　　　　　　　　351 000
　　贷:主营业务收入　　　　　　　　　　　　　　　　　　300 000
　　　　应交税费——应交增值税(销项税额)　　　　　　　51 000

12 月 25 日 147#凭证的内容是:

借:应收账款　　　　　　　　　　　　　　　　　　　　117 000
　　贷:主营业务收入　　　　　　　　　　　　　　　　　　100 000
　　　　应交税费——应交增值税(销项税额)　　　　　　　17 000

12 月 30 日 189#凭证的内容是:

借:应收账款　　　　　　　　　　　　　　　　　　68 000(红字)
　　贷:应交税费——应交增值税(销项税额)　　　　68 000(红字)

经审查核对,上述三张记账凭证均未附有任何原始凭证,虚列当期销售收入 400 000 元,"库存商品"明细账和"应收账款"明细账也未做任何登记。经询问和调查有关会计人员及会计资料,以上分录已于下年年初作为销货退回处理。

3. 问题

该企业为了完成年度承包指标,虚增销售收入,有关人员对此供认不讳。

4. 调账

如果上述问题在该企业财务年终结账前被发现,应做如下调账处理:

借:应收账款　　　　　　　　　　　　　　　　　　400 000(红字)
　　贷:主营业务收入　　　　　　　　　　　　　　400 000(红字)

如果上述问题在下一年度被发现,应编制调账分录如下(假定该企业所得税税率为 25%,盈余公积提取率为净利润的 10%):

借:以前年度损益调整　　　　　　　　　　　　　　　　400 000
　　贷:应收账款　　　　　　　　　　　　　　　　　　　400 000
借:应交税费——应交所得税　　　　　　　　　　　　　100 000
　　贷:以前年度损益调整　　　　　　　　　　　　　　　100 000
借:盈余公积　　　　　　　　　　　　　　　　　　　　 30 000
　　利润分配——未分配利润　　　　　　　　　　　　　270 000
　　贷:以前年度损益调整　　　　　　　　　　　　　　　300 000

案例二:

1. 疑点

审计人员李凯在对方达公司 2021 年的财务报表审计中,检查方达公司应收账款明细账时,发现有一笔应收账款挂账时间长达 3 年以上,金额为 300 000 元,摘要栏记录为:应收利源公司货款。审计人员向会计人员询问其原因,会计人员的回答是:"因双方存在的合同纠纷尚未解决,故对方拒付货款。"审计人员怀疑该企业有可能藏匿财产,贪污资金。

2. 查证

审计人员随即向利源公司发函询证,得到回复"该款项早已在 3 年前就付清",并出示了当时还款的有关证据。在证据面前,有关会计人员说出了实情,该款项确实已收到,按总经理指示将其转入公司的"小金库"。方达公司采用应收账款余额百分比法计提坏账准备,计提比例为 5%。

3. 问题

方达公司存在的问题是将收到的应收账款转入"小金库",违反了国家财经法规,同时又虚列了债权,影响了财务报表的真实性。

4. 审计意见

审计人员应建议公司及时将款项存入公司的银行账户,并调整会计处理。

5. 调账

调整应收账款和货币资金:

借:银行存款　　　　　　　　　　　　　　　　　　　　300 000
　贷:应收账款　　　　　　　　　　　　　　　　　　　　　　300 000

调整坏账准备和资产减值损失:

借:坏账准备　　　　　　　　　　　　　　　　　　　　15 000
　贷:资产减值损失　　　　　　　　　　　　　　　　　　　15 000

同时调整财务报表的相应项目。

课堂讨论 1. 资料:ABC 会计师事务所接受委托,审计 W 公司 2021 年度的财务报表。A 审计人员了解和测试了与应收账款相关的内部控制,并将控制风险评估为高水平。A 审计人员取得 2021 年 12 月 31 日的应收账款明细表,并于 2022 年 1 月 15 日采用肯定式函证方式向所有重要客户寄发了询证函。

A 审计人员将与函证结果相关的重要异常情况汇总如下表:

异常情况	客户	询证金额	回函日期	回函内容
(1)	甲	300 000 元	2022 年 1 月 22 日	购买贵公司 300 000 元货物属实,但款项已于 2021 年 12 月 25 日通过银行划转
(2)	乙	500 000 元	2022 年 1 月 19 日	因产品质量不符合要求,根据购货合同,于 2021 年 12 月 28 日将货物退回
(3)	丙	640 000 元	2022 年 1 月 19 日	2021 年 12 月 10 日收到贵公司委托本公司代销的货物 640 000 元,尚未销售
(4)	丁	900 000 元	2022 年 1 月 18 日	采用分期付款方式购货 900 000 元,根据购货合同,已于 2021 年 12 月 25 日首付 300 000 元
(5)	戊	600 000 元	因地址错误,被邮局退回	

2. 要求(回答):针对上述各种异常情况,A 审计人员应分别实施哪些重要审计程序,以证实资产负债表日应收账款的真实性?

项目七 销售与收款循环审计

 阅读条目

1. 企业会计准则第 14 号——收入
2. 中国注册会计师审计准则第 1314 号——审计抽样
3. 中国注册会计师审计准则第 1312 号——函证
4. 企业内部控制应用指引第 9 号——销售业务
5. 企业内部控制应用指引第 7 号——销售业务解读

任务三 应收票据审计

 **学习目标**

1. 能说出应收票据错弊的表现形式。
2. 能运用审计方法对应收票据进行审计。
3. 能熟悉应收票据内部控制制度的内容。
4. 能结合案例分析应收票据错弊及运用相应的审计技巧。
5. 会编制应收票据明细表、应收票据审定表。
6. 会对发现的应收票据错弊提出处理意见。

 引导案例

审计人员在审阅、核对某企业"应收票据"总账时发现,12 月份有一笔"应收票据"业务所反映的经济事项的摘要说明模糊不清,与"应收票据"对应的账户所反映的经济事项的摘要说明也不清楚。审计人员决定进一步审查相关会计资料,追查至记账凭证,所做账务处理如下:

借:主营业务收入　　　　　　　　　　　　　　　　　　　　　　20 000
　　贷:应收票据　　　　　　　　　　　　　　　　　　　　　　　　20 000
调阅发现该企业下年初又做了冲转处理:
借:应收票据　　　　　　　　　　　　　　　　　　　　　　　　　20 000
　　贷:主营业务收入　　　　　　　　　　　　　　　　　　　　　　20 000

经审查核对,上述两张记账凭证均未附有任何原始凭证,"库存商品"明细账和"应收票据"明细账也未做任何登记。经询问和调查有关会计人员及会计资料,得知该企业为了在本年度少纳企业所得税,于年末利用"应收票据"账户虚拟销售退回业务 20 000 元。

上述案例显示,应收票据业务中存在错弊,审计人员采用不同方法进行了审计。

一、应收票据业务常见错弊

(一)"应收票据"账户的核算内容不正确

(1) 将不属于应收票据的经济业务列作应收票据处理。

> ☞ 链接
>
> 银行转账结算方式,请参见"财务会计实务"中的相关内容。

(2) 按规定,贴现票据到期,承兑人银行无款支付,贴现银行从企业账上扣除的款项,应转入"应收账款"账户核算,但企业仍然在"应收票据"账户上核算。
(3) 虚构应收票据业务,虚增收入,虚增利润,粉饰经营业绩。
(4) 发生了应收票据业务,却不进行核算,虚减收入,虚减利润,达到偷、漏税金的目的。
(5) 销售商品已取得货款,却列作应收票据,将货款予以贪污或挪用。
(6) 将收到的商业汇票的到期利息,不按规定冲减财务费用,而是挂在应付账款上,以达到日后转移做他用或化公为私的目的。

即学即思 类似的问题还有哪些?

(二)商业汇票使用时违法违规

(1) 在非商品交易中使用商业汇票。
(2) 商品交易在没有合法的商品购销合同情况下故意使用商业汇票。
(3) 保管票据的人员可能将本企业所拥有的应收票据私自用于其本人、亲属或其他企业的非法抵押,给本企业带来潜在经济风险。

(三)应收票据回收不及时,长期挂账

在实际工作中,有的单位的经办人为了谋取私利,不积极组织催收,收取了对方好处费后故意到期不回收,长期挂账;有的单位故意将已收回的"应收票据"不按规定及时结转,长期挂账,达到挪用收回款项的目的。

(四)应收票据账目设置不合理,核算不详细、不清楚

一些企业会计人员对应收票据业务未设置"应收票据"科目进行专门核算,而是将其与应收账款混在一起,在"应收账款"账户内核算,导致无法有效提供应收票据和应收账款各自的财务信息。

还有的企业虽然设置了"应收票据"账户,但未设置"应收票据备查簿",未能对每一商业汇票的详细情况及资料进行登记和反映,从而造成对应收票据核算不详细、不清楚的问题。

（五）计提坏账准备时无中生有

有的单位为了虚增损失，将应收票据的余额也作为计提坏账准备的基数，从而达到虚减利润、偷漏税金的目的。

> **即学即思** 你还能想出应收票据可能出现的其他错弊形式吗？

二、应收票据审计方法与技巧

（一）应收票据实地的审计方法与技巧

通过全面盘点应收票据实物，采用逐项核对应收票据备查簿上结存的各种应收票据余额的方法，同时再将应收票据期末余额汇总，并与应收票据总账余额进行核对，验证应收票据是否确实存在。

（二）应收票据核对的审计方法与技巧

（1）将"应收票据"及对应账户的总账记录与明细账进行核对，若存在虚拟的应收票据业务，利用"应收票据"账户调节收入的情况，则往往没有相应的明细账记录。

（2）注意进行有关记账凭证和原始凭证的再核对，看账证、证证是否相符，查明"应收票据"长期挂账的问题。

> **提示**
> 带息应收票据的利息无论是按期计息还是到期一次收回，账务处理上都应冲减"财务费用"。

（三）应收票据调查的审计方法与技巧

（1）调查了解应收票据是否以合法商品交易为基础，是否存在交易非法商品而形成的应收票据，是否存在到期或过期而未及时办理收款的票据。

（2）还可采用进一步查阅有关会计凭证，通过询问有关当事人、承兑人、付款人的方法，以查清事实真相。

> **即学即思** 你还能想出应收票据的其他审计方法和技巧吗？

三、应收票据审计的工作底稿

（1）被审计单位有关应收票据的内部控制制度。审计人员应取得被审计单位有关应收票据内部控制的文件资料，以及对这些文件资料进行检查，调查了解其执行情况的有关工作记录。

（2）应收票据总分类账、应收票据明细账和应收票据备查簿审计中搜集和自行编制的工作底稿。

(3) 应收票据增减凭证审计中搜集和自行编制的工作底稿。包括：重要业务的有关文件、资料、合同、计划等的原件或复印件，违法违规业务的原始凭证复印件，凭证审计中的有关工作记录等。

(4) 应收票据明细表、应收票据审定表。

(5) 应收票据审计的有关计划安排及相关的工作记录。

四、案例分析

案例一：

1. 疑点

审计人员在审阅企业"应收票据"明细账时，发现该单位将核准面值为300 000元的不能兑现的应收票据，直接冲减"坏账准备"账户，而没有按规定先转入"应收账款"账户，且会计人员声称票据遗失，查账人员由此怀疑可能有问题。

2. 查证

审计人员审阅了"应收票据"明细账及有关记账凭证。记账凭证的内容是：

借：坏账准备　　　　　　　　　　　　　　　　　　　　　　300 000
　　贷：应收票据——A公司　　　　　　　　　　　　　　　　300 000

记账凭证后的原始凭证，只是一张调账说明，没有上级部门的审批意见。

经调查询问经办人员，证实该商业承兑汇票到期时，确因A公司无款支付而未能收回货款。通过函证A公司，说已支付了200 000元，双方已经和解。通过进一步调查了解、取证，查清企业将200 000元货款挪作他用的事实。

3. 问题

企业未将收回的部分货款及时入账，而挪作他用，违反财务规定。

4. 调账

该企业首先应将核销的应收票据原数冲回，然后再做如下调整分录：

借：应收账款——A公司　　　　　　　　　　　　　　　　　300 000
　　贷：应收票据——A公司　　　　　　　　　　　　　　　　300 000

将挪作他用的货款收回入账：

借：银行存款　　　　　　　　　　　　　　　　　　　　　　200 000
　　贷：应收账款——A公司　　　　　　　　　　　　　　　　200 000

如余款100 000元确实无法收回，报经有关部门批准后作为坏账处理：

借：坏账准备　　　　　　　　　　　　　　　　　　　　　　100 000
　　贷：应收账款——A公司　　　　　　　　　　　　　　　　100 000

案例二：

1. 资料

某审计人员在审计M公司2021年会计报表时，发现2021年12月25日企业将到期日为2021年4月2日的500 000元商业承兑汇票贴现，贴现息为15 000元，贴现银行保留对M公司的追索权。M公司做了如下处理：

借：银行存款　　　　　　　　　　　　　　　　　　　　　　485 000

财务费用　　　　　　　　　　　　　　　　　　　　　15 000
　　　贷：应收票据　　　　　　　　　　　　　　　　　　　　　500 000
2. 要求
指出上述会计处理存在的问题，并写出调整会计分录。
3. 分析
　　该业务属商业汇票的贴现，如果贴现银行保留对 M 公司的追索权，应当相当于以应收票据进行质押取得借款处理，所以本题所做的会计分录不恰当。
4. 调账
　　借：应收票据　　　　　　　　　　　　　　　　　　　　　500 000
　　　贷：短期借款　　　　　　　　　　　　　　　　　　　　　500 000

 1. 资料：审计人员在审查 Y 公司"应收票据"项目时，通过审阅本公司的应收票据备查簿，发现如下问题：

（1）存有 W 公司开具的带息商业承兑汇票 3 000 万元，到期日为被审计年度的 12 月 10 日。截至资产负债表日此款项仍未收回，但本单位于年度终了按票面利率计提应收利息 10 万元。

（2）存有 D 公司开具的带息承兑汇票，票面金额为 5 000 万元，票面利率月息 3‰，出具日为本年度 8 月 20 日，到期日为次年 2 月 20 日。本单位年度终了未计提应收利息。

（3）存有 3 份应收票据，到资产负债表日均已逾期 2~3 个月，总计价款为 3 500 万元。

2. 要求：分析上述应收票据业务处理中存在的问题并提出改进建议。

阅读条目

1. 企业会计准则第 14 号——收入
2. 中国注册会计师审计准则第 1314 号——审计抽样
3. 中国注册会计师审计准则第 1312 号——函证
4. 企业内部控制应用指引第 9 号——销售业务
5. 企业内部控制应用指引第 7 号——销售业务解读

任务四　坏账准备审计

学习目标

1. 能说出坏账准备错弊的表现形式。
2. 能运用审计方法对坏账准备进行审计。
3. 能结合案例分析坏账准备错弊及运用相应的审计技巧。
4. 会对发现的坏账准备错弊提出处理意见。

引导案例

审计人员在对某企业年度资产负债表审核时得知,该企业坏账准备提取率为0.4%,该企业年末"应收账款"余额为950 000元。经查阅其他相关账目,有关账目记录如下:"坏账准备"账户12月初贷方余额为532元,12月末贷方余额为10 532元,"应收票据"年末余额是1 203 000元,"预付账款"年末余额为480 000元。调阅12月31日15#记账凭证,发现年末计提坏账准备的会计处理是:

借:资产减值损失　　　　　　　　　　　　　　　　10 000
　　贷:坏账准备　　　　　　　　　　　　　　　　　　　10 000

审计人员运用验算法进行审计。从上述资料可见,该企业年末"应收账款"余额是950 000元,若按0.4%的比例计提,年末"坏账准备"余额应该是3 800元,又因为12月初"坏账准备"账户的贷方余额是532元,所以年末坏账准备再提取3 268元即可。但从该企业年末坏账准备计提上看,计提数是10 000元,而年末"坏账准备"账户余额是10 532元,多提6 732元的坏账准备。经验证,该企业属于虚增计提基数,将"预付账款"480 000元和"应收票据"1 203 000元也作为计提坏账准备的计提基数,即(950 000+1 203 000+480 000)×0.4%=10 532(元)。又因为12月初"坏账准备"贷方余额是532元,所以该企业年末计提了10 000元的坏账准备金。

通过审计发现该企业为了降低本年度纳税所得额,故意将不符合条件的"应收票据"及"预付账款"纳入计提范围,虚列、多列费用,从而使当期利润减少6 732元,达到偷漏税的目的。

上述案例显示,坏账准备业务中存在错弊,审计人员采用不同方法进行了审计。

一、坏账准备业务常见错弊

即学即思 你还记得作为坏账的条件吗?

(一)坏账准备核算的内容不正确

(1)人为扩大坏账准备金的计提范围和基数。

(2)在提取坏账准备的情况下,将应在"坏账准备"账户列支的实际发生的坏账损失,在"管理费用"核算中列支,以达到人为提高费用的目的。

(3)收回已核销的坏账损失,不按规定及时入账,不增加坏账准备,而是作为"营业外收入"或"应付账款"处理。

(二)坏账损失的确定标准不正确

(1)有些企业为获取局部或个人的利益,将可能收回的应收账款作为坏账损失处理。

(2)有些企业将应列入坏账损失的应收账款不做处理,长期挂账,造成企业资产的不实。

（3）债务人具有偿还能力，故意不还，而经办人员又不按规定积极催收，不负责任地将可能收回的应收账款列入坏账损失，超出权限，擅自处理。

（三）坏账损失处理的手续、方法不正确

在实际工作中，有些企业视哪种方法对企业有利就采取哪种方法，存在着两种方法交替使用，利用直接转销法或备抵法前后期的不一致来调节当期损益的现象。

即学即思 类似的问题还有哪些？

二、坏账准备的审计方法与技巧

（一）长期挂账应收款项的审计方法与技巧

审查应收款项（包括应收账款和其他应收款等）明细账及相关原始凭证，查找有无资产负债表日后仍未收回的长期挂账应收款项，如有，应提请被查证单位做适当处理。

（二）坏账准备报表数与总账数、明细账数的审计方法与技巧

审计人员应首先核对坏账准备的会计报表项目数与明细账、总账的余额是否相符。如不相符，应查明原因，做查证记录并提出必要的查证调整建议。

（三）坏账准备计算正确性的审计方法与技巧

主要应查明坏账准备的计提方法和比例是否符合企业会计准则规定，计提的数额是否恰当，会计处理是否正确，前后期是否一致。

（四）坏账准备核算规范性的审计方法与技巧

> **链接**
> 坏账准备核算，请参见"财务会计实务"中的相关内容。

对于确定无法收回的应收账款，经批准后方可作为坏账，进行相应的账务处理。对已收回并且核销的坏账，审查是否进行了规范的账务处理，有无不入账的情况。

（五）坏账准备计提比例恰当性的审计方法与技巧

> **提示**
> 坏账准备的计提比例有严格的规定，应当根据企业以往的经验、债务单位的实际财务状况和现金流量情况以及其他相关信息合理估计，并按照一贯性原则，不能随意改变。

审计时应重点审查被审单位是否有全额计提坏账准备的情形。

（六）坏账准备检查函证结果的审计方法与技巧

对债务人回函中反映的例外事项及存在争执的余额，审计人员应查明原因并做记录，必要时，应建议被审计单位做相应的调整。

（七）坏账准备分析性复核的审计方法与技巧

通过计算坏账准备余额占应收款项余额的比例，并和以前期间的相关比例核对，检查分析其重大差异，以发现是否存在有重要问题的查证领域。

即学即思 你还能想出坏账准备审计的其他方法和技巧吗？

三、坏账准备审计的工作底稿

（1）被审计单位有关坏账准备的内部控制制度。审计人员应取得被审计单位有关坏账准备的内部控制的文件资料，以及对这些文件资料进行检查，调查了解其执行情况的有关工作记录。

（2）坏账准备总分类账、坏账准备明细账审计中搜集和自行编制的工作底稿。

（3）坏账准备计提和冲销的凭证审计中搜集和自行编制的工作底稿。包括：重要业务的有关文件、资料、合同、计划等的原件或复印件，违法违规业务的原始凭证复印件，凭证审计中的有关工作记录等。

（4）坏账准备明细表、坏账准备审定表。

（5）坏账准备审计的有关计划安排及相关的工作记录。

四、案例分析

案例一：

1. 疑点

审计人员在对某企业进行审计时，通过审阅企业的会计账簿和询问有关的会计人员，确定被审计单位采用备抵法来核销坏账，且选用应收账款余额百分比法计提坏账准备，计提比例为5%。在审核其资产负债表时，发现该企业"应收账款"余额为1 657 892元，但"坏账准备"贷方余额为62 894.60元，由此怀疑其可能存在少计费用问题，故决定做进一步查证。

2. 查证

经审阅该企业"应收账款""坏账准备"核算余额，该企业12月末，"应收账款"核算余额为1 657 892元，应计提坏账准备82 894.60元，"坏账准备"核算11月末贷方余额为62 894.60元，故12月应计提20 000元坏账准备。经审查其"坏账准备"明细账及有关会计资料，没有发现12月计提坏账准备。

3. 问题

该企业为了完成上级主管部门下达的利润指标，故意少提坏账准备，从而使当期利润虚增20 000元。审计人员取得有关证据并向企业会计人员和企业领导提出该问题后，有关人员承认了故意所为。

4. 调账

借：资产减值损失　　　　　　　　　　　　　　　　　　　　　20 000
　　贷：坏账准备　　　　　　　　　　　　　　　　　　　　　　　20 000

如果上述问题在次年被查证发现，假定该企业所得税率为25%，盈余公积提取率为净利润的10%，应付利润为净利润的50%，则该企业应编制如下分录：

借：以前年度损益调整　　　　　　　　　　　　　　　　　　　　20 000
　　贷：坏账准备　　　　　　　　　　　　　　　　　　　　　　　20 000
借：应交税费——应交所得税　　　　　　　　　　　　　　　　　 5 000
　　贷：以前年度损益调整　　　　　　　　　　　　　　　　　　　 5 000
借：利润分配——未分配利润　　　　　　　　　　　　　　　　　 6 000
　　应付利润　　　　　　　　　　　　　　　　　　　　　　　　 7 500
　　盈余公积　　　　　　　　　　　　　　　　　　　　　　　　 1 500
　　贷：以前年度损益调整　　　　　　　　　　　　　　　　　　　15 000

案例二：

1. 疑点

审计人员在审阅该企业"应收账款——××公司"明细账时，发现该项业务发生的时间为2月5日，确认坏账的时间为11月9日，前后只相差9个月，故决定做进一步查证。

2. 查证

审计人员调阅了上述两笔业务的记账凭证，其中2月5日12#凭证的内容是：

借：应收账款——××公司　　　　　　　　　　　　　　　　　 234 000
　　贷：主营业务收入　　　　　　　　　　　　　　　　　　　　 200 000
　　　　应交税费——应交增值税（销项税额）　　　　　　　　　　34 000

11月9日46#凭证内容是：

借：坏账准备　　　　　　　　　　　　　　　　　　　　　　　 234 000
　　贷：应收账款——××公司　　　　　　　　　　　　　　　　 234 000

该凭证只附有一张业务部门的情况说明，根本没有上级财税部门的审批意见，经过询问销售部门有关人员，此笔业务也没有签署任何合同。被审计单位在没有获得有关部门批准的情况下，擅自将此款做坏账损失处理。

3. 问题

该企业违反坏账损失确认标准，在不进行认真清理、追踪的情况下，不负责任地将应收账款作为坏账损失处理，增大了当期费用，抵减了当期收益，并由此少交了税款。

4. 调账

这个问题如果是在企业年底结账之前被发现，该单位应做如下调账处理：

借：应收账款——××公司　　　　　　　　　　　　　　　　　 234 000
　　贷：坏账准备　　　　　　　　　　　　　　　　　　　　　　 234 000

如果是次年被查出，假定所得税税率为25%，盈余公积提取率为10%，应付给投资者利润为50%，则应做如下调账处理：

借：应收账款——××公司　　　　　　　　　　　　　　　　　 234 000

贷：以前年度损益调整		234 000
借：以前年度损益调整		58 500
贷：应交税费——应交所得税		58 500
借：以前年度损益调整		175 500
贷：利润分配——未分配利润		70 200
盈余公积		17 550
应付利润		87 750
借：应交税费——应交所得税		58 500
贷：银行存款		58 500
借：应付利润		87 750
贷：银行存款		87 750

 即学即思　资料：审计人员李文审计 A 公司坏账准备项目，在审查坏账损失时发现：

（1）原 W 公司欠款 1 000 万元，W 公司因财务状况不佳，多年不能偿还，上年度已经董事会决定做坏账处理，并报经有关部门审核批准。W 公司经营状况好转后，偿还原欠款中的 500 万元。A 公司会计处理为：借记"银行存款"，贷记"坏账准备"。

（2）该公司采用"账龄分析法"计提坏账准备，当年全额提取坏账准备的账户有 8 笔，共计 5 000 万元。其中：未到期的应收账款 2 笔，计 2 000 万元；计划进行债务重组 1 笔，计 1 500 万元；与母公司发生的交易 1 笔，计 1 000 万元；其他虽已逾期但无充分证据证明不能收回的 4 笔，计 500 万元。

（3）已逾期 7 年，对方无偿债行为，且近期无法改善财务状况，或对方单位已停产，近期无法偿还所欠债务 2 000 万元。A 公司在确定计提坏账比例时，仅按 30% 计提坏账准备。

要求：（1）指出 A 公司的会计处理是否规范，为什么？

（2）指出 A 公司上述情况能否全额提取坏账准备，为什么？

（3）根据相关规定，判断 A 公司对上述应收款项所采取的计提比例是否恰当，应如何调整？

阅读条目

1. 中国注册会计师审计准则第 1314 号——审计抽样
2. 中国注册会计师审计准则第 1312 号——函证
3. 企业内部控制应用指引第 9 号——销售业务
4. 企业内部控制应用指引第 7 号——销售业务解读

项目八

采购与付款循环审计

任务一 材料采购审计

学习目标

1. 能说出材料采购错弊的表现形式。
2. 能运用审计方法对材料采购进行审计。
3. 能结合案例分析材料采购错弊及运用相应的审计技巧。
4. 会填制购货合同、请购单内控测试记录表。
5. 会对发现的材料采购错弊提出处理意见。

引导案例

审计人员审查某公司材料采购业务时,发现一笔业务的处理如下:从外地购入钢材60 000千克,价款240 000元,运杂费6 000元。财会部门将买价计入钢材成本、运杂费计入管理费用。钢材入库后仓库转来入库验收单,发现钢材短缺50千克,查明属于运输途中的定额内损耗。

首先,经检查该公司材料采购业务发现,财会部门记账在前,仓库验收在后,财会部门不以验收单作为记账依据,说明未能有效地执行材料采购内部控制制度。因此,账务记录的可靠性较差,审计人员应扩大对采购业务的审计范围。

其次,该公司材料采购业务处理中对钢材成本的计算有误,外地运杂费应计入采购成本,而不应计入管理费用。调整的分录为:

借:原材料——钢材　　　　　　　　　　　　　　　　　　　　6 000
　　贷:管理费用　　　　　　　　　　　　　　　　　　　　　　　　6 000

最后,对于运输途中的定额内损耗按规定可计入采购成本,不必调整,但在材料明细账中,应调整入库钢材的数量和单价。

上述案例显示,材料采购业务中存在错弊,审计人员采用不同方法进行了审计。

一、材料采购业务常见错弊

(一)采购业务的不合法

企业之间互相勾结签订假合同,骗得货款,或利用订货合同收取回扣,从中贪污;伪造假发票虚列进货,以假发票报账,侵吞货款;互相勾结,抬高材料进价或以次充好,以少报多,取得价款,从中贪污,甚至与企业内部验收人员勾结,共同作弊,虚报材料损耗损失,把购进的材料偷盗出售或移作私用;长期占用采购资金,挪用公款;购货享受折扣和折让,购货退回不入账。

(二)材料采购成本构成项目错误

未将采购费用、途中费用的支出列入材料采购成本;进货折扣和折让在取得对方税务证明后未冲抵采购成本。

(三)进货退出业务的错弊

在发生进货退出业务情况下,有意将本应冲销"应交税费——应交增值税(进项税额)"的增值税款不抵扣增值税进项税额,从而达到多抵扣少交增值税的目的。

(四)其他常见错弊

材料采购没有严格的计划和审批程序,导致物资采购出现盲目性,造成存货积压;材料采购业务决策权过分集中于采购部和采购人员,导致价格过高;没有严格的验收和入库制度,导致入库材料出现数量短缺或质量问题;已验收入库但发票未到的物资未按暂估价入账,导致隐瞒应付账款;已验收入库且发票已到的物资故意推迟或提前入账,故意隐瞒或虚增应付账款;长期未与供货单位就应付账款或预付账款核对,导致其账面记录不正确等。

> ☞ 提示
> 材料在计划成本核算方法下设置"材料采购"账户,用于反映企业的购料和在途材料,而在实际成本核算方法下一般设置"在途物资"账户。

即学即思 类似的问题还有哪些?

二、材料采购的审计方法与技巧

(一)采购业务合法性的审计方法与技巧

(1)审阅采购业务合同是否真实、合法、合理。

(2) 审查请购单、采购单、发票、入库单等原始凭证,并与有关明细账核对,看是否有异常情况。

(3) 重点审查预付账款业务的合同,检查是否有虚列的预付账款长期挂账及挪用公款现象。

(二) 材料采购成本构成项目的审计方法与技巧

检查"材料采购"明细账,追查相关原始凭证,查证材料采购成本构成是否正确,查证材料采购成本计算是否准确。

(三) 进货退出业务的审计方法与技巧

检查"材料采购""应交税费——应交增值税"明细账及相关记账凭证原始凭证,如有疑点进一步追查"应付账款""营业外收入"等明细账。

(四) 其他常见错弊的审计方法与技巧

(1) 取得或编制当期主要材料采购明细表,并进行必要的复核。
首先,复核表中的计算是否正确;
其次,抽取一些主要材料的数据,与其相关明细账数据核对是否相符;
再次,核对明细表中的合计数与材料采购总账的数据是否相符。
(2) 对本期主要材料采购情况执行分析性程序,验证其总体合理性。
(3) 审阅重点材料采购明细账,初步验证当期材料采购的合理性和真实性。
(4) 抽查材料采购的会计凭证,验证材料采购的真实性和正确性。
(5) 审查购货调整业务,验证其合理性和正确性。
首先,要注意其发生的真实性和处理的适当性;
其次,要注意其相关账务处理的正确性。
(6) 进行材料采购截止测试,验证期末材料采购截止的正确性。
首先,检查期末存货盘点日前后的购货发票与验收入库单;
其次,查阅验收部门的记录,凡是接近期末前后购入的材料,均必须查明相应的验收入库与入库日期是否在同期,否则,材料采购期末截止就不正确。

即学即思 你还能想出材料采购审计的其他方法与技巧吗?

三、材料采购审计的工作底稿

(1) 与材料采购业务相关的内部控制制度。
(2) 材料采购(在途物资)总分类账与明细账的核对记录。
(3) 材料采购凭证的工作记录、账务处理记录。
(4) 材料采购(在途物资)明细清单。
(5) 材料采购审查的工作计划及相关工作记录。

四、案例分析

案例一：

1. 资料

2021年9月5日,甲公司仓库填制一张未连续编号的请购单,报公司主管采购的副总经理批准后交采购部,采购部据此填制连续编号的订货单,并与一家老供货商谈判确定品质、价格、到货时间和地点后,签订了采购合同。货物到达后,仓库根据订货单的内容验收了货物,并填制一式多联的未连续编号的验收单,一联交采购部编制付款凭单,付款凭单经采购部经理批准后,交会计部;会计部根据验收单和付款凭单登记有关账簿,结算采购货款。

2. 要求

分析上述采购业务处理中不符合内部控制要求的地方。

3. 解析

上述业务处理中不符合内部控制要求的地方主要是：

（1）与老供货商谈判签订供应合同,既无经批准的价目表控制,也没有竞价采购控制,使采购商失去了控制。

（2）验收单未连续编号,不能保证其完整性和不重复,因而不能保证有关账簿记录真实、完整。

（3）由采购部编制和审批付款凭单,不符合不相容职务相分离原则,难以防止质次价高采购业务的发生。

（4）付款凭单未附订货单和供应商发票,难以证明采购业务的真实、正确。

（5）会计部未审核凭证是否真实、完整即登记入账,不利于保证账簿记录的真实、正确。

案例二：

1. 疑点

某企业在购入原材料时按照合同规定,付款条件为2/20、1/30、n/40,在20天后30天内付款,该批材料总额为3 510 000元,应享受1%折扣(不含税)30 000元。2021年6月18日购入材料时,会计分录为：

借：材料采购——A材料　　　　　　　　　　　　　　　3 000 000
　　应交税费——应交增值税(进项税额)　　　　　　　510 000
　　贷：应付账款　　　　　　　　　　　　　　　　　　3 510 000

2021年8月20日付款时,会计分录为：

借：应付账款　　　　　　　　　　　　　　　　　　　　3 510 000
　　贷：银行存款　　　　　　　　　　　　　　　　　　3 510 000

该企业没有享受1%的折扣。查阅付款凭证时发现银行存款原始凭证为两张电汇单据,一张汇单金额为3 480 000元,一张金额为30 000元,收款单位相同,但银行账号不同,查账人员怀疑所购折扣进行了账外循环,形成"小金库"。

2. 查证

查阅应付账款验证该笔付款,调阅采购合同,查阅汇款单时,发现企业将折扣30 000元转入对方单位下属公司,又以现金形式提回,入了企业"小金库"。

3. 问题

该企业利用订货合同收取折扣 30 000 元不入账,存入"小金库"。

4. 调账

如在当年查清,企业购货中享受由销货方提供的现金折扣应作为财务费用。

借:银行存款　　　　　　　　　　　　　　　　　　　　30 000
　　贷:财务费用　　　　　　　　　　　　　　　　　　　　　　30 000

如在次年查清,须做如下分录:

借:银行存款　　　　　　　　　　　　　　　　　　　　30 000
　　贷:以前年度损益调整　　　　　　　　　　　　　　　　　　30 000

补交所得税,税率为25%,做如下分录:

借:以前年度损益调整　　　　　　　　　　　　　　　　7 500
　　贷:应交税费——应交所得税　　　　　　　　　　　　　　　7 500

按10%提取法定盈余公积,剩余转入未分配利润,做如下分录:

借:以前年度损益调整　　　　　　　　　　　　　　　　22 500
　　贷:盈余公积——法定盈余公积　　　　　　　　　　　　　　2 250
　　　　利润分配——未分配利润　　　　　　　　　　　　　　　20 250

即学即思 资料:某会计师事务所注册会计师接受委派,对嘉华上市公司2021年度会计报表进行审计。注册会计师于2021年11月1—7日对该公司的内部控制制度进行了解和测试,注意到该公司在采购与付款循环中的控制活动有:

1. 采购物资须由请购部门编制请购单,经请购部门经理批准后,送采购部门。

2. 公司采购金额在10万元以下的,由采购部经理批准,采购金额超过10万元的,由总经理批准,由于总经理出差而生产车间又急需采购材料,采购部经理多次批准了单笔金额超过10万元的采购申请。

3. 根据请购单中所列信息,采购人员张某编制订购单寄至供应商处。

4. 采购完成后,由采购部门指定采购部业务人员进行验收,并编制一式多联的未连续编号的验收单,仓库根据验收单验收货物,在验收单上签字后,将货物移入仓库加以保管。验收单一联交采购部登记采购明细账和编制付款凭单,付款凭单经批准后,月末交会计部;一联交会计部登记材料明细账,一联由仓库保留并登记材料明细账。

5. 应付凭单部门核对供应商发票、入库单和采购订单,并编制预先连续编号的付款凭单。会计部门在接到经应付凭单部门审核的上述单证和付款凭单后,登记原材料和应付账款明细账。月末,在与仓库核对连续编号的入库单和采购订单后,应付凭单部门对相关原材料入库数量和采购成本进行汇总。应付凭单部门对已验收入库但尚未收到供应商发票的原材料编制清单,会计部门据此将相关原材料暂估入账。

6. 采购退货由采购部负责,采购部集中在每个季度末向财会部提供退货清单。

要求:请指出该公司内部控制在设计与运行方面的缺陷,并提出改进建议。

阅读条目

1. 企业会计准则第 1 号——存货
2. 中国注册会计师审计准则第 1211 号——通过了解被审计单位及其环境识别和评估重大错报风险
3. 中国注册会计师审计准则第 1231 号——针对评估的重大错报风险采取的应对措施
4. 企业内部控制应用指引第 7 号——采购业务
5. 企业内部控制应用指引第 7 号——采购业务解读
6. 企业内部控制应用指引第 8 号——资产管理
7. 企业内部控制应用指引第 8 号——资产管理解读

任务二　应付账款审计

 学习目标

1. 能说出应付账款错弊的表现形式。
2. 能运用审计方法对应付账款进行审计。
3. 能结合案例分析应付账款错弊及运用相应的审计技巧。
4. 会编制应付账款审定表和应付账款检查表。
5. 会对发现的应付账款错弊提出处理意见。

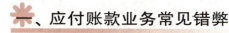 **引导案例**

审计人员发现 B 单位应付账款明细账有贷方余额 165 000 元,经审查,是 3 年前向宏翔化工厂购买化工原料的货款。

试分析该应付账款可能存在什么问题?是否需进一步审查?如何审查?

一、应付账款业务常见错弊

(一)应付账款长期挂账

企业的若干"应付账款"明细款项长期未付而挂账,有的属于合同纠纷或无力偿还,有的属于销货单位消亡而无从支付的情况,这样易导致虚列债务。

（二）虚列应付账款，调节成本费用

有些企业为了调控利润的实现数额，就采用虚列应付账款的方式，虚增制造费用，相应减少利润数额。

（三）利用应付账款，隐匿收入

有些企业为了隐藏一些非法收入或不正常收入，以达到偷逃税款的目的，就会在收到现金（或银行存款）时，同时挂"应付账款"。

（四）故意增大应付账款

有些企业采购人员在采购某物时，会要求对方开票员多列采购金额，套取企业现金。

（五）利用应付账款，贪污现金折扣

有些企业在支付货款符合现金折扣的条件下，按总额支付，然后从对方套取现金私分或留存"小金库"。

> **即学即思** 商业折扣与现金折扣的会计处理有何区别？

（六）故意推迟付款，合伙私分罚款

有些企业财务人员伙同对方财务人员，故意推迟付款，致使企业支付罚款，待支付罚款时，双方私分此罚款，使企业财产受到损失而肥了个人的腰包。

（七）隐瞒退货

企业向供货单位购买货物后，取得了蓝字发票，但又因故把货物退回，取得了红字发货票，作弊人员用蓝字发票计入应付账款，而将红字发票隐瞒，然后寻机转出，贪污"应付账款"。

（八）不合理挤入，假公济私

有些企业对于一些非法开支，或已超标准或规定的费用，人为挤入"应付账款"进行缓冲。

（九）用商品抵顶应付账款，隐瞒收入

企业用商品抵顶债务，不通过商品销售核算，隐瞒商品销售收入，偷漏增值税。企业如用商品抵顶债务时，通常做"借：应付账款；贷：库存商品"的会计分录，故意不作销售，不记增值税（销项税额）。

> **即学即思** 类似的问题还有哪些？

二、应付账款的审计方法与技巧

> ☞ 链接
> 应付账款核算,请参考"财务会计实务"中的有关内容。

(一)应付账款有关账户金额账的审计方法与技巧

核对"应付账款"账户及其有关账户记录,如有疑点应进一步查证。

(二)销货退回的审计方法与技巧

检查"退货登记簿"的退货记录,并以此对照检查"应付账款"账户的贷方余额,看是否相应减少,然后查明减少数是否由"银行存款"或"现金"账户列支。

(三)应付账款户藏匿销售收入的审计方法与技巧

审核"应付账款"账户及其有关账户的记录,审核相关业务的原始凭证,进行查证。

(四)虚列"应付账款"金额的审计方法与技巧

审阅"应付账款"明细账,检查企业有无虚设明细账,将非法支出列入该明细账上;检查该账户有无反常方向余额。审阅账户发现疑点后,再抽调会计凭证,通过账证核对查证问题。

即学即思 应付账款业务常见错弊可用哪些对应的审计方法与技巧来解决?

三、应付账款审计的工作底稿

(1)企业应付账款的内部控制制度。
(2)应付账款总分类账与应付账款所属明细分类账核对的工作记录。
(3)应付账款明细分类账及相关凭证审查的工作记录。
(4)应付账款明细清单。
(5)应付账款询证汇总表。
(6)应付账款询证回函及回函分析和进一步审查的工作记录。
(7)应付账款审查的工作计划及其他工作记录。

美国巨人零售公司审计案——低估负债

四、案例分析

案例一:
1. 疑点
审计人员审查某公司 2021 年 5 月"应付账款——A 公司"明细账时发现一笔记录的摘

要含糊不清,且未从 A 公司采购任何货物,怀疑其为虚列。

2. 查证

调阅 5 月 15 日的 21#记账凭证,会计分录为:

借:银行存款　　　　　　　　　　　　　　　　　　　　　526 500
　　贷:应付账款　　　　　　　　　　　　　　　　　　　　526 500

而记账凭证重点附件是一张银行解缴单及销售发票记账联,其中销售金额 450 000 元,增值税 76 500 元,进一步查询后该公司财会人员承认是将销售作为应付账款处理。

3. 问题

某公司为隐瞒利润少交税款,将销售收入 526 500 元隐匿在"应付账款"账户中。

4. 调账

借:应付账款——A 公司　　　　　　　　　　　　　　　　526 500
　　贷:主营业务收入　　　　　　　　　　　　　　　　　　450 000
　　　　应交税费——应交增值税(销项税额)　　　　　　　 76 500

案例二:

1. 资料

审计人员接受委托,对 A 公司进行年度会计报表审计。假定:(1) 该审计人员目前正在对应付账款项目的审计编制计划。(2) 上年度工作底稿显示共寄发 200 封询证函,对该客户的 2 000 家供货商进行抽样函证,样本从余额较大的各明细账户中抽取。为了解决函证结果与被审计单位会计记录间的较小差异,审计人员和被审计单位均花费了较多时间。对于未回复的供应商,均运用其他审计程序进行了审计,没有发生异议。

2. 要求

(1) 说明该审计人员在制定将予实施的审计程序时,应考虑哪些审计目的。

(2) 说明该审计人员应否使用函证,如使用函证,列举使用函证的各种情况。

(3) 说明上年度进行函证时,选取有较大年末余额的供应商进行函证为何不一定是最有效的方法;本年度在选样函证应付账款时,该审计人员宜采用何种更有效的方法。

3. 审计分析

(1) 应考虑的审计目的有:确定相关的内部控制是否健全有效;应付账款的记录是否完整;有无低估的可能;所列的负债是否实际发生;在资产负债表上的表达是否恰当。

(2) 一般情况下,应付账款不需要函证,这是因为函证对象只能从已入账的客户中选择,所以函证程序不能保证查出未入账的应付账款。况且审计人员能够取得购货发票等可靠程度较高的外部证据来证实应付账款余额的真实存在性。但如果控制风险较高,某应付账款账户金额较大或被审计单位处于经济困难阶段,则应启动应付账款的函证程序。

进行函证时,审计人员应选择金额较大的债权人,以及那些在资产负债表日金额不大甚至为零,但为企业重要供货人的债权人,作为函证对象。此外,还应考虑向上年度债权人及不送对账单的债权人进行函证。

(3) 函证应付账款,在于揭示未入账的负债,函证具有较大余额的账户不一定能实现此目标。应选择与委托人交易频繁的供货商或委托人的关联方作为函证对象。

即学即思 审计人员于 2021 年 2 月 5 日审计 ABC 有限责任公司的财务报表,如果你是

负责审计的注册会计师,决定对某些应付账款进行函证,下列各客户可考虑作为函证对象:

	年末应付账款余额	本年度进货总额
正中公司	——	189 700
光大公司	25 350	52 000
清华公司	67 000	75 100
武港公司	216 000	231 450

要求:

1. 从上列客户中,试选出两家最重要的公司作为应付账款的函证对象,并说明理由。
2. 若以上客户不属于供应客户,而属于购货单位,上列两栏目分别为年末应收账款余额和本年度销货总额,试选出两家最重要的公司作为应收账款的函证对象,并说明理由。

阅读条目

1. 企业会计准则
2. 中国注册会计师审计准则第 1312 号——函证
3. 中国注册会计师审计准则第 1313 号——分析程序
4. 中国注册会计师审计准则第 1314 号——审计抽样

任务三 应付票据审计

学习目标

1. 能说出应付票据业务常见错弊及审计方法。
2. 能结合案例分析应付票据错弊及运用相应的审计技巧。
3. 会编制应付票据审计工作底稿。

引导案例

截至 2021 年年初,火炬银行负债为 34.54 亿元,另有 5.7 亿元的银行定期存单及对应的应付票据未反映在报表中。按照银行业务的要求,公司应将贷款业务在形式上拆分成两笔业务处理:先将贷款全部转为定期存款,之后将定期存款全额质押给放款银行,银行为公司开具等额的银行承兑汇票,公司再将汇票贴现,公司实际得到的银行借贷资金仍为原贷款额。而实际上,火炬银行在进行财务处理时,对此项业务过程未予完整记录,从而导致资产负债表同时虚减资产、负债各 5.7 亿元。

上述案例显示,应付票据业务中存在错弊,审计人员采用不同方法进行了审计。

一、应付票据业务常见错弊

(一) 签发并承兑无真实交易关系或债权关系的商业汇票

如甲公司由于周转资金困难,向乙公司借款 20 万元,但甲公司为了掩饰从乙公司借款的事实,签发并承兑商业汇票一张,金额 20 万元,期限 6 个月,年利率 10%。甲公司行为违反了我国《支付结算办法》的规定。

(二) 应付票据账户设置不健全

有的企业为了自己方便,未按规定设置"应付票据备查簿",因而使商业汇票签发日、到期日、票面金额、票面利率、收款人等具体情况得不到反映,造成应付票据的管理混乱。

(三) 应付票据长期挂账

如果应付票据超过其付款期仍然挂账,可能是企业人为利用"应付票据"账户隐匿收入,或是购销双方存在经济纠纷,或是无力支付货款。

(四) 未按期计提带息票据的利息,从而低估企业的债务,高估企业的利润

> **即学即思** 类似的错弊还有哪些?

二、应付票据的审计方法与技巧

> **链接**
> 应付票据核算,请参考"财务会计实务"中的有关内容。

(一) 应付票据总分类账与应付票据备查簿的审计方法与技巧

审计人员应取得或根据应付票据备查簿中未注销的应付票据编制应付票据明细清单,采用核对法将应付票据明细清单逐项与应付票据备查簿核对相符。将应付票据明细单余额合计金额与应付票据总分类账的余额进行核对,如两者之间出现差异,应查明原因。

(二) 应付票据备查簿的审计方法与技巧

1. 审查应付票据备查簿

采用审阅法审查企业应付票据备查簿,核对签发的商业汇票有无合同号,查明其真实性;将应付票据的应付日期和金额与到期付款日期和金额核对,看其是否相符,查明有无应付票据长期挂账的问题;核对带息票据是否按期计提息,从而发现疑点和问题。

2. 抽查应付票据增减凭证及账务处理

抽查应付票据增加业务的购货合同、发票、验收单等原始凭证，审查本期增加的应付票据业务是否真实，账务处理是否正确；抽查应付票据到期偿还的数额，审查数额是否准确，账务处理是否正确；还应认真检查银行转来的商业汇票上列示的收款单位、金额和付款期，并将其与应付票据备查簿上该票据的收款单位、金额和付款期进行核对，审查有无拖欠和提前支付以及错付现象。

（三）带息应付票据的审计方法与技巧

（1）检查带息应付票据是否按期计提应付的利息。

（2）根据票据的票面金额、票面利率、期限复算票据的应付利息，并与企业计算的应付利息对比，检查票据利息计算是否准确。

（3）审查企业带息应付票据计提利息的账务处理是否正确，计提的利息是否计入当期的财务费用，并增加了应付票据的账面价值。

> ☞ 提示
> 应付票据的审查还应审查应付票据余额在资产负债表中的列示是否正确，其方法是审查报表项目金额是否等于应付票据账户期末贷方余额。

即学即思 你还能想出应付票据审计的其他方法与技巧吗？

三、应付票据审计的工作底稿

（1）企业应付票据相关的内部控制制度。
（2）应付票据总分类账与应付票据备查簿核对的相关工作记录。
（3）应付票据备查簿结存清单、应付票据凭证审查的相关记录。
（4）应付票据利息审查的相关工作记录。
（5）应付票据审查的工作计划及相关工作记录。

四、案例分析

案例一：

1. 疑点

审计人员在审核某公司应付票据明细账时，发现 2021 年 7 月 16 日的 56#凭证记载"应付购货款"的记录没有有关合同。审计人员对应付票据的真实性产生怀疑。

2. 查证

调阅 56#凭证，其分录为：

借：银行存款   75 000

  贷：应付票据——A 公司   75 000

凭证附件为进账单一张,借A公司周转款,被审计公司签发并承兑的商业汇票一张,且利率为4.5%。

3. 问题

从原始凭证来看,被审计单位以签发商业汇票形式掩盖从A公司借款的事实。

4. 调账

借:应付票据——A公司　　　　　　　　　　　　　　　75 000
　　贷:短期借款——A公司　　　　　　　　　　　　　　75 000

课堂讨论　接引导案例:经查验,火炬银行当时记录的应付票据余额为5.5亿元。根据重要性原则,请你帮助注册会计师找出审计方法。

阅读条目

1. 企业会计准则
2. 中国注册会计师审计准则第1312号——函证
3. 中国注册会计师审计准则第1313号——分析程序
4. 中国注册会计师审计准则第1314号——审计抽样

任务四　固定资产审计

学习目标

1. 能说出固定资产错弊的表现形式。
2. 能运用审计方法对固定资产进行审计。
3. 能结合案例分析固定资产错弊及运用相应的审计技巧。
4. 会对发现的固定资产错弊提出处理意见。

引导案例

会计师事务所接受委托对甲公司进行审计,发现在其固定资产总账中存在如下业务:
借:固定资产——房屋　　　　　　　　　　　　　　　1 800 000
　　贷:应付票据——抵押票据　　　　　　　　　　　　1 500 000
　　　　长期股权投资　　　　　　　　　　　　　　　　300 000

审计人员通过抽查凭证,发现甲公司以转让普通股10万股给乙公司及承担乙公司建造房屋的抵押借款1 500 000为条件获得办公楼一栋。

审计人员应采用以下审计程序对该项固定资产的实际成本进行验证:

(1) 审计人员应向建筑施工单位或有关管理部门索取详细工程施工记录,仔细核对所发生的成本费用,包括原材料、人工费和制造费等各项原始凭证。

(2) 审计人员可以通过向相关行业的主管部门询问,了解同类建筑工程的正常利润率,进而确定该项固定资产的实际价值。

(3) 审计人员应向企业索取抵押合同及附件,因为这些资料上可能有房屋的建筑成本。

(4) 审计人员可以聘请法定的资产评估机构确定该办公楼的现值。

上述案例显示,固定资产业务中可能存在错弊,审计人员采用审计方法进行了审计。

六、固定资产业务常见错弊

(一)固定资产与低值易耗品的划分不符合规定标准

企业为了增加成本、费用,将符合固定资产的物品划入低值易耗品,一次摊销或分次摊销;为了减少当期成本、费用,将符合低值易耗品标准的物品划入固定资产进行管理,延缓其摊销速度。

即学即思 固定资产与低值易耗品的划分标准是什么?

(二)固定资产分类不正确

(1) 将未使用固定资产划入生产经营使用的固定资产之中,会增加当期的折旧费用,使生产费用上升,还会导致固定资产内部结构发生变化,虚增固定资产使用率,给信息使用者以假象,使管理者做出错误的决策。

(2) 企业将采用经营租赁方式租入的固定资产与采用融资租赁方式租入的固定资产混为一谈,以达到降低或提高折旧费用,从而人为调整财务成果的目的。

(3) 对固定资产的分类出现错误。企业外购房屋建筑物所支付的价款中包括土地使用权以及建筑物的价值的,没有对实际支付的价款按照合理的方法在土地使用权和地上建筑物之间进行分配,而是全部作为固定资产进行处理,造成了固定资产的分类混乱。

即学即思 对固定资产的分类正确与否主要涉及企业对哪些固定资产应计提折旧,以及折旧费用的列支问题,这些问题都直接影响到企业哪些会计账户?

(三)固定资产的计价不准

企业在计价方法和价值构成以及任意变动固定资产的账面价值方面出现问题。

1. 计价方法

有些企业不按规定采用正确的计价方法,从而影响了当期其他成本费用,使固定资产在有效期内的折旧产生差错,使会计信息反映失实,最终误导人们的决策行为。

2. 价值构成

有些企业不按规定,在购入固定资产时,将与购入该固定资产无关的费用支出或虽有某些联系但不应计入固定资产价值的支出,统统作为固定资产的价值组成部分,造成固定资产价值不实。

3. 任意变动固定资产的账面价值

有些企业不顾国家规定,任意调整、变动已入账的固定资产的账面价值。

(四) 固定资产增减业务错弊

1. 购入固定资产质次价高,采购人员捞取回扣

企业采购人员为了捞取回扣,与卖方合谋,购买质次价高的物品,造成企业不当损失。

2. 固定资产运杂费,掺入了旅游参观费

> ☞ 提示
> 固定资产的原值包括买价、包装费、保险费、运输费、安装成本和缴纳的税金。

有的企业将不属于构成固定资产价值的支出也记入了固定资产的价值,虚增了固定资产价值。

3. 运杂费用张冠李戴,人为调节安装成本

> ☞ 提示
> 购入需要安装的固定资产,应将固定资产的买价、运杂费、安装费等都先计入在建工程,当设备安装完毕交付使用时,计入固定资产价值。

将不需安装的固定资产发生的运杂费列入需要安装的固定资产的安装成本中,从而人为调节了固定资产的价值。

4. 接受贿赂,虚计固定资产重估价值

> ☞ 提示
> 其他单位投入的固定资产,应按合同、协议约定的价值或经评估确认的价值计价。由于企业或投资单位有关人员接受贿赂,所以可能私下商定有意抬高或降低固定资产的价值。

5. 固定资产出租收入,虚挂往来账

> ☞ 提示
> 固定资产出租收入属于租赁性质的劳务收入,应通过"其他业务收入"科目核算,发生对应的成本费用应在"其他业务成本"科目中核算。

有的企业为了挪用固定资产出租收入,将收入直接记入"其他应付款"科目,而分期挂账。

6. 随意改变折旧率,调节成本利润

有些企业为了调节某年度的利润,随意变更固定资产折旧率,多计或少提折旧。

7. 增加固定资产，不提折旧

> **提示**
> 财务制度规定，当年增加的固定资产在下月初开始计提折旧。

有的企业为了调增利润，将应计提的折旧有意漏提。

8. 当月不应计提的，当月计提折旧

企业为了调节成本、利润，常常违规对固定资产进行折旧。

9. 变卖固定资产，仍旧提取折旧

10. 在建工程提前报决算，多提折旧

企业为了控制当年利润实现数额，对在建工程提前报决算，提前转入固定资产，提前计提固定资产折旧，以虚增费用减少利润。

即学即思 你还能想出固定资产可能出现的其他错弊形式吗？

二、固定资产的审计方法与技巧

（一）固定资产增减的审计方法与技巧

> **链接**
> 固定资产增减核算，请参考"财务会计实务"中的有关内容。

（1）通过查阅、核对、复核反映固定资产增加业务的会计资料，分析有关情况并查证问题。

（2）审阅"固定资产"明细账中反映固定资产增加的业务内容，对照相应的会计凭证，如发现疑点应进一步查证。

（3）审阅"固定资产"明细账或审阅核对反映固定资产增加业务的会计凭证及其所附原始凭证。

（4）审查"固定资产"明细账及有关会计凭证发现线索和疑点，然后再调查、询问有关单位或个人，在分析、了解有关情况基础上查证问题。

> **提示**
> 各种方式增加的固定资产的成本应按照会计准则的规定对照检查。

（5）审查"固定资产"明细账时如发现被查单位存在出售固定资产的情况，应将所出售资产的账面价值与实际售出的价值核对，如果发现疑点和问题，可进一步查证。

（6）审查"固定资产"明细账的减少业务如报废、毁损等，应仔细查找其有关凭证，看账务处理是否正确。

> **提示**
> 报废清理固定资产取得的变价收入常见被挪用和私分或转入"小金库",清理固定资产的净损益也常会被转入其他往来账户。

(7) 进行实地盘点,对盘亏固定资产处理时的审批手续及账务处理进行检查。

即学即思 你还能想出固定资产增减的其他审计方法与技巧吗?

(二)固定资产累计折旧的审计方法与技巧

> **链接**
> 固定资产折旧核算,请参考"财务会计实务"中的有关内容。

(1) 核对"固定资产折旧计算表"与"固定资产"明细账,注意被查企业折旧额的变化及固定资产的增减业务。

(2) 审阅被审计企业固定资产折旧计算表和固定资产卡片、固定资产登记簿等会计资料,了解并确定企业所采用的具体折旧方法。

(3) 对照分析折旧年限与企业会计准则规定的该固定资产的折旧年限,检查其是否相符。

(4) 采用分析性复核法,计算本年折旧与固定资产总额比率,并与上年比较,如果折旧出现大的波动,再进一步审查,复核"固定资产折旧计算表""固定资产卡片"或"固定资产登记簿";重点核对固定资产增减业务的当月与下月计算的折旧额是否正确。

即学即思 你还能想出固定资产累计折旧的其他审计方法与技巧吗?

三、固定资产审计工作底稿

(1) 企业固定资产的相关内部控制制度。
(2) 固定资产、固定资产清理、工程物资、在建工程分类账与明细分类账核对的工作记录。
(3) 固定资产、固定资产清理、工程物资及在建工程明细账、凭证审查的有关工作记录。
(4) 累计折旧审查的有关工作记录。
(5) 固定资产、工程物资、在建工程实地清查的工作记录、相关资料和图片等。
(6) 固定资产、累计折旧、固定资产清理、工程物资、在建工程审查的工作计划及相关工作记录。

四、案例分析

案例一:
1. 疑点
审计人员当年审阅甲公司(一般纳税人)固定资产增加业务时发现,该企业 2021 年 6

月建造完工的固定资产的成本决算表和预算表相差 150 000 元,而且在该工程建造期间发生的生产经营费用偏高。为此,查账人员怀疑建造工程的成本结转不属实,以及该计入工程成本的有关成本费用被计入期间费用。

2. 查证

审计人员翻阅 2021 年 4、5、6 月有关管理费、销售费等明细账和有关会计凭证,发现 5 月份的一张凭证为:

  借:管理费用   50 000
    销售费用   50 000
    应交税费——应交增值税(进项税额)   11 000
   贷:银行存款   111 000

但所附原始凭证为一张转账支票存根和设备安装公司为安装该固定资产开具的增值税专用发票,价款为 100 000 元,增值税额为 11 000 元。

3. 问题

该企业将本该计入在建工程的安装成本,计入期间费用,从而减少了当期利润,少交所得税。

4. 调账

  借:固定资产   100 000
   贷:管理费用   50 000
    销售费用   50 000

补交所得税(所得税税率 25%),其会计分录为:

  借:所得税费用   25 000
   贷:应交税费——应交企业所得税   25 000

案例二:

1. 疑点

审计人员 2021 年 11 月在对某企业固定资产进行查账时,发现 2021 年 7 月该企业发生一项固定资产出售业务,调出其凭证:

  借:银行存款   80 000
    累计折旧   20 000
   贷:固定资产   100 000

该固定资产出售业务处理存在问题:

(1) 没有在"固定资产清理"账户中核算出售过程。

(2) 一般固定资产的出售价格很少与固定资产净值正好相符。

怀疑该固定资产出售业务有隐瞒收入、漏交增值税和所得税等情况。

2. 查证

调出与出售车床(2021 年 1 月 1 日以后购入)日期接近的银行存款账目,发现另有收到由购买车床单位支付的款项 20 000 元,其相应凭证为:

  借:银行存款   20 000
   贷:其他应付款   20 000

而会计人员不肯说出 20 000 元为何款项,进一步调查方知,该车床共得收入 100 000

元,企业为了将 20 000 元存入"小金库",而做如上处理。

3. 问题

企业通过出售固定资产业务隐瞒收入。

4. 调账

由于该业务在当年年终决算前被发现,补开增值税专用发票,须对已做的账务处理做如下调账：

借：其他应付款　　　　　　　　　　　　　　20 000
　　贷：银行存款　　　　　　　　　　　　　　　　20 000
借：固定资产清理　　　　　　　　　　　　　80 000
　　贷：银行存款　　　　　　　　　　　　　　　　80 000
借：银行存款　　　　　　　　　　　　　　100 000
　　贷：固定资产清理　　　　　　　　　　　　　85 470.09
　　　　应交税费——应交增值税(销项税额)　　14 529.91
借：固定资产清理　　　　　　　　　　　　　5 470.09
　　贷：营业外收入　　　　　　　　　　　　　　　5 470.09

案例三：

1. 疑点

审计人员在 2021 年 5 月对某公司固定资产折旧审查时,发现累计折旧出现波动,怀疑折旧计提有误。

2. 查证

固定资产分类表中有 5 辆汽车用于出租,原值 250 000 元,已使用 2 年,已提折旧 50 000元,于 2021 年 1 月用于出租。于是从 2009 年起未提折旧,也未在备查簿中登记其修理费用支出状况。

3. 问题

该企业对以上出租固定资产业务处理不正确,经营出租的固定资产属企业正式资产,虽然实物不在企业,但应照提折旧,企业利用少提折旧费而虚增利润,粉饰业绩。

4. 调账

该批汽车预计使用年限 10 年,年折旧额为 25 000 元,则应提折旧并做分录：

借：其他业务成本　　　　　　　　　　　　　25 000
　　贷：累计折旧　　　　　　　　　　　　　　　　25 000

同时,应该在备查簿中登记该批出租固定资产发生的修理费用。

课堂讨论 1. 审计人员审查宏华股份有限公司固定资产账簿时发现,该公司 2021 年 10 月份从北京购进 S-180 机床一台,买价为 30 000 元;同车运回的还有一批材料,共计运杂费 3 000 元。若按重量计算,S-180 机床应负担运杂费 2 000 元,但该公司将运杂费 2 000 元计入管理费用,同时审计员还查明该设备安装费 1 500 元也计入 10 月份管理费用。

2. 针对上述情况,提出审计意见,并做调整分录。

阅读条目

1. 企业会计准则第 4 号——固定资产
2. 企业内部控制应用指引第 8 号——资产管理
3. 企业内部控制应用指引第 8 号——资产管理解读

任务五 应交税费审计

 学习目标

1. 能说出应交税费审计错弊的表现形式。
2. 能运用审计方法对应交税费进行审计。
3. 能结合案例分析应交税费错弊及运用相应的审计技巧。
4. 会对发现的应交税费错弊提出处理意见。

 **引导案例**

2021 年 3 月,对 L 单位负责人任某进行经济责任审计时,与地税部门核对 L 单位 2020 年上缴税款情况,L 单位账面上缴税款比地税部门缴库数竟然少了 7 782.60 元,与一张税收通用完税证金额相同,这笔业务引起审计组的关注。

L 单位作为事业单位(有经营业务活动),财务收支由县会计结算中心统一管理,收支未在账内反映,肯定有隐情。审计组再次走访地税部门,利用税收数据库,取得 2021 年 L 单位作为纳税人上缴税收的完税证和作为付款人代开的发票等 2 种票证复印件。

(1) 一张税收通用完税证,L 单位作为纳税人,于 2021 年 1 月 14 日上缴增值税 7 782.60 元(增值税率 11%),计税收入 70 750.91 元,而账面未反映这笔收入和税金。

(2) L 单位作为付款人,从地税部门代开一笔发票 41 000 元,收款人为 G 某,而账面无付款记录。

审计组要求 L 单位解释 2 笔业务的原因,财务报账人员却推脱说账面不可能没有这 2 笔账,是不是会计结算中心记错账了,负责人也说记不清了。

凭着职业敏感性,审计人员感觉 L 单位负责人、财务报账人员在极力地掩饰着什么。审计组决定采取突击盘点现金的方法,核实有无未入账的收款和付款单据。

盘点现金时,发现一个本子中夹着一张单据,是 2020 年 1 月 29 日 L 单位自制收据预收某公司工程款 50 000 元。同时,根据地税部门代开的发票,为防止打草惊蛇,审计组直接调查收款人 G 某,G 某认定从 L 单位预支工程款 41 000 元。

在事实面前,被审计单位承认:(1)工程款 50 000 元由 G 某打白条预支 41 000 元,其余 9 000 元由某个体建筑队打白条预支。收款、付款单据一年多未纳入账内核算。(2)L 单位承包某公司工程项目,L 单位将工程项目转包给某个体建筑队,由某个体建筑队实现收入 70 750.91 元,L 单位上缴税款,但收入未纳入账内,由某个体建筑队用工程利润给 L 单位职工搞福利。

上述案例显示,应交税费审计业务中存在错弊,审计人员采用不同方法进行了审计。

一、应交税费业务常见错弊

(一)企业在计算应交税费时,采用的计税依据不正确

应纳增值税的计税依据确定不正确,应纳所得税的所得额确定不正确。

(二)企业在计算应交税金时,所选择的税率不恰当

没有根据税目严格选择适用的税率,而是套用较低的税率,以达到少交税的目的。

(三)企业税收的减免不符合规定

对于税收减免事项,税法一般都有较明确的条款规定,有些企业为减轻税负,可能会通过欺诈手段虚拟减免税条件,以骗取税收减免。

(四)企业长期拖欠应交税费,给国家税收带来损失

应交税费账户期末余额较大,挂账时间较长。

即学即思 *类似的问题还有哪些?*

二、应交税费的审计方法与技巧

> ☞ **链接**
> 应交税费核算,请参考"财务会计实务"中的有关内容。

(一)应交税费明细表的审计方法与技巧

(1)复核加计是否正确,并与报表数、总账数和明细账合计数核对是否相符。
(2)注意印花税、耕地占用税以及其他不需要预计应交数的税金有无误入应交税费项目。
(3)分析存在借方余额的项目,查明原因,判断是否由被审计单位预交税款引起。

(二)应交税费管理的审计方法与技巧

(1)首次接受委托时,取得被审计单位的纳税鉴定、纳税通知、减免税批准文件等,了解被审计单位适用的税种、附加税费、计税(费)基础、税(费)率,以及征、免、减税(费)的范围

与期限。如果被审计单位适用特定的税基式优惠或税额式优惠或减低适用税率，且该项税收优惠需办理规定的审批或备案手续的，应检查相关的手续是否完整、有效。连续接受委托时，关注其变化情况。

（2）核对期初未交税费与税务机关受理的纳税申报资料是否一致，检查缓期纳税及延期纳税事项是否经过有权税务机关批准。

（3）取得税务部门汇算清缴或其他确认文件、有关政府部门的专项检查报告、税务代理机构专业报告、被审计单位纳税申报资料等，分析其有效性，并与上述明细表及账面数据进行核对。对于超过法定交纳期限的税费，应取得主管税务机关的批准文件。

（三）应交增值税的审计方法与技巧

> ☞ 链接
>
> 增值税的计算，请参考"纳税实务"中的有关内容。

（1）获取或编制应交增值税明细表，加计复核其正确性，并与明细账核对相符。

（2）将应交增值税明细表与被审计单位增值税纳税申报表进行核对，比较两者是否总体相符，并分析其产生差额的原因。

（3）通过"原材料"等相关科目匡算进项税是否合理。

（4）抽查一定期间的进项税抵扣汇总表，与应交增值税明细表相关数额合计数核对，如有差异，查明原因并做适当处理。

（5）抽查重要进项税发票、海关完税凭证、收购凭证或运费发票，并与网上申报系统进行核对，应注意进口货物、购进的免税农产品或废旧物资、支付运费、接受投资或捐赠、接受应税劳务等应计的进项税额是否按规定进行了会计处理；因存货改变用途或发生非正常损失应计的进项税额转出数的计算是否正确，是否按规定进行了会计处理。

（6）根据与增值税销项税额相关账户审定的有关数据，复核存货销售，或将存货用于投资、无偿馈赠他人、分配给股东（或投资者）应计的销项税额，以及将自产、委托加工的产品用于集体福利或个人消费的计税依据确定是否正确以及应计的销项税额是否正确计算，是否按规定进行会计处理。

（7）检查适用税率是否符合税法规定。

（8）取得《出口货物退（免）税申报表》及办理出口退税有关凭证，复核出口货物退税的计算是否正确，是否按规定进行了会计处理。

（9）对经主管税务机关批准实行核定征收率征收增值税的被审计单位，应检查其是否按照有关规定正确执行。如果申报增值税金额小于核定征收率计算的增值税金额，应注意超过申报额部分的会计处理是否正确。

（10）抽查本期已交增值税资料，确定已交款数的正确性。

（四）应交消费税审计方法与技巧

> **链接**
> 消费税的计算，请参考"纳税实务"中的有关内容。

消费税的审计，根据审定的应税消费品销售额（或数量），检查消费税的计税依据是否正确，适用税率（或单位税额）是否符合税法规定，是否按规定进行了会计处理，并分项复核本期应交消费税税额；抽查本期已交消费税资料，确定已交数的正确性。

（五）应交城建税、教育费附加、资源税、土地增值税、土地使用税、印花税、房产税、车船使用税等审计方法与技巧

城建税、教育费附加、资源税、土地增值税、土地使用税、印花税、房产税、车船使用税等的审计，主要检查其计税依据是否正确，适用税率是否符合税法规定，是否按规定进行了会计处理，并分项复核本期应交税税额；抽查本期已交税资料，确定已交数的正确性。

即学即思 你还能想出应交税费审计可能出现的其他错弊形式吗？

三、应交税费审计工作底稿

（1）应交税费总分类账与应缴税费明细分类账核对的工作记录。
（2）增值税审查的工作记录。
（3）消费税审查的工作记录。
（4）其他税费审查的工作记录。
（5）应交税费审查的工作计划及其他相关工作记录。

四、案例分析

案例一：

1. 疑点

2021年6月，审计人员在审查某公司的应交增值税项目时，了解到该公司当年5月份购买办公楼一幢，买价为2 000万元，增值税税额为220万元。在审阅有关账户时，发现该项设备在固定资产账户中记录的账面原值为2 000万元。

2. 查证

审阅"应交税费——应交增值税"明细账发现，购买办公楼的增值税进项税额220万元已在5月份抵扣了销项税额。

3. 问题

根据税法有关规定，一般计税人自2020年5月1日后取得并在会计制度上按固定资产核算的不动产或者2020年5月1日后取得的不动产在建工程，其进项税额应自取得之日起分2年从销项税额中抵扣，第一年抵扣比例为60%，第二年抵扣比例为40%。

4. 调账

（1）转出多抵扣进项税额，做如下分录：

借：应交税费——待抵扣进项税额　　　　　　　　　　880 000
　　贷：应交税费——应交增值税（进项税额转出）　　　　　880 000

（2）2021年5月继续抵扣剩余40%部分，做如下分录：

借：应交税费——应交增值税（进项税额）　　　　　　880 000
　　贷：应交税费——待抵扣进项税额　　　　　　　　　　880 000

案例二：

1. 资料

A注册会计师在对甲公司2021年业务的审计过程中发现，公司为增值税一般纳税人，本期以原材料对乙公司投资，双方协议按公允价值作价。该批原材料的成本为200万元，公允价值为220万元，该原材料的增值税税率为17%。甲公司做的会计分录为：

借：长期股权投资　　　　　　　　　　　　　　　　2 000 000
　　贷：原材料　　　　　　　　　　　　　　　　　　　2 000 000

2. 要求

指出该项业务存在的问题，并做出正确的会计处理。

3. 审计分析

甲公司用原材料对外投资，应视同销售货物，需计算应交增值税。

对外投资转出原材料应计销项税额=220×17%=37.4（万元）

甲公司正确的会计处理应为：

借：长期股权投资　　　　　　　　　　　　　　　　2 574 000
　　贷：其他业务收入　　　　　　　　　　　　　　　　2 200 000
　　　　应交税费——应交增值税（销项税额）　　　　　　374 000
借：其他业务成本　　　　　　　　　　　　　　　　2 000 000
　　贷：原材料　　　　　　　　　　　　　　　　　　　2 000 000

课堂讨论 本任务引导案例业务存在哪些错弊？

 阅读条目

1. 企业会计准则
2. 中华人民共和国增值税暂行条例
3. 中华人民共和国增值税暂行条例实施细则
4. 中华人民共和国消费税暂行条例
5. 中华人民共和国消费税暂行条例实施细则
6. 中华人民共和国企业所得税法
7. 中华人民共和国企业所得税法实施条例
8. 关于增值税会计处理的规定（财会[2016]22号）
9. 营业税改征增值税试点实施办法（财税[2016]36号）

项目九

存货与仓储循环审计

任务一 存货采购审计

学习目标

1. 能说出存货采购常见错弊的表现形式。
2. 能运用审计方法对存货采购业务进行审计。
3. 能结合案例分析存货采购错弊及运用相应的审计技巧。
4. 会对发现的存货采购业务错弊提出处理意见。

引导案例

审计人员在查阅 A 公司 2021 年 9 月份"管理费用——其他"明细账时,发现 9 月 8 日账簿记录中摘要说明含糊不清,于是做进一步调查。

审计人员检查了 2021 年 9 月 8 日的会计凭证,如下:

借:管理费用——其他　　　　　　　　　　　　　　　　　　　　　15 500

　贷:银行存款　　　　　　　　　　　　　　　　　　　　　　　　　　15 500

经过检查记账凭证所附的原始凭证,发现是两张运费清单,其中公路运费 7 000 元,铁路运费 8 500 元。将运费列入"管理费用"显然是不合理的,经过查阅"银行存款日记账""材料采购"明细账,并询问当事人,确定该企业将应计入材料成本的购进原材料过程中发生的运杂费计入了当期损益。这样处理,一方面使该材料少计进项税额,另一方面影响本月及以后各期经营成果的准确性。应根据具体情况进行调账。

上述案例显示,存货在购进过程中将应计入外购材料成本中的有关进货费用计入当期损益,存在错弊现象,审计人员采用相应的方法进行了审计。

一、存货采购业务常见错弊

（一）采购人员图谋私利，在物资采购供应中营私舞弊

用签订假合同骗取企业货款，或以假合同骗取预付款；有的内外勾结，坑害企业，拿"回扣""佣金"；有的舍近求远，舍优取劣，舍廉求贵，舍企业求个人，谋求个人实惠；等等。

（二）将应计入外购材料成本中的有关进货费用计入当期损益

有些企业将各种进货费用直接以"管理费用"列支，从而造成成本不实，影响本期及以后各期经营成果的准确性。

（三）将应计入当期费用的有关进货费用计入商品采购成本，或将应计入进口商品成本的国外运费、保险费计入当期费用

有些企业在有关进货费用的处理上不规范，人为地增加或减少商品采购成本。

（四）外购材料或商品在购进环节发生销货折扣和折让处理不正确

有些企业对购货折扣的处理不正确或前后各期不一致，影响商品购进成本的真实性和可比性。

（五）在存货购进过程中对增值税的处理不正确

有些企业对增值税的处理不够规范，如将增值税计入存货成本，造成成本虚增，利润不实，加大消费者负担；有意将存货购进成本中的内容反映在"进项税额"专栏；在进货退出的情况下，有意将本应冲销"应交税费——应交增值税（进项税额）"的退回增值税款作为"应付账款"或"营业外收入""其他业务收入"处理；在所购材料或商品改变用途或发生非常损失时，有意不将其在购进环节支付的进项税额转出，从而达到多抵扣、少交税的目的。

（六）外购材料的入库价格不正确，使前后各期缺乏可比性

有些企业随意变更其材料入库时的核算方法。在材料按计划成本进行核算的企业，其计划成本的确定存在着随意性和多变性，使材料的管理和核算出现错弊现象。

（七）任意虚列自制存货和委托加工存货的成本

有些企业往往用虚列加工商品的成本，取得现金回扣，私分公款。

（八）接受捐赠的存货不入账

有些企业对接受捐赠的存货不入账，形成账外财产或有意将其出售后形成"小金库"。

（九）存货购进过程中发生的溢缺、毁损的会计处理不正确、不合理

有些企业的处理不正确，如把应由责任人赔偿的短缺毁损作为企业的"营业外支出"或

"管理费用"处理,将属于供货方多发等原因造成的商品溢余私分或账外出售后作为"小金库"处理,等等。

(十)对包装物、低值易耗品等存货的购进核算不够严密,形成账外财产

有些企业购进包装物或低值易耗品时,直接以"管理费用"列支,以简化核算。企业因此形成了大量的账外财产,造成企业资产流失和浪费。

(十一)存货有关账户设置不科学、不合理

有些企业对明细账反映得不够全面、详细,或未设相应的备查账簿进行登记,削弱了对存货的实物管理和控制,造成存货的大量丢失、被盗、毁损等。

即学即思 你还能想出存货采购中可能出现的其他错弊形式吗?

存货采购
审计重点

二、存货采购的审计方法与技巧

(一)存货采购计划和合同的审计方法与技巧

根据存货采购的计划与合同,审查企业存货采购计划是否结合生产计划进行,审查时注意采购计划是否有批准手续,并与生产计划相衔接,还应考虑企业的原库存。审查采购人员是否与外单位不法分子相互勾结,签订假合同,骗取货款,贪污私分,或从中收取回扣。

物资采购过程
审计对策

(二)存货购进过程中进货费用的审计方法与技巧

> ☞ 提示
> 你还记得存货成本的构成吗?

通过查阅"银行存款日记账""管理费用"明细账摘要记录、对应账户的内容进行查证,必要时调阅有关记账凭证和原始凭证。

(三)购货折扣的审计方法与技巧

> ☞ 链接
> 存货采购核算,请参考"财务会计实务"中的有关内容。

采购成本审计
应注意问题

通过查阅"银行存款日记账"摘要记录及对应账户进行查证。如果企业对购货折扣采用净价法入账,银行存款的对应账户必然表现为费用账户或支出账户,必要时再查阅会计凭证或相应的购货合同,以确定问题的性质。

（四）存货购进过程中增值税的审计方法与技巧

通过查阅"应交税费——应交增值税"明细账及相关的会计凭证进行查证，应重点审核增值税专用发票或普通发票，了解账证及证证是否相符。

> ☞ 链接
> 存货购进过程中增值税的处理，请参考"纳税实务"中的有关内容。

通过查阅"库存商品"明细账、"原材料"明细账、"待处理流动资产损溢"明细账、"应交税费——应交增值税（进项税额转出）"账户及对应账户，查证其在购进环节支付的进项税额是否已按规定转出。

（五）自制存货和委托加工存货成本的审计方法与技巧

通过抽查委托加工材料发出及收回的合同、凭证，核对其计费、计价是否正确，会计处理是否及时、正确，有无长期未收回的委托加工材料，必要时对委托加工材料是否实际存在进行函证。

> ☞ 提示
> 虚构存货是存货舞弊常用的手法之一，审计人员对每一笔较大金额的材料收入都应引起足够的重视，防止没有原始凭证或伪造原始凭证的材料虚增。

（六）接受捐赠或购进溢余的审计方法与技巧

通过调查询问，从账外寻找问题的突破口。

（七）包装物、低值易耗品核算的审计方法与技巧

通过审阅"管理费用"明细账及"银行存款日记账"摘要内容发现线索，发现线索后再进一步查阅有关会计凭证，如果存在这类问题，往往会出现账证、证证不符情况。

（八）存货有关账户设置的审计方法与技巧

首先应通过审阅被审单位的会计资料，了解其对账户的设置情况，然后调查分析被审计单位对存货会计核算和管理的具体要求，了解被审计单位的实物管理情况、账实核对情况，在此基础上确定被审计单位存货账户的设置是否科学合理，能否满足企业实际需要等。此类问题查证后，不需做出账务调整，但应向被审计单位提出合理建议，促使其设置科学合理的存货账户。

即学即思 你还能想出存货采购审计的其他方法与技巧吗？

三、存货采购审计的工作底稿

（1）企业存货采购的有关内部控制制度。
（2）材料明细账审查的有关工作记录，材料收入凭证审查的工作记录，在途物资明细清单，在途物资凭证审查的有关工作记录。
（3）库存商品明细账审查的有关工作记录；库存收入商品凭证审查的工作记录。
（4）低值易耗品、包装物、委托加工物资明细账、凭证审查工作记录。
（5）库存收入审查的工作计划及相关记录。

四、案例分析

案例一：

1. 疑点

审计人员在查阅某企业银行存款日记账时发现有一笔进货退出业务，其"银行存款"的对应科目是"应付账款"和"原材料"，决定进一步查证。

2. 查证

审计人员调阅了反映该项业务的会计凭证，内容如下：

借：银行存款　　　　　　　　　　　　　　　　　　　　　　58 500
　　贷：应付账款　　　　　　　　　　　　　　　　　　　　　8 500
　　　　原材料　　　　　　　　　　　　　　　　　　　　　50 000

该凭证所附原始凭证是一张银行收账通知及一张红字发票，经询问当事人确定该企业把退回的增值税"进项税额"反映在了"应付账款"账户。

3. 问题

被审计企业为了达到多抵扣的目的，有意将记录的"进项税额"反映在往来账中，而不是红字冲销"应交税费——应交增值税（进项税额）"账户，使本期少交增值税8 500元。

4. 调账

问题查清后，被审计企业应编制调账分录如下：

借：应付账款　　　　　　　　　　　　　　　　　　　　　　8 500
　　贷：应交税费——应交增值税（进项税额）　　　　　　　　8 500

案例二：

1. 疑点

某企业在购入原材料时按照采购合同规定，付款条件为3/10、1/20、n/30。

该企业在10天后20天内付款，该批原材料总额100万元，应享受1%的折扣，为1万元，该企业做账为：

2021年3月15日购入原材料：

借：原材料　　　　　　　　　　　　　　　　　　　　　　854 700.85
　　应交税费——应交增值税（进项税额）　　　　　　　　 145 299.15
　　贷：应付账款　　　　　　　　　　　　　　　　　　　1 000 000

2021年4月2日付款：

借：应付账款　　　　　　　　　　　　　　　　　　　1 000 000
　　贷：银行存款　　　　　　　　　　　　　　　　　　　　1 000 000

审计人员在查阅该笔付款凭证时，发现银行存款的原始凭证为两张电汇单据，一张汇单金额为99万元，一张金额为1万元，收款单位相同，但银行账号不同，这引起了审计人员的怀疑，为什么一笔款分成两笔汇出且收款单位账号不同呢？于是决定做进一步调查。

2. 查证

经过查阅应付账款明细账，得知该笔付款为冲减所购原材料款，进一步调阅该批采购合同，查阅该汇款单，付款期为在20日内付款，按合同规定应享受1%的折扣。而该企业没有按会计制度规定做账。经过外调对方单位得知，该企业将折扣金额1万元转入对方单位的下属单位，又以现金形式提回这1万元，作为企业的"小金库"，用于其他用途。

3. 问题

该企业将应计入购货折扣最后列作财务收益的1万元，进行账外循环，形成"小金库"，致使该月收益减少1万元，影响本期乃至以后各期经营成果的准确性，并且严重违反财经纪律。

4. 调账

问题查清后，应做调账处理，并建议有关部门对有关责任人员进行行政处理。

（1）如果1万元未支出，调账如下：

借：银行存款　　　　　　　　　　　　　　　　　　　　　10 000
　　贷：财务费用　　　　　　　　　　　　　　　　　　　　　10 000

（2）如果支出0.5万元，应让有关人员缴回，做账如下：

借：其他应收款　　　　　　　　　　　　　　　　　　　　　5 000
　　银行存款　　　　　　　　　　　　　　　　　　　　　　5 000
　　贷：财务费用　　　　　　　　　　　　　　　　　　　　　10 000

案例三：

1. 疑点

某工业企业2021年5月5日购进某原材料500吨，每吨450元，总进价225 000元，在购进过程中支付运杂费2 340元，支付加工、整理及挑选费用4 050元。该企业对上述购进业务做如下账务处理（该企业对材料采用实际成本核算方法）：

（1）借：在途物资　　　　　　　　　　　　　　　　　　　225 000
　　　　应交税费——应交增值税（进项税额）　　　　　　　　38 250
　　　　贷：银行存款　　　　　　　　　　　　　　　　　　　263 250

（2）借：管理费用——其他　　　　　　　　　　　　　　　　6 390
　　　　贷：银行存款　　　　　　　　　　　　　　　　　　　　6 390

（3）借：原材料　　　　　　　　　　　　　　　　　　　　225 000
　　　　贷：在途物资　　　　　　　　　　　　　　　　　　　225 000

2. 问题

上述问题表现在，购进该批材料所支付的运杂费和加工、整理及挑选费用应计入原材料成本中，不应列作管理费用。由于发生这种问题，一方面使该批材料的实际成本少计，另一方面也影响了本期(5月)及以后有关期内经营成果的准确性。对于此问题,审计人员在审阅"管理费用"账户下"其他"明细记录中的摘要说明或其他有关账户(如"银行存款日记账")内的记录内容时,或者在审阅、核对反映材料购进业务的会计凭证时,可能会发现线索或疑点。发现线索或疑点后,经过进一步审查、核对有关会计资料和调查了解有关情况查证问题。

3. 调账

问题查证后,应根据查证时该问题所造成的后果做出不同的调账处理。查证时该批材料若尚未被领用或出售,则可做账务调整如下:

(1) 借:在途物资　　　　　　　　　　　　　　　　　　　　　6 390
　　　贷:管理费用　　　　　　　　　　　　　　　　　　　　　　6 390

(2) 借:原材料　　　　　　　　　　　　　　　　　　　　　　　6 390
　　　贷:在途物资　　　　　　　　　　　　　　　　　　　　　　6 390

若查证时该批材料已被领用,但尚未制成产成品,则应在上述调账的基础上再增加一笔记录即可:

　借:生产成本　　　　　　　　　　　　　　　6 390
　　贷:原材料　　　　　　　　　　　　　　　　　　6 390

课堂讨论 某企业是增值税一般纳税人,审计人员在对该企业原材料明细账进行检查时,发现下列情况:

审计关注点
——存货

原材料明细账

品名:A材料　　　　　　　　　　　　　　　　　　　　　　　　　　　单位:元

日期	摘要	增加		减少		结存		
		数量	单价	数量	单价	数量	单价	金额
1.1	期初余额					1 500	20	30 000

原材料明细账

品名:B材料　　　　　　　　　　　　　　　　　　　　　　　　　　　单位:元

日期	摘要	增加		减少		结存		
		数量	单价	数量	单价	数量	单价	金额
1.1	期初余额					200	100	20 000
1.10	购货	4 000	96			4 200		404 000
1.19	购货	6 000	117			10 200		1 106 000
1.22	生产领用			3 000	117	7 200		755 000
1.29	生产领用			4 000	96	3 200		371 000

审计人员结合上述原材料明细账检查了有关记账凭证和原始凭证,发现1月10日取得的是一张非增值税专用发票,金额384 000元,此项业务的异地运费6 000元已记入"管理费用"账户。1月19日获得的是增值税专用发票,发票价税合计为702 000元。

要求：针对上述资料指出该企业在材料购进业务中存在的问题，并进行相应的账务调整。

阅读条目

1. 企业会计准则第 1 号——存货
2. 内部会计控制规范——存货

任务二　存货发出审计

**学习目标**

1. 能说出存货发出常见错弊的表现形式。
2. 能运用审计方法对存货发出业务进行审计。
3. 能结合案例分析存货发出环节错弊及运用相应的审计技巧。
4. 会对发现的存货发出业务错弊提出处理意见。

引导案例

审计人员在审查某工业企业 2021 年度利润表时，发现该企业 12 月份利润水平明显低于以前各期及上年同期，经了解，该企业产品销售情况与以前各期无明显变化，怀疑其成本结转存在问题，决定进一步调查。

审计人员通过询问会计主管人员，了解到该企业采用加权平均法计算产品销售成本，但在审查"库存商品"明细账时，发现 12 月份采用的方法实际上是先进先出法，经过进一步调查、核实并询问当事人，确定该企业为了在 12 月份多转成本 20 万元，采用了与以前各期不同的计价方法。

显然，该企业违反会计的可比性要求，随意变更存货计价方法，其结果造成当期营业成本虚增、利润虚减 20 万元。

上述案例显示，存货发出业务中计价方法存在错弊，该企业人为地通过变更计价方法来调节销售成本，调节当期利润。审计人员采用不同的方法进行了审计。

一、存货发出业务常见错弊

（一）存货发出时选用的计价方法不合理、不适当

（1）一些材料种类不多、材料管理制度不够健全的小型工业企业选用计划成本对材料

进行日常核算,造成材料计划成本的制订缺乏依据和稳定性;而一些材料品种较多的大型工业企业却采用实际成本进行材料的核算,从而增加了核算的工作量,不能适应材料管理和核算的需要。

(2) 采用实际成本核算材料或商品产成品的工商企业,要根据材料、商品的变动状况以及物价走势、管理要求确定合理的存货发出计价方法。

(3) 对低值易耗品、包装物等其他存货的领用采用不适当的摊销方法。

即学即思 在材料价格上涨的情况下,请比较企业采用先进先出法和加权平均法计价哪种方法计算的发出材料成本高?

(二) 随意变更存货的计价方法

有些企业随意变更计价方法,违反了会计的可比性要求,造成会计指标前后各期口径不一致,缺乏可比性。有些企业甚至人为地通过变更计价方法来调节生产或销售成本,调节当期利润。

(三) 人为地多计或少计存货发出的成本

(1) 材料按计划成本核算的工业企业,有意确定较高的计划成本,使计划成本远远高于实际成本,表现为"材料成本差异"贷方余额,领用材料时按计划成本数额转入"生产成本"等账户,但月末结转材料成本差异时,故意以较低的成本差异率调整发出材料的计划成本,隐匿利润;有些企业则相反,有意确定较低的计划成本,并以较低的成本差异率高估发出材料的计划成本,达到虚报利润的目的,造成企业虚盈实亏。

(2) 采用售价金额核算的零售企业,平时按售价结转商品销售成本并注销库存商品,但月末计算商品进销差价率时,故意通过减少"商品进销差价"数额、增加"库存商品"余额的方式,使当前进销差价率低于正常水平,这样,已销商品分摊的进销差价较少,从而达到多计当期销售成本,少计利润、少纳税金的目的;或做相反处理,达到虚报收益的目的。

(3) 对产成品、商品采用实际成本计价的工商企业,计算产成品及商品销售成本时,不按照规定的程序和方法正确地应用计价方法,而是故意多转或少转销售成本。

(4) 有些企业月末通过虚转成本的方法达到隐匿利润的目的。

(四) 存货改变用途或发生非常损失时,在注销相应存货的同时,有意不结转相应的进项税额,以达到多抵扣、少交增值税的目的

(五) 以报销样品、材料、商品或以产成品报损的方式将发出存货私分或出售后存入"小金库",造成国家财产流失,增加了当期费用

即学即思 你还能想出存货发出中可能出现的其他错弊形式吗?

二、存货发出的审计方法与技巧

(一)存货发出业务的审计方法与技巧

(1) 审查存货发出业务是否以计划、定额、合同为依据,并办理审批手续。
(2) 审查存货发出业务的凭证和手续是否合格、齐全。
(3) 审查存货发出的数量是否合理、正确。

(二)存货发出成本的审计方法与技巧

> ☞ 提示
> 存货的计价方法各有其优缺点和适用范围,企业应根据自身实际生产经营管理的需要和实际情况并结合每一种计价方法的特点来选用存货计价方法。

(1) 审查存货发出成本的计价方法是否符合会计制度的规定,按实际成本核算的企业,在存货发出时,是否选用了制度规定的方法。
(2) 审查存货发出成本的计价是否正确,按实际成本计价的,是否按规定的各种方法正确计算存货发出成本,有无多计或少计;按计划成本计价的,在存货发出后,是否正确地分摊存货成本差异,有无差异率计算不准确,甚至分摊差异情况。
(3) 审查存货计价方法是否遵循了一贯性原则,有无随意变更方法,造成成本不实、利润虚假的问题。

随意变更存货计价方法的审计方法

(三)存货发出业务账务处理的审计方法与技巧

> ☞ 链接
> 存货发出核算,请参考"财务会计实务"中的有关内容。

(1) 查明生产用存货或销售用存货账务处理的正确性。
(2) 查明非生产用存货或非销售发出存货账务处理的正确性。

即学即思 你还能想出存货发出审计的其他方法与技巧吗?

三、存货发出审计工作底稿

(1) 企业存货发出的有关内部控制制度。
(2) 材料总分类账与明细分类账核对的工作记录,材料明细审查的有关工作计划,材料发出凭证审查的工作记录。

(3) 库存商品总分类账与明细分类账核对的工作记录,库存商品明细分类账审查的有关工作计划,库存商品发出凭证审查的工作记录。

(4) 低值易耗品、包装物、委托加工物资总分类账与明细账核对的工作记录。

(5) 低值易耗品、包装物、委托加工物资总分类账与明细账、发出凭证审查的工作记录。

(6) 存货发出审查的工作计划及相关记录。

四、案例分析

案例一：

1. 疑点

审计人员在查阅某商品流通企业会计报表时,发现2021年11月份利润额较以前各期及上年同期明显减少,主营业务成本水平较以前各期及上年同期增加,经了解,该企业市场环境、销售状况近两年来比较稳定,因此,决定对上述异常情况做进一步调查。

2. 查证

审计人员询问了有关会计人员,了解到该企业采用加权平均法计算主营业务成本,审计人员调阅了"库存商品"明细账,经核对,"库存商品"各明细账上计算出的主营业务成本总额为 7 123 465 元,而"库存商品"总账账户及"主营业务成本"账户记录的主营业务成本总额为 9 123 465 元,其记账凭证的内容为：

借：主营业务成本　　　　　　　　　　　　　9 123 465
　　贷：库存商品　　　　　　　　　　　　　　　　　9 123 465

经过进一步的调查核实取得有关证据后,被审计企业会计主管人员承认该月虚转了销售成本 2 000 000 元。

3. 问题

被审计企业利用虚转成本的手段隐匿利润,以达到偷税漏税的目的。

4. 调账

如果问题在2021年年终结账以前查清,被审计企业应编制调账分录如下：

(1) 借：库存商品　　　　　　　　　　　　　2 000 000
　　　贷：主营业务成本　　　　　　　　　　　　　　2 000 000

(2) 假定该企业所得税税率为25%：

借：所得税费用　　　　　　　　　　　　　　500 000
　　贷：应交税费——应交所得税　　　　　　　　　　500 000

(3) 借：主营业务成本　　　　　　　　　　　2 000 000
　　　贷：本年利润　　　　　　　　　　　　　　　　1 500 000
　　　　　所得税费用　　　　　　　　　　　　　　　　500 000

(4) 假定该企业盈余公积提取率为净利润的10%,向投资者分配利润为净利润的50%。

借：利润分配——提取盈余公积　　　　　　　150 000
　　　　　　——应付股利　　　　　　　　　　750 000
　　贷：盈余公积　　　　　　　　　　　　　　　　　150 000

    应付股利   750 000

 （5）借：本年利润   1 500 000

    贷：利润分配——未分配利润   1 500 000

    借：利润分配——未分配利润   900 000

      贷：利润分配——提取盈余公积   150 000

         ——应付股利   750 000

 （6）借：应交税费——应交所得税   500 000

    贷：银行存款   500 000

案例二：

1. 疑点

  审计人员在查阅某企业 2021 年 8 月份"管理费用——低值易耗品"明细账时，发现摘要中注明领用办公桌、沙发计 5 200 元，因摊销金额较大，决定进一步调查。审计人员查阅了 2021 年 8 月 5 日 12# 记账凭证，内容如下：

  借：管理费用——低值易耗品摊销   5 200

    贷：低值易耗品——办公桌   2 000

         ——沙发   3 200

  该记账凭证所附的原始凭证是一张"低值易耗品领用报销单"，领用办公桌 4 张、沙发 2 套。审计人员查阅了"低值易耗品"明细账，发现沙发单价 1 600 元，办公桌单价为 500 元，该企业采用的是一次摊销法。

2. 分析

  低值易耗品的摊销方法有一次摊销法、分期摊销法和五五摊销法。对于价值较小、易破、易碎低值易耗品可采用一次摊销法；对于价值较大，使用期较长的应采用分期摊销法和五五摊销法。而该企业的办公桌和沙发都属于价值较大的，所以不适合用一次摊销法。

3. 问题

  该企业没有根据低值易耗品的领用情况选用合理的摊销方法，造成当期费用水平提高，易形成账外财产。

4. 调账

  假如该企业采用五五摊销法，且问题在 8 月份查清，应编制如下调账分录：

  借：低值易耗品——办公桌   1 000

        ——沙发   1 600

    贷：管理费用   2 600

课堂讨论 1. 情况：2021 年 5 月，审计人员对某工业企业上年度纳税情况进行检查时，取得部分会计资料，甲材料 11 月份、12 月份明细科目如下：

材料明细账

品名：甲材料　　　　　　　　　　　　　　　　　　　　　　　　　　　计量单位：元

2020年		摘要	收入			发出			结存		
月	日		数量	单价	金额	数量	单价	金额	数量	单价	金额
11	1	上月结存							2	3 820	7 640
	10	本月购进	38	3 800	144 400				40		152 040
	11	转售				5	4 200	21 000	35		131 040
	15	基建领用				3	3 000	9 000	32		122 040
	30	生产领用				22	3 850	84 700	10	3 734	37 340
	30	月末结存							10	3 734	37 340
12	1	上月结存							10	3 734	37 340
	10	本月购进	40	3 750	150 000				50		187 340
	12	外地运费			1 000				50		188 340
	31	生产领用				35	3 800	133 000	15		55 340
	31	月末结存							15	3 689	55 340

经查,表中转售甲材料是以不含税售价计价出库,有关凭证反映的账务处理为：

借：银行存款　　　　　　　　　　　　　　　　　　　　　　　21 000

　　贷：原材料——甲材料　　　　　　　　　　　　　　　　　　21 000

年终盘点甲材料,账存15吨,实存16吨,经查,属于计量不实所致。基建领用未转出进项税额。该单位按实际成本核算材料,且材料发出采用加权平均法。

2. 要求：

（1）根据提供的资料,查证该企业在材料发出计价上存在的错误。

（2）指出该企业存在的主要问题。

（3）针对问题进行调账。

阅读条目

1. 企业会计准则第1号——存货
2. 内部会计控制规范——存货

任务三　存货仓储监盘审计

学习目标

1. 能说出存货仓储、监盘业务舞弊的主要表现形式。
2. 会运用存货仓储监盘审计方法与技巧。
3. 能结合案例对存货仓储盘点中发现的错弊提出处理意见。

引导案例

中兴会计师事务所于2021年12月10日接受甲公司的委托进行年度会计报表审计。据了解，甲公司原是××会计师事务所的常年客户，经向甲公司负责人员询问得知，负责甲公司审计业务的××事务所的注册会计师李峰离职，经李峰介绍，转而委托中兴事务所。中兴事务所的注册会计师要求在12月31日参与对公司存货进行盘点，甲公司婉言拒绝，原因是公司曾于6月30日进行了盘点，当时李峰参与了盘点工作，且盘点时的所有资料均可以提供给注册会计师复核，况且现在刚刚接受了一份订单，交货期限很短，如果停工盘点，则难以按期交货。对此，中兴事务所的注册会计师做了大量的工作，现了解到下面这些信息：(1) 李峰与甲公司的总经理私人关系甚好。(2) 甲公司存货的内部控制有一定漏洞。(3) 审阅6月30日的盘点记录，其中A产品期末盘存量是20 000件，查阅以前月份的存货明细账，A产品的期末库存每月都保持在10 000件至12 000件之间。(4) 甲公司的生产经营特点决定了存货的比重较大，约占总资产的40%左右。在这种情况下，注册会计师是否应该坚持对存货进行监督性盘点呢？

一、存货仓储、监盘业务常见舞弊

(一) 存货仓储业务常见错弊

1. 监守自盗

保管人员利用职务之便，或勾结车间人员，涂改账目、盗窃财物，或者虚报和夸大损失，将报损材料转移，贪污私分；冒领或用假领料单和发料单盗窃物资，转移出售；盗窃财产物资，将所窃物资成本通过打折等手法打入正常领料、发料业务中。

2. 截留利润，偷税逃税

包括以生产资料调换生活资料，以生产资料对换其他生产资料，以生产或生活资料调换劳务和服务，以生产的产品换取某些生活福利，等等。由于产品交易结算不走账，摆脱了银行、工商行政管理等部门的监督,为偷逃转税、虚减销售收入、隐瞒利润大开方便之门。

3. 账外物资"小金库"

将账内一定比例的物资材料移到账外,置于企业生产经营之外,作为随时可供自己调用的物资"蓄水池"。

4. 非正常损失未做账务处理

有的企业为了不转出进项税金,达到少交增值税的目的,对短小、变质等非正常损失的原材料和产品不做账务处理,造成存货账实不符。

即学即思 你还能想出存货仓储业务中可能出现的其他错弊形式吗?

(二) 存货监盘业务常见舞弊

1. 虚增存货数量,调节存货价值

有些企业通常通过对实际上并不存在的存货项目编造各种虚假资料的手段,从而达到调节存货价值的目的。

2. 对存货盘点环节进行操纵

> ☞ 提示
>
> 审计人员在很大程度上依赖于对企业存货的监盘,来获取有关存货的审计证据。因此,对审计人员来说,执行和记录盘点测试就显得非常重要。

有些企业在短期内采取转移存货等行为对存货盘点工作进行操纵,使得审计证据严重失真。

3. 故意将存货"资本化"

有些企业往往列出很多看似充分的理由,用以支持通过对存货项目进行"资本化"而增加利润的处理。

4. 确定存货结存数量的方法选择不当

> ☞ 提示
>
> 企业根据存货的具体特点应分别采用永续盘存制或实地盘存制来确定存货的结存数量。

有的企业对应该采用永续盘存制确定结存数量的存货却采用了实地盘存制,从而将大量因计量误差、自然损耗、管理不善等原因造成的存货短缺挤入正常发出数中;有的企业对应该采用实地盘存制确定结存数量的存货却采用了永续盘存制,人为地增加了企业存货核算的工作量。

5. 存货盘点工作不经常、不连续,造成存货账实不符

有些企业对于盘点工作不认真、不细致,或不经常、不连续盘点,造成存货账实不符。

6. 存货的盘盈、盘亏会计处理不正确、不合理

有些企业发现存货溢余后,未按规定将其转入"待处理财产损溢"账户,而是将其私分或将货款转入"小金库";有些企业将存货私分或送给关系户,或因管理人员管理不善造成

存货丢失、毁损等,将其因此减少的部分在盘点时挤入盘亏中,作为企业的损失或费用处理;还有些企业对盘点后发生的盘盈和盘亏长期挂账处理,造成账实不符。

7. 企业存货在储存过程中发生非正常损失时,相应的"进项税额"未转出,增加了增值税的抵扣额

> ☞ 提示
> 按照规定,企业存货发生非正常损失时,应将其在购进环节支付的增值税进项税额转出,与存货实际成本一起计入营业外支出。

有些企业未按规定的办法执行,从而人为地增加了增值税进项税额的抵扣额,达到了少交增值税的目的。

即学即思 你还能想出存货监盘业务中可能出现的其他错弊形式吗?

二、存货仓储、监盘的审计方法与技巧

(一) 存货仓储的审计方法与技巧

1. 存货会计记录真实性和正确性的审计方法与技巧

首先通过审阅存货明细账,抽查有关会计凭证,核对存货明细账记录,验证各项记录是否正确。在此基础上,结出各类存货明细账余额,同总分类账存货余额核对,以验证存货结存数额是否正确。最后,将财会部门存货记录及结存数同仓库管理部门的有关数据进行核对,以验证其数额的正确性。

2. 存货实际数量的审计方法与技巧

通过存货内部控制制度评审结果正确的范围和重点,抽查一部分存货仓储业务进行实地盘点,用盘点结果同上述核对后的存货账面记录余额核对。

3. 存货价值的审计方法与技巧

在确认存货实际数量的基础上,审计人员可按照会计制度规定的计价原则,结合企业选用的计价方法,复核企业存货价值的真实性和正确性。

4. 存货适用性和合理性的审计方法与技巧

审查各种存货的品种、规格和质量等是否能满足企业生产经营活动耗费和市场销售的需要;存货储备是否经济合理,有无积压或脱销情况;存货的保管是否安全完整,有无安全保护措施;等等。

即学即思 你还能想出存货仓储审计的其他方法与技巧吗?

存货质量
真实性审查

(二) 存货监盘的审计方法与技巧

1. 盘点准备的方法与技巧

(1) 编制连续编号的盘点标签或盘点清单,确定盘点顺序,有条件的还应绘制存货摆放

示意图，规划盘点路线。

（2）审计人员应了解有关财产物资的内部控制和管理制度，对各项制度的执行情况进行评价，发现存在的薄弱环节，明确盘点的重点。

（3）做好盘点的人员准备。存货监盘小组应由熟悉客户营运的有经验的审计人员负责。对于欠缺经验的助理人员或"新手"，应给予适当的督导，并鼓励他们遇到疑点时及时告知督导其工作的审计人员。然后通过召开盘点预备会议，将盘点计划或指令贯彻到每一个参与人员。

存货监盘计划的内容

（4）通知被查部门，并要求其将有关物资盘点日的账面数轧出，将已经发现的错误数剔除，存货应停止流动、分类摆放。

2. 盘点计划制订的方法与技巧

> ☞ 提示
>
> 审计人员必须合理、周密地安排盘点的程序，并谨慎地予以执行，以取得足够的证据证实材料的确实存在，企业利用盘点的局限性操纵盘点结果的行为，是审计失败的重要原因之一。

（1）监盘时间。一般应以会计期末以前为优，以避开会计核算的繁忙日。

（2）监盘的样本量。一般来讲，在考虑选取多大样本量时，应考虑有关实地盘点、永续记录的可靠性，存货的总金额及种类，不同的重要存货位置的数量，以及以前年度发现的误差性质和程度的内部控制等问题。

（3）样本选取问题。一般来讲，样本选取应将重要项目或典型存货项目作为对象，同时对可能过时或损坏的项目要仔细查询，并与管理人员就疑虑问题交换意见。

3. 存货监盘过程的方法与技巧

（1）尽可能采取措施以提高盘点有效性的技巧。

关于存货监盘必须了解这些"姿势"

> ☞ 知识拓展
>
> **存货盘点的方法**
>
> 被审计单位对存货进行盘点的方法可以分为以下三类：
>
> 逐项盘点法，是指被审计单位的经营活动基本停止，在一个时点进行全面的盘点，存货的实存数由该时点的实地盘点确定。
>
> 循环盘点法，是指被审计单位在一年中定期地选择存货项目进行盘点，每年所有的存货都至少盘点一次。在此方法中，盘点行为贯穿于整个会计年度。它一般见于一些存货库建于较多分支机构的被审计单位，如大型的连锁店。
>
> 统计盘点法，是指被审计单位对存货不进行逐项清点，而是采用统计样本，根据统计样本来推断全部存货数量的方法。

（2）现场抽查应注意的技巧。审计人员应当现场监督被审计单位的存货盘点，进行必要的抽查,并形成相应的工作底稿。抽查时,审计人员可以采取以账对物方式,从存货盘点记录或存货明细账中选取一些项目追查至存货。同时,也可以采取以物对账的方式,从存货中选取一些项目追查至存货盘点记录。审计人员抽查存货数量时,应亲自"踩堆",而不应只听被审计单位工作人员报数,以防止"空箱"和虚报,应将抽查结果和被审计单位盘点记录相核对。审计人员还应亲自记录所抽查的存货,以防监盘结果被修改。

> ☞ 提示
>
> 审计人员盘点存货时,既要盘点存货的数量,又要监盘存货的质量。

(3)需特别关注和提高专业警觉性。审计人员应当特别关注存货的移动情况,防止遗漏或重复盘点。对于重大或不正常的盘点差异,或被审单位人员对抽查程序感到过度关心的项目,均应提高专业警觉性。监盘实物资产时,应对其质量及所有权予以关注,应当特别关注存货的状况。

> ☞ 提示
>
> 对于技术含量比较高的产品,在不具备相应专业知识的前提下,作为审计人员,应该考虑寻求外部专家的协助。

(4)注意重要性水平在审计中应用的技巧。在资产负债表中占有相当比重的项目,就不能采取一般的常规审计程序,而应实施详查方法。

(5)对于无法实地监盘的存货,确定其存在性的技巧。对于存货不在盘点所在城市或遇到其他无法实地盘点存货的情况,监盘的同时应对该部分存货综合运用分析性复合技术。

> ☞ 提示
>
> 对于审计时确实无法实地监盘的存货可以出具备忘录,待证实原账面记录无误后再消除该备忘录。

4. 存货监盘结束的方法与技巧

(1)根据抽查结果编制存货抽查情况表、存货盘盈盘亏情况表、存货计价检查表以及存货调整表,企业经办人员会签后做出记载,并整理成审计工作底稿,经核对后由盘点小组和监盘人员签字。盘点和制表时要注意账面数量、金额与盘存数量是否在同一截止日期。

(2)对盘点情况做出审查分析,找出账存与实存数差异的原因所在,并对存货库存及管理情况做出评价。

即学即思 你还能想出存货监盘审计的其他方法与技巧吗?

库存现金监盘和
存货监盘的区别

三、存货仓储、监盘审计的工作底稿

(1)企业存货仓储、监盘的有关内部控制制度。

（2）材料总分类账与明细分类账核对的工作记录，材料保管账与会计账的核对记录，材料盘点表。

（3）库存商品总分类账与明细分类账核对的工作记录，库存商品保管账和会计账的核对记录，库存商品盘点表。

（4）低值易耗品、包装物、委托加工物资总分类账与明细分类账核对的工作记录，低值易耗品、包装物、委托加工物资保管卡与会计账的核对记录及盘点表。

（5）存货仓储、监盘的工作计划及相关工作汇总。

存货账面出现红字的审计

四、案例分析

案例一：

1. 基本情况

审计人员在观察某公司存货实地盘点时，发现了下列特殊情况：

（1）产成品仓库中有数箱产品未挂盘点单，经询问，这些产品属于该公司已售出产品。

（2）一间小仓库中有3种布满灰尘的原材料，每种材料都挂有盘点标签，并且数额与实物相符。

（3）材料明细账上有一批存货记录，存货盘点表上没有，经询问，得知该批材料存放在外地。

2. 解析

（1）对第一种情况，审计人员应查阅有关购销协议、结算凭证等，以确定该批产品的所有权。如果该批产品的销售尚未实现，应建议将其列入该公司的存货中。

（2）对第二种情况，审计人员应向有关生产主管查询该批材料是否还能用于生产，如果不能用于生产，属于报废或毁损的材料，则不应当列入该企业的存货中。

（3）对第三种情况，审计人员应根据该批存货的重要性确定是否委托存放地审计单位盘点或亲自派人进行监盘，在存货量不大时，也可向寄存或寄售单位函证。

案例二：

1. 情况

审计人员在查阅某企业2021年3月"营业外支出——非常损失"明细账时，发现有一笔60 000元的短缺非常损失，因数额较大，审计人员决定进一步查证。

审计人员调阅了2021年3月15日10#记账凭证，记账凭证的内容为：

借：营业外支出——非常损失   60 000

    贷：原材料   60 000

该记账凭证所附的原始凭证是一张有领导审批意见的盘存单，并附有关人员说明。经进一步调查询问，确认这是由于保管人员责任不强造成的材料被盗损失。

2. 分析

由于保管人员责任不强造成的材料被盗损失，按照企业管理制度规定，由保管员赔偿一部分，但该企业未按制度处理此事，而是将全部被盗损失计入"营业外支出"，同时该批材料在购进环节支付的增值税进项税额未相应转出。

3. 问题

被审计企业没有严格执行管理制度,将应由个人赔偿损失部分转嫁到企业,虚减了企业收益,少交所得税,同时,应转出的增值税进项税未按规定予以转出,增加了当期抵扣税额,使企业少纳增值税。

4. 调账

假如该企业规定由责任人赔偿 5 000 元,其余由企业负担,若该问题在 2021 年 3 月份查清,则:

借:原材料　　　　　　　　　　　　　　　　　　　　　　60 000
　　贷:营业外支出　　　　　　　　　　　　　　　　　　　60 000
借:其他应收款　　　　　　　　　　　　　　　　　　　　　5 850
　　营业外支出——非常损失　　　　　　　　　　　　　　64 350
　　贷:原材料　　　　　　　　　　　　　　　　　　　　　60 000
　　　　应交税费——应交增值税(进项税额转出)　　　　10 200

课堂讨论　审计人员在对某公司存货项目的相关内容进行研究评价后,发现该公司存在下述可能导致错误的情况:

1. 存货盘点欠缺认真。
2. 由 B 公司代替管理的原材料可能并不存在。
3. 通过销售与收款循环的审计发现已销产品可能未进行相关会计处理。
4. 该公司可能将 C 公司存放在库中的原材料计入其存货项目。

要求:审计人员针对上述情况应考虑执行什么样的审计程序。

阅读条目

1. 企业会计准则第 1 号——存货
2. 中国注册会计师审计准则第 1311 号——存货监盘
3. 内部会计控制规范——存货

项目十

生产与费用循环审计

任务一　应付职工薪酬审计

学习目标

1. 能说出应付职工薪酬错弊的表现形式。
2. 能运用审计方法对应付职工薪酬进行审计。
3. 能结合案例分析应付职工薪酬错弊及运用相应的审计技巧。
4. 会对发现的应付职工薪酬错弊提出处理意见。

引导案例

某市政建设工程公司一名工资会计张某迷上炒股票，2021年刚好碰上"5·19"行情，大赚了一把。于是，他接着准备大干一场，没想到随后等待他的是持续几年的熊市，不但把先前赚的给赔光了，而且连借的本金也赔没了。这让张会计很郁闷，怎么办呢？借别人的钱得还啊，可是每个月的工资收入只有一千多元，于是，他想利用自己职务之便搞点钱。2011年，他联合人事部马某和现场施工队队长陈某两人，合伙在工资上做文章，所得收入三人平分。

没想到，一次意外工伤事故暴露了他们的舞弊行为。原来，在开挖下水道时，一民工不小心被污水熏倒，公司总经理刘某到现场指挥救援时发现，刚招收了30名民工，工程开工才三天，在工地现场工作的却只有14名民工，其他人呢？刘经理回去后，请会计师事务所对工资进行了专项审计，结果发现，到事故发生时不到三年的时间里，张某等三人虚报虚领、私分工资近15万元。

一、应付职工薪酬业务常见错弊

(一) 应付职工薪酬计算不正确

有些企业由于计时工资的考勤记录不准,造成计时工资计算不正确;由于计件工资的产量、质量记录不准,造成计件工资计算不正确;有关津贴的支付不符合国家规定的标准;有些代扣款项的计算不准确;等等。这些都会造成应付工资计算不正确。

(二) 应付职工薪酬的发放程序不健全、管理不严

有些企业发放工资手续不健全,职工领取工资后不签章;伪造职工签章,冒领工资;企业按应发工资数额向银行提取现金,套取银行现金;对于职工暂时未领的工资,由出纳保管后,没有及时地将其作为"其他应付款"入账;等等。这些都会造成应付工资发生错弊。

(三) 虚拟工资名单,冒领贪污或存入"小金库"

有些企业虚拟职工姓名、人数,多计、多发工资;职工由于调出、退休、死亡等原因减少后,故意不除名,仍将其列在"工资单"中发放工资。

(四) 利用工资费用,调节产品成本

有些企业为了调节产品成本和当年利润,人为地多列或少列应计入产品成本的工资费用,从而达到调节利润的目的。

(五) 支付利息,计入"应付职工薪酬"科目

有些企业将支付职工购买本单位债券利息支出计入应付工资,重复列支费用,虚减当期利润。

(六) 篡改工作时间和工资率

有些企业通常会多报工作时间或者工资率,甚至两者都多报,以获取高于实际工资的金额。

(七) 佣金舞弊

> ☞ 知识拓展
>
> **佣 金**
>
> 佣金是一种按销售人员或其他雇员所完成的交易金额的一定比率来计算的报酬。佣金是根据其完成的销售和佣金比率来确定的。

有些企业通常使用以下手段来虚增佣金:

项目十 生产与费用循环审计

1. 篡改销售金额
(1) 虚构销售收入;
(2) 通过涂改销售文件上的价格来虚增销售额。

2. 增加佣金比率
通过私自加大提取佣金的比例,以便在同样的销售额下能获取更多的佣金。

3. 高估销售收入
通过宣称销售业务是由另一名雇员达成的或是在其他期间完成的,来高估销售收入。

(八) 偷逃个人所得税

有的单位故意将员工工资分解为两部分,一部分为不够交个人所得税的金额,另外一部分通过巧立名目(比如员工培训费)而不用交纳个人所得税,以达到偷逃交纳个人所得税的目的。

企业职工薪酬总额审计的"四个关注"

 类似的问题还有哪些?

二、应付职工薪酬的审计方法与技巧

(一) 应付职工薪酬计算的审计方法与技巧

1. 职工工资计算标准

审查时,应注意工资卡记录的变动是否有合法的证明文件,是否与实际情况相符,发现两者不一致的情况,应查明原因,并分别采用不同的方法进行处理。

2. 检查计时工资的计算

> ☞ 链接
> 计时工资的计算,参见"成本会计实务"中的相关内容。

计时工资是按职工的实际出勤天数计算职工应得工资的工资结算方法。对于计时工资应重点审查职工考勤记录,核实职工实际出勤的天数。同时,还应审查职工在规定的假期内,是否按劳动保险条件和国家其他有关规定仍享受标准工资,衡量企业执行规定的严肃性和正确性。

3. 检查计件工资的计算

> ☞ 链接
> 计件工资的计算,参见"成本会计实务"中的相关内容。

审计人员可以通过质量检验记录审查废料废品数量,与半成品、产成品完工入库的数量相互验证,以核实合格品数量;通过检查定额工时、等级工资小时工资率的计算是否正确等对计件单价进行审查。此外,审计人员还应检查小组集体计件工资分配是否合理、计算是否正确等。

(二)应付职工薪酬结算和发放的审计方法与技巧

> ☞ 链接
> 应付职工薪酬核算,参见"财务会计实务"中的相关内容。

1. 检查职工薪酬结算

通过核对职工薪酬计算表和职工薪酬结算汇总表来进行。检查时要注意两张表中职工姓名、工资等级等与职工人事档案是否一致;应付的计时计件工资计算是否正确;各种奖金、津贴是否符合制度和标准,计算是否正确;实发工资计算是否正确;等等。

2. 检查职工薪酬发放

进行该项目的检查时,要关注以下问题:企业提取的现金数与当期实发工资是否一致,有无错误地根据应发数提取现金的问题;检查工资结算表中的职工签名,分析其有无签章不全或仿造签章进行冒领的问题或疑点;各种代扣款项有无合法的原始凭证,计算是否正确,是否及时、如数地转交有关部门;检查规定期限内尚未领取的工资是否及时地收回入账;有关工资发放业务的账务处理是否正确、合规;等等。

应付职工薪酬
发放关注点

(三)职工薪酬归集和分配的审计方法与技巧

> ☞ 链接
> 职工薪酬归集和分配的方法,参见"成本会计实务"中的相关内容。

(1)检查企业是否能分清经营性支出与其他各种支出的界限。审计人员应检查:应由在建工程支出列支的工资、应由营业外支出列支的工资、应由职工福利费列支的工资、应由工会经费列支的工资等与经营性支出列支的工资费用之间的界限。

(2)检查企业是否能分清主营业务支出与其他业务支出的界限。

(3)检查企业是否能分清计入生产成本的工资费用与计入期间费用的工资费用的界限。审计人员应检查:应计入直接人工或制造费用列支的工资与应计入管理费用或销售费用列支的工资的界限。审计人员在完成工资业务的检查后,可将检查情况汇总,并做出检查说明与检查意见。

应付职工薪酬
提取审计关注点

即学即思 你还能想出应付职工薪酬审计的其他方法与技巧吗?

❋ 三、应付职工薪酬审计工作底稿

(1)发放的应付职工薪酬提取和支出的有关原始资料,如工资表等。
(2)审核应付职工薪酬发生额和期末余额真实性和正确性的记录。

（3）应付职工薪酬的分配是否合理正确，有关文件、资料、合同、计划等。
（4）应付职工薪酬在会计报表上的披露是否恰当的工作记录。

四、案例分析

案例一：

1. 疑点

公司为增值税一般纳税人，审计人员对其进行审计，审查库存商品明细账时发现，该公司曾将自产的 A 商品 2 000 件用于职工福利，每件成本价 4 元，售价 6 元。企业所做的会计分录为：

借：应付职工薪酬　　　　　　　　　　　　　　　　　　　　　8 000
　　贷：库存商品　　　　　　　　　　　　　　　　　　　　　　8 000

2. 要求

指出上述业务存在的问题，并提出处理意见。

3. 调账

税法规定，将自产、委托加工的货物用于集体福利或个人消费的，应视同销售货物，于货物移送当天计算交纳增值税。而该公司未对其做视同销售货物处理，从而少计了销项税额。审计人员应责成该公司调整有关账簿记录。调整分录如下：

借：应付职工薪酬　　　　　　　　　　　　　　　　　　　　　2 040
　　贷：应交税费——应交增值税（销项税额）　　　　　　　　　2 040

案例二：

1. 疑点：

某生产企业审计人员在检查 2021 年 5 月当月的工资业务时，调阅了工资分配记账凭证，同时审阅了该凭证所附的原始凭证工资费用分配表，发现在费用的归集上存在不少问题。

转 账 凭 证　　　结字第 083 号

2021 年 5 月 28 日　　　　　　　　　　　附件共 1 张

摘要	总账科目	明细科目	借方金额 千百十万千百十元角分	✓	贷方金额 千百十万千百十元角分	✓
工资分配	生产成本	基本生产成本	5 5 7 3 0 0 0			
工资分配	制造费用	工资	4 5 0 0 0 0			
	管理费用	工资	9 5 5 0 0 0			
	销售费用	工资	1 6 0 0 0 0			
	应付职工薪酬	福利费	1 8 0 0 0 0			
	应付职工薪酬	工资			7 3 1 8 0 0 0	
合　　计			¥ 　7 3 1 8 0 0 0		¥ 　7 3 1 8 0 0 0	

会计主管　　　　　　记账　　　　　　复核　　　　　　制单 王红

工资费用分配表

2021年5月

部门	人员类别	生产成本	制造费用	管理费用	销售费用	应付福利费	合计
生产车间	生产工人	47 000					47 000
	管理人员		4 500				4 500
机修车间	全车间人员	2 500					2 500
销售部	门市部人员				1 600		1 600
厂部	管理人员			8 000			8 000
伙食科	炊事员					1 100	1 100
医务室	医务人员			1 550			1 550
其他	6个月以上病假人员	4 000					4 000
	基建人员	2 230					2 230
	工会人员					700	700
合计		6 230	4 500	9 550	1 600	1 800	73 180

审计人员在详细审阅了本月工资费用分配表后,发现以下问题:

(1) 机修车间属于辅助生产车间,其发生的工资费用不能列入生产成本,只能列作制造费用。

(2) 伙食科人员和工会人员都属于管理人员,其工资费用不应列入应付福利费,而应作为管理费用。

(3) 医务人员的工资费用应列入应付福利费,而不应列入管理费用中。

(4) 6个月以上病假人员工资费用不应列入生产成本中(即使病假人员属于某生产车间),而应列入管理费用中进行核算。

(5) 基建人员的工资属于建设工程发生的,应列入在建工程成本中去,而不应列作生产成本。

2. 分析

发现以上问题后,审计人员询问了相关财务人员,发现公司财务人员对工资费用的归集认识不清,随意分配归集,造成费用反映不实,应予以教育与纠正。

3. 解析

审计人员应建议企业的会计人员在当月做如下工资分配财务处理:

借:生产成本　　　　　　　　　　　　　　　　　47 000
　　制造费用　　　　　　　　　　　　　　　　　 7 000
　　管理费用　　　　　　　　　　　　　　　　　13 800
　　销售费用　　　　　　　　　　　　　　　　　 1 600
　　应付职工薪酬——福利费　　　　　　　　　　 1 550
　　在建工程　　　　　　　　　　　　　　　　　 2 230
　　贷:应付职工薪酬——工资　　　　　　　　　73 180

案例三:

1. 疑点

审计人员在审查某公司管理费用明细账时,如下一笔记录引起了查账人员的注意:

付 款 凭 证　　　　　　付字第14号

2021年5月18日　　　　贷方科目 库存现金

摘　要	借　方		金　额										✓
	总账科目	明细科目	亿	千	百	十	万	千	百	十	元	角	分
领导医疗等费用	管理费用						5	6	8	0	0	0	
合　　　　计						¥	5	6	8	0	0	0	

附单据10张

会计主管　　　　记账　　　　出纳 刘一　　复核 吴敏　　制单 刘向东

管 理 费 用

明细科目名称_____

2021年		凭证单号	摘　要	金　额										借方 福利费									
月	日			亿	千	百	十	万	千	百	十	元	角	分	亿	千	百	十	万	千	百	十	元	角	分
			……																						
5	18	记014	报销医疗费					5	6	8	0	0	0						5	6	8	0	0	0
			……																						

2. 分析

按现行会计制度规定，职工的医疗费等都应计入福利费，领导的医疗费用也应同样处理。

3. 调查

审计人员运用询问法，询问该单位会计人员，得知是该公司领导因病去外地治疗，外地住宿包括往返路费等，共计56 800元；在报销时，会计人员认为，领导属于管理人员，其发生的费用如同领导的电话费一样应计入管理费用，而不应列支于福利费中。

审计人员对此进行了反驳，会计人员不得不告诉实情，这样做的目的一是为了节省福利费，二是为了多列支期间费用，少交所得税。

4. 调账

审计人员是在当月月底发现这一问题的，于是建议该会计做一笔调账分录：

借：应付职工薪酬——福利费　　　　　　　　56 800
　　贷：管理费用　　　　　　　　　　　　　　　56 800

企业职工薪酬也舞弊？且看内部审计如何破！

2021年4月份,有关部门对大化公司进行财务审查。该公司有在册职工125人,雇用临时工25人,当月的工资结算单汇总表反映,全企业应发工资67 545元,代扣款项5 015元,实发工资62 440元,向银行领款63 000元。审计人员在审查过程中,发现公司甲车间和乙车间的工资结算单中都有李洋和王涛的名字,工资金额均为1 000元;了解到25名临时工中,有20名是参加本单位生产流水线安装的民工,其工资为24 000元。

审计人员通过向该企业人事部门调查,发现李洋于3月份从甲车间调入乙车间,同时王涛由乙车间调入甲车间。据此分析,两人的工资可能存在重复计列和发放的问题。后经进一步核实,情况的确如此。

同时,在查阅有关工资费用分配表及有关账务处理的记录时,发现20名参加本单位生产流水线安装的民工的工资24 000元计入了当期生产成本。

要求:分析大化公司在"应付职工薪酬"中的账务处理存在的问题,并提出改进意见。

 阅读条目

1. 生产成本内部控制制度
2. 企业会计准则第9号——职工薪酬

任务二 生产成本审计

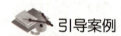 学习目标

1. 能说出生产成本错弊的表现形式。
2. 能运用审计方法对生产成本进行审计。
3. 能结合案例分析生产成本错弊及运用相应的审计技巧。
4. 会对发现的生产成本错弊提出处理意见。

引导案例

2021年4月,某市审计局对天虹化工制品有限公司2020年度财务收支进行审计,在审查"库存商品"科目时,发现该公司产成品账户每月月底均出现这样一笔金额按实际成本记账的会计分录,即:

借:生产成本——甲产品
　　贷:库存商品——甲产品

审计人员对此记账凭证产生了疑问,如果按规范的会计核算和生产工序要求,就应该是月底将生产出来的已完工产品从"生产成本"账户转到"库存商品"账户中去。

而该单位为什么将已经完工的"库存商品"到月底又退回到生产成本中？原因是什么？

审计人员针对上述情况对主管会计进行了调查询问，得到的答复是："入库的产成品经过质量部门检测有点质量问题，准备退回生产车间进行修复。"

以此为线索，审计人员凭借专业判断确定审计重点，运用抽查、审阅、账实核对及对有关人员调查等方法，经过艰难细致的审计取证，证实该公司领导与会计合谋，采取假退库，在每月月底结转生产成本时，不按规定与产成品科目对转，而是将已完工的产成品在销售时直接与应付账款对顶，隐瞒销售收入、偷逃国家税收 385 988.45 元的违法事实。

上述案例显示，生产成本核算存在错弊，审计人员采用不同方法进行了审计。

一、生产成本业务常见错弊

（一）偷梁换柱，乱列成本

1. 将不属于产品成本负担的费用支出列入成本费用

（1）将购置的固定资产（主要是非安装设备、小型机具等），通过开具"解体发票""变通发票"、假发票等手段，将其列入"生产成本"中的直接材料项目，以减少利润，少交所得税。

（2）将自营建造工程领用的材料、使用的动力费、使用的人工费，列入生产成本的"直接材料"和"直接人工"项目中，使在建工程成本减少，使企业基本生产成本增加。

（3）有的企业将用于职工福利所购的冰箱、彩电等福利用品列入产品生产成本，以减少福利费支出，给其他福利费开支提供余地。

2. 将应属于产品成本负担的费用支出列入其他支出

（1）将应由生产成本负担的材料、燃料、人工费用列入在建工程、福利费等支出中。

（2）将应列入生产成本的直接费用记入期间费用或其他业务支出、营业外支出中。

（3）将生产领用包装物与销售领用包装物混在一起，全部记入营业费用，加大期间费用，虚减利润。

（二）偷换时期，调节成本

（1）在原材料核算时以领代耗，将投入产品并应由本期和以后各期共同分担的材料全部计入本期产品成本，对加工完毕需要退库的剩余材料未办理假退料手续，致使直接材料成本虚增。

（2）将应由以前各期预提列入生产成本的外购燃料动力费用全部列入本期"生产成本"账户的"直接材料"项目中，虚增本期生产成本。

（三）虚增、虚减生产成本

（1）利用材料假出库，虚列产品生产成本。

（2）多计生产工人人数或生产工时"吃空额"，虚增直接人工费。

（3）将非定额内的损失计入成本中，提高材料、燃料单价，从而使产品成本中的直接材料、燃料动力项目增加，导致企业生产成本虚增。

(4) 直接提高材料单价,增加产品直接材料项目成本。
(5) 利用成本分配方法,人为调节当期损益。

(四) 虚估产品成本

(1) 没有依据地改变在产品与产成品期末分配方法,人为调节当期盈亏。
(2) 利用定额成本调节利润,采用高定额或低定额成本的做法调节利润。
(3) 虚估约当产量调整本期损益,为了虚增利润,多记在产品数量,为了虚减利润,则少记在产品数量。

(五) 隐瞒企业的对外投资

企业将用实物进行的投资不记入"长期投资"账户,而是将其直接记入生产成本。

产品成本核算过程中容易发生的错误和弊端

即学即思 类似的问题还有哪些?

二、生产成本的审计方法与技巧

(一) 成本计算对象和成本计算方法的审计方法与技巧

(1) 应了解被审计单位的生产组织形式、产品生产工艺过程特点和管理层对成本管理的要求。
(2) 审查成本计算对象的设置是否符合其自身的特点。
(3) 审查所选用的成本计算方法前后各期使用是否一贯,是否经常变动,有无利用成本计算方法的改变来调节产品成本,进而达到调节利润的目的。

产品成本总体合理性审计(分析性复核方法)

> ☞ **链接**
> 成本计算对象的确定和成本计算方法的选择,参见"成本会计实务"中的相关内容。

(二) 辅助生产费用的审计方法与技巧

(1) 审查辅助生产费用发生额的真实性。
(2) 注意企业是否根据其辅助生产的特点选择适当的费用分配方法。所选用的费用方法前后各期是否一致,是否经常变动,有无利用费用分配方法的改变来调节产品成本的情况。

> ☞ **链接**
> 辅助生产费用的分配方法,参见"成本会计实务"中的相关内容。

(3) 审查当期辅助生产费用分配计算表的正确性。

（三）生产费用在完工产品与在产品之间分配的审计方法与技巧

1. 在产品结存数量的审查

审查时，应着重检查在产品盘存制度的完善程度及其执行情况，以此判断在产品数量是否准确。如果企业有严格的盘点制度且手续完备，可以证明在产品数量基本准确；反之，其正确性值得怀疑。对在产品存结量进行实地盘点是最有效的方法。由于审查日与盘点日不相一致，应将盘点日存量调整为审查日存量，看其推算结果是否一致，如相差过大，则做进一步审查。

2. 生产费用在完工产品和在产品之间分配方法的审查

审查时应注意：被审计企业所使用分配方法是否恰当，分配方法一经确定是否经常有变动，有无利用在产品计价方法的转换来调节产品成本的情况。如果采用按定额成本计算的方法，要注意审查定额的合理性和正确性。如果采用约当产量法，要注意在产品加工程度折算是否符合实际。最后审查成本计算表的正确性。

> **链接**
>
> 生产费用在完工产品与在产品之间的分配方法，参见"成本会计实务"中的相关内容。

（四）产品成本结转的审计方法与技巧

产成品结转的审查应注意以下问题：第一，如在建工程直接领用车间完工产品、职工福利部门等直接领用完工产品、将完工产品直接作为样品送给客户等，应将其成本转入其他相关账户。第二，特别应注意，如果该企业的产品销售对象全部或部分是个人消费者，是否存在故意减少入库的数量，提高单位产品成本，为以后不开发票销售货物打下埋伏的情况，这也为舞弊行为的产生埋下隐患。

（五）生产成本总分类账与生产成本明细账的审计方法与技巧

> **链接**
>
> 生产成本总分类账与生产成本明细账的设置和登记，参见"成本会计实务"中的相关内容。

采用核对法将成品成本分类账余额与各明细分类账户余额之和核对。取得或编制生产成本明细分类账户余额清单，并与生产成本各明细分类账户逐一核对。

审查生产成本明细分类账。应采用审阅法逐户审查，同时审查日期是否按领料和工资费用分配表、制造费用分配表和完工产品入库日期顺序逐笔登记；摘要栏是否清晰；增加栏金额是否逐笔登记；月末结转完工产品成本的金额是否与成本计算单一致；月末在产品结存金额计算是否正确，结存的数量与车间台账记录是否相符。

成本核算基础资料的审查

即学即思 你还能想出生产成本审计的其他方法与技巧吗?

三、生产成本审计的工作底稿

（1）被审计单位有关生产成本的内容控制制度，审计人员取得的被审计单位有关现金的内部控制文件资料，以及对这些文件资料进行检查，调查了解其执行情况的有关工作记录。

（2）生产成本总分类账、明细账审计中搜集和自行编制的工作底稿。

（3）生产成本支出和分摊审计中搜集和自行编制的工作底稿。

（4）生产成本分配表。

（5）生产成本的审计有关计划安排及相关的工作记录。

四、案例分析

案例一：

1. 疑点

审计人员对某企业2021年6月份产品生产成本进行审查。该企业生产单一产品A，一次投料，采用约当产量法计算产品成本（产品成本计算单如下表），账列本月完工产品80件，未完工产品20件（完工程度50%）。

产品成本计算单

产品名称：A　　　　　　　　2021年6月份　　　　　　　　单位：元

项目	月初在产品成本	本月生产费用	生产费用总额	完工产品成本	月末在产品成本
直接材料	40 000	800 000	840 000	672 000	168 000
直接人工	10 000	260 000	270 000	240 000	30 000
制造费用	10 000	170 000	180 000	160 000	20 000
合　计	60 000	1 230 000	1 290 000	1 072 000	218 000

2. 查证

（1）完工产品及月末在产品数量可以确认。

（2）将在建工程领用的材料20 000元，计入产品生产成本。

（3）生产车间已领未用材料10 000元，月末未做假退库。

（4）虚列生产工人工资15 500元，多提生产工人福利费2 500元。

（5）计提经营性租入设备的折旧费6 000元，计入制造费用。

（6）无形资产摊销费用12 000元，计入制造费用。

3. 解析

（1）① 不应计入产品成本，应调减直接材料费，调增在建工程20 000元。

② 应冲销当月直接材料费，调增库存材料成本10 000元。

③ 应调减直接人工费18 000元，冲销应付工资15 500元和应付福利费2 500元。

④ 经营性租入固定资产不提折旧,应调减制造费用和累计折旧 6 000 元。
⑤ 无形资产摊销列入管理费用,应调减制造费用、调增管理费用 12 000 元。

(2) 用约当产量法分配生产费用:

① 直接材料:分配率 $=\dfrac{810\,000}{80+20}=8\,100$(元)

期末在产品:$8\,100\times20=162\,000$(元)

完工产品:$8\,100\times80=648\,000$(元)

② 直接人工:分配率 $=\dfrac{252\,000}{80+20\times50\%}=2\,800$(元)

期末在产品:$2\,800\times10=28\,000$(元)

完工产品:$2\,800\times80=224\,000$(元)

③ 制造费用:分配率 $=\dfrac{162\,000}{80+20\times50\%}=1\,800$(元)

期末在产品:$1\,800\times10=18\,000$(元)

完工产品:$1\,800\times80=144\,000$(元)

④

产品成本计算单

产品名称:A　　　　　　　　2021 年 6 月份　　　　　　　　单位:元

项目	月初在产品成本	本月生产费用	生产费用总额	完工产品成本	月末在产品成本
直接材料	40 000	770 000	810 000	648 000	162 000
直接人工	10 000	242 000	252 000	224 000	28 000
制造费用	10 000	152 000	162 000	144 000	18 000
合　　计	60 000	1 164 000	1 224 000	1 016 000	208 000

(3) A 产品单位成本 $=\dfrac{1\,016\,000}{80}=12\,700$(元)

案例二:

1. 疑点

审计人员对比了 2021 年各月同一产品的单位成本,发现 Q 型摩托车本年度产品单位成本较上年度有较大幅度增长,在本年度内,12 月份产品单位成本尤其比其他月份和以前年度金额大。

审计人员了解到的情况排除了材料价格上涨的因素,进一步抽查成本计算单后发现,Q 型摩托车 12 月份成本计算单中直接材料的单位用量异常增高,需要进一步抽查凭证和进行材料盘点,以进一步确认是什么原因导致年末材料的用量较大。

2. 查证

审计人员重点抽查了 12 月份有关成本归集与分配的凭证,发现两笔凭证需要进行调整。

一笔是在建工程领用的材料价值 1 232 000 元,记入了 Q 型摩托车的 12 月份成本计算单中;另一笔是在建工程工人的工资及福利费用金额为 592 800 元,也记入了 Q 型摩托车的成本中。进一步审计,审计人员了解到被审计单位在12月份新上马一项在建工程,有关该项工程的开支全部挤入Q型摩托车产品成本开支中,经与有关人员询问,确认无误。

课堂讨论 审计人员李某和张某在审查A公司2021年12月份甲产品成本明细账时,发现下列问题:

(1) 12月份应记入在建工程却记入甲产品的原材料30 000元。
(2) 12月份应记入福利部门的工资却记入甲产品的工资5 000元。
(3) 12月份多摊销低值易耗品2 000元。
(4) 根据账面资料,12月份生产甲产品100件,月末在产品30件,在产品完工程度40%,原材料是在生产开始时一次投入。据此计算的产品成本计算单如下:

产品成本计算单

甲产品　　　　　　　　　　　2021年12月份　　　　　　　　　　　单位:元

成本项目	月初在产品成本	本月生产费用	生产费用合计	产成品成本	月末在产品成本
直接材料	50 000	230 000	280 000	216 000	64 000
直接工资	12 000	128 000	140 000	125 000	15 000
制造费用	8 000	92 000	100 000	90 000	10 000
合　计	70 000	450 000	520 000	431 000	89 000

经审查,12月底在产品盘存数应为60件,加工程度应为80%。

要求:(1) 指出存在的错误并重新编制产品成本计算单;
(2) 分析A公司上述做法的动机并提出审计意见。

阅读条目

1. 企业财务通则
2. 内部会计控制规范——存货
3. 内部会计控制规范——成本费用

任务三　制造费用审计

学习目标

1. 能说出制造费用错弊的表现形式。
2. 能运用审计方法对制造费用进行审计。
3. 能结合案例分析制造费用错弊及运用相应的审计技巧。
4. 会对发现的制造费用错弊提出处理意见。

引导案例

审计人员在审查某企业6月份基本生产车间设备折旧额时,发现如下记录:

(1) 5月份该车间设备折旧额为30 600元,年折旧率为4.8%。
(2) 5月份购入原值60 000元设备一台,已安装完工并交付使用。
(3) 5月份原购入未使用的一台设备投入车间使用,其原值为30 000元。
(4) 5月份扩建完工厂房一栋,已交付使用。该厂房原值600 000元,扩建工程支出150 000元,变价收入60 000元。
(5) 5月份交外单位大修理设备一台,原值48 000元。
(6) 6月份该车间设备折旧额为39 816元。

根据规定,当月增加的固定资产次月提取折旧,减少的固定资产次月停止计提折旧,大修停用的固定资产照提折旧(即大修停用的原值48 000元的设备包括在5月的折旧费用中),改扩建的固定资产按原值加改扩建支出减变价收入提取折旧。所以该企业在6月份应提取折旧:30 600 + [60 000 + 30 000 + (600 000 + 150 000 − 60 000)] × 4.8% ÷ 12 = 33 720(元),企业多计提折旧6 096元。账务调整:

借:制造费用　　　　　　　　　　　　　　　　　　　6 096(红字)
　　贷:累计折旧　　　　　　　　　　　　　　　　　　6 096(红字)

上述案例显示,制造费用核算存在错弊,审计人员采用不同方法进行了审计。

※、制造费用业务常见错弊

(一) 将不属于制造费用范围的支出列入"制造费用"账户,致使产品成本虚增

> **链接**
> 制造费用开支范围,参见"成本会计实务"中的相关内容。

(1) 将购买固定资产的费用支出(如安装调试费)列入制造费用。
(2) 将应由在建工程成本负担的人工费及其他一些费用列支"制造费用"。
(3) 将属于应付福利费开支的费用列入制造费用。
(4) 将期间费用计入生产成本,如将厂部办公楼折旧计入"制造费用",而未计入"管理费用";应计入"管理费用"的研究开发费却计入"制造费用";应计入"销售费用"的销售机构人员工资却计入"制造费用"。
(5) 将超支的业务招待费计入"制造费用"。

(二) 将不属于本期列支的制造费用列入本期"制造费用"账户

(1) 将应采用预提的方式列入以前各期的费用,一次性列入本期制造费用。

(2) 将应采用待摊的方法分期摊销由以后各期负担的费用一次性列入本期制造费用。

(三) 将该列入制造费用的开支未列入,以虚减成本

(1) 为了实现低成本之宗旨,将生产用电改为管理部门用电计入"管理费用"账户。
(2) 将应由制造费用负担的福利费,计提时计入管理费用。

(四) 直接虚增、虚减制造费用,调节当期利润

(1) 将实际发生的制造费用采用不入账、挂账或转移等方法隐匿费用,虚增利润。
(2) 发生大修理支出时,不是从预先提取的预提费用中列支,而是列入制造费用,造成重复加大制造费用,虚增了成本,虚减了利润。

(五) 不按规定办法分配制造费用,造成分配不实,以此调节当年利润

(1) 故意缩短固定资产使用年限,增加折旧计提额。
(2) 有意扩大折旧范围,将已提足折旧的固定资产照提折旧。
(3) 有意提高折旧率,增加折旧额。

 类似的问题还有哪些?

二、制造费用的审计方法与技巧

制造费用审计基本要点

(一) 制造费用项目的审计方法与技巧

> ☞ **链接**
>
> 制造费用归集和分配方法,请参考"成本会计实务"中的有关内容。

1. 修理费用的审计方法与技巧

(1) 运用抽查法,抽取一部分记录,核对其相关的记账凭证与原始凭证,审查修理是否确实发生,其支出是否合规、合理。
(2) 根据权责发生制和收入与费用配比原则,查明记入当期成本的修理费数额是否正确、合理,日常修理和大修理费用的界限划分是否清楚。
(3) 对某些支付给外单位或外包工的修理费,应审查价格是否合理等。

2. 机物料消耗的审计方法与技巧

机物料消耗是为维护固定资产等设备所消耗的各种材料,不包括修理用和劳动保护用材料,主要审查其开支的真实合理性,开支范围的正确性。

3. 办公费的审计方法与技巧

应特别重视对办公费用中文具、印刷、邮电、办公物品等开支的原始凭证的审核,检查其发票或收据的抬头是否为被查企业,金额计算是否正确,有无将企业专设销售机构及工会开支的办公费混入制造费用的情况等。

4. 差旅费的审计方法与技巧

（1）审查企业制定的差旅费开支标准是否合规、合理。若与国家规定不相符,应查明原因,并按有关规定进行调查。

（2）将差旅费明细账与该项费用发生时的原始凭证进行核对,检查其内容是否真实、合规。

5. 劳动保护费的审计方法与技巧

主要审查劳动保护费的实际发生情况,检查发票是否经领导人或负责人签字,劳动保护用品是否按规定发放等。

6. 折旧费用的审计方法与技巧

> ☞ 链接
>
> 折旧费用归集和分配方法,请参考"成本会计实务"中的有关内容。

审查时应先核准作为提取基数的固定资产数额,然后检查提取折旧的比例和方法以及列支范围是否正确。

（二）制造费用分配的审计方法与技巧

> ☞ 链接
>
> 制造费用分配方法,请参考"成本会计实务"中的有关内容。

在生产多种产品的情况下,企业要将制造费用在不同产品之间进行分配。审查重点在于分配方法是否科学、数额计算是否准确等。

审计人员审查各种分配制造费用的方法时,应首先审查此方法的适用性,通过了解企业的基本情况,判断企业所选用的分配方法是否恰当。然后,再复核数字计算的正确性,并查明企业是否对分配法进行过调整。

即学即思 你还能想出制造费用审计的其他方法与技巧吗?

三、制造费用审计的工作底稿

（1）被审计单位有关制造费用的内部控制制度、文件资料,以及对这些文件资料进行检查,调查了解其执行情况的有关工作记录。

（2）制造费用的总分类账、明细账,审计中搜集和自行编制的工作底稿。

（3）制造费用的支出和摊销凭证审计中搜集和自行编制的工作底稿。

（4）制造费用分摊表。

（5）制造费用审计的有关计划安排及相关的工作记录。

四、案例分析

案例：

1. 疑点

2021年1月，领导令内部审计人员前往分公司查账。审查人员查阅其他业务支出账户时，发现2020年12月份50#凭证摘要记录"计提12月份折旧"，金额为32 000元，审计人员根据账簿的摘要内容，认为分公司此笔业务可能存在账务处理问题。

2. 调查

审查人员抽取50#凭证，此凭证附"生产车间固定资产折旧表"一张，记账凭证上的会计分录为：

借：其他业务成本　　　　　　　　　　　　　　　　　　32 000
　　贷：累计折旧　　　　　　　　　　　　　　　　　　　　32 000

审计人员通过询问相关会计人员了解到，原来这是刚来实习的会计人员由于业务不熟练而审核人员工作马虎造成的。如果不是审查人员发现，会计主管还不知道有这样的错误存在。

3. 分析

由于实习会计人员业务生疏，而凭证审核人员工作不仔细，导致把应列入制造费用的折旧费32 000元，误列支在了"其他业务成本"账户，从而减少了2020年度的利润，少计提了所得税。会计人员应做出相应的账务调整，并补交相应数额的所得税款。

4. 处理

企业领导针对这个情况，要求分公司会计人员及时调整账务，补交相应的所得税款。

课堂讨论 请说出本任务引导案例中存在的错弊。

 阅读条目

1. 会计控制规范——成本费用
2. 企业财务通则

关注新三板财务造假案——参仙源的财务造假手段

项目十一

筹资与投资循环审计

任务一 借款审计

学习目标

1. 能说出借款、应付债券错弊的主要形式。
2. 能运用审计方法对借款、应付债券进行审计。
3. 会对借款、应付债券审计中发现的问题提出基本的处理意见。

引导案例

审计人员在审查某公司"短期借款——生产周转借款"使用情况时发现,该公司 2021 年上半年平均贷款为 900 000 元,存货合计为 280 000 元,其他应收款为 623 000 元。

分析：该公司其他应收款占用比重过大,可能存在非法使用或占用短期借款的行为。

审计过程：审计人员调阅了相关借入短期借款的凭证,并通过银行存款日记账追查存款的去向。审查过程中发现 5 月 10 日借入借款的银收字 16#凭证,其记录为：

借：银行存款　　　　　　　　　　　　　　　　　　　　　600 000
　　贷：短期借款——生产周转借款　　　　　　　　　　　　　　　600 000

16#凭证所附"入账通知"和"借款契约"两张原始凭证,借款期限为 9 个月。审阅银行存款日记账时,发现 5 月 20 日银付字 32#凭证,减少银行存款 600 000 元,调阅该凭证：

借：其他应收款——王某　　　　　　　　　　　　　　　　600 000
　　贷：银行存款　　　　　　　　　　　　　　　　　　　　　　600 000

其摘要为"暂付某证券公司款"。审计人员进一步调查,确认王某是该证券公司负责人的亲戚,该公司会计人员将部分短期借款借给王某使用,利用其与证券公司负责人的亲戚关系炒股票,赚到的钱由王某与会计等有关人员私分。该公司不按规定用途使用借款,违反了国家的财经法规,最后受到了应有的处罚。

一、借款、应付债券业务常见错弊

（一）短期借款业务常见错弊

1. 短期借款程序和手续不完备、不合规

取得借款不经有关管理部门批准、签订借款合同条款不完备等，会导致借款失控，给企业带来损失。

2. 短期借款未按规定用途使用

将短期借款用于非规定用途的基建工程、职工福利设施、抵交税款以及发放职工工资等；将短期借款转借给其他企业以及个人，牟取高额利息收入；短期借款被内部不法分子用来牟利、营私舞弊、违法经营。

3. 短期借款利息处理不合理

出现大额的短期借款利息也不预提，特别是对跨年度的短期借款利息更容易发生这种不正确的会计处理方法。

即学即思 类似的问题还有哪些？

（二）长期借款业务常见错弊

（1）未编制长期借款计划或计划编制不合理。

（2）长期借款未按规定用途使用。

（3）长期借款利息会计处理不正确。

（4）长期借款的归还不及时。

即学即思 你还能说出类似的问题吗？

（三）应付债券业务常见错弊

（1）发行债券没有合法的程序，违反《企业债券管理条例》。

（2）变相提高债券利率。企业为了内部职工利益或尽快发行债券，有时采用折价发行债券的方式发售债券。

（3）债券使用超出章程范围。

（4）预提债券利息计算错误。

（5）通过发行长期债券的溢价或折价来调整利润。

即学即思 应付债券错弊还有哪些？

二、借款、应付债券的审计方法与技巧

（一）短期借款的审计方法与技巧

短期借款审计要点

> ☞ **提示**
> 短期借款审计重点是在计提利息上，应查明有无多记或少计利息来调节账务费用的情况。

1. 索取或编制短期借款明细表

审计人员应首先取得短期借款明细表，并将其与"短期借款"总账及其所属的各明细科目核对相符，查明有无虚构债务等情况，在期末余额较大或审计人员认为必要时，可向债务人函证。获得短期借款明细表后对该表上的金额加以复核，看金额是否正确，并将表上金额与明细账和总账核对。短期借款明细表可和长期借款明细表合并编制。银行借款明细表格式如下：

银行借款明细表

单位名称								编制人	
会计期间或截止日								复核人	
项目	银行名称	币种	贷款金额	期限	利率	一年内到期	一年以上到期	应付利息	担保抵押情况
合计									

2. 审查短期借款的合理性

审核短期借款的法律文件及各原始凭证的内容。审计人员应依据借款合同、协议，结合市场行情分析审查借款的必要性、合理性，提出改善建议，即审查短期借款是否符合筹资规模和筹资结构的要求，企业是否严格控制有关短期借款的财务风险，降低有关短期借款的资金成本，有无将短期借款用于长期款项支出等不合理的筹措资金使用情况。

3. 函证短期借款的实有性

如短期借款期末余额较大或在审计人员认为必要时，应向银行或其他债权人函证短期借款。

4. 审查短期借款业务的真实性

对年度内增加的短期借款，审计人员应检查借款合同和授权批准，了解借款数额、借款条件、借款日期、还款期限、借款利率，并与相关会计记录相核对。对年度内减少的短期借款，审计人员应检查相关记录和原始凭证，核实还款数额。

5. 审查短期借款使用的合规性

审计人员应查明短期借款是否按规定使用，使用是否有效，有无用于购置非流动资产、发放工资福利和奖金、弥补亏损等问题。

> **链接**
>
> 短期借款的核算,参见"财务会计实务"中的相关内容。

6. 审查短期借款偿还的及时性

验证短期借款账户借方发生额同有关支票存根是否相符,相关的会计记录是否正确;通过计算企业的流动比率和速动比率,验证短期借款偿还的物资保证程度;查阅和询问是否有尚未偿还的到期短期借款,如有,应查明企业的持续经营能力,同时还应查明到期未还的短期借款是否已办理了延期手续。

7. 复核短期借款利息的准确性

审计人员应根据短期借款明细表上的金额、利率及期限,复核其利息计算是否正确。

> **提示**
>
> 你能说出短期借款利息的计提和处理方法吗?

8. 审查短期借款在资产负债表上披露的恰当性

短期借款在资产负债表的流动负债项下单独列示,对于因抵押而取得的短期借款,应在资产负债表附注中予以披露。

即学即思 你还能想出短期借款审计的其他方法与技巧吗?

(二) 长期借款审计方法与技巧

长期借款审计要点

> **链接**
>
> 长期借款的核算,参见"财务会计实务"中的相关内容。

(1) 获取或编制长期借款明细表,复核其加计数是否正确,并与明细账和总账核对相符。审计人员应向被审计单位索要或自行编制长期借款明细表,了解企业长期借款的整体情况,并对其进行审查复核,然后与相应的总账、明细账核对,看其是否相符。

(2) 向银行或其他债权人函证重大的长期借款。

> **提示**
>
> 大额长期借款对企业的财务状况影响较大,审计人员应将其作为负债审计的重点。

为了确定长期借款实有数,应向银行或其他债权人函证金额重大的长期借款。

(3) 对长期借款业务进行审查。对年度内增加的长期借款应审查借款理由是否充分,审查借款合同是否经过批准;了解借款数额、借款条件、借款日期、偿还期限、借款利率等,并与相关会计记录进行核对一致;对于减少的长期借款应检查相关的会计资料,核实其实有数,还应审查其一年内到期的长期借款是否已转列为流动负债。

（4）审查长期借款的使用是否合理。审查时应结合相关账户余额变动来确定借款使用是否符合借款契约的规定。

（5）审查年度内偿还的借款，核实其还款数额。

（6）审查年末有无到期未还的借款，逾期借款是否办理延期手续，一年内到期的长期借款是否已转列为流动负债项目。

（7）审查长期借款的借款费用。

审计人员审计时应注意审查企业有无为了调节当期损益，而没有正确地将借款费用在构建固定资产的价值和当期的收益之间进行正确分配的情况。审计人员还应复核借款费用的计算是否正确，若有未计利息，应做出记录，并进行适当调整。

（8）确定长期借款在资产负债表上的披露是否恰当。

> **提示**
> 长期借款在资产负债表上列示于长期负债类下，该项目应根据"长期借款"科目的期末余额扣减将于一年内到期的长期借款后的数额填列，该项扣除数应当填列在流动负债类下的"一年内到期的长期负债"项目单独反映。

审计人员应根据审计结果，确定被审计单位长期借款在资产负债表上的列示是否充分，并注意长期借款的抵押和担保是否已在会计报表注释中做了充分的说明。

即学即思 你还能想出长期借款审计的其他方法与技巧吗？

（三）应付债券的审计方法与技巧

1. 获取或编制应付债券明细表

审计人员应首先取得或编制应付债券明细表，并同有关的明细分类账和总分类账核对相符。

应付债券审计涉及的凭证与账簿

> **提示**
> 应付债券明细表通常包括债券名称、承销机构发行日、到期日、债券总额（面值）、实收金额、折价和溢价及其摊销、应付利息、担保情况等内容。

2. 审查被审计单位"债券发行备查簿"及相关原始凭证，以确定应付债券金额及其发行的合法性

（1）审查债券交易副本，确定其发行是否合法，各项内容是否与会计记录一致。

（2）审查发行债券时收到的现金收据、汇款通知及相关银行对账单，确定应付债券金额。

（3）审查偿还债券本息的支票存根，确定偿还金额及利息计算是否正确。

（4）审查抵押和担保契约，确定相关契约的履行情况。

3. 审查应计利息、利息调整摊销及其会计处理是否正确

审计人员可以通过编制债券利息及溢价、折价的账户分析表来进行审查。该表可让企业代为编制,审计人员加以检查。

> ☞ **链接**
>
> 应付债券的核算,参见"财务会计实务"中的相关内容。

4. 函证应付债券期末余额

为了确定应付债券的真实性,审计人员可以直接向债权人及债券的承销人或包销人进行函证,函证内容应包括应付债券的名称、发行日、到期日、利率、已付利息期间、年内偿还的债券、资产负债表日尚未偿还的债权及其他重要事项。审计人员应对函证结果与账面记录进行比较,如有差异,应进一步调查其原因。

5. 检查到期债券的偿还

对到期债券的偿还,审计人员应检查相关会计记录,检查其会计处理是否正确。如果是可转换债券,可转换公司债券持有人行使转换权利,将其持有的债券转换为股票,则应检查其转股的会计处理是否正确。

6. 确定应付债券在资产负债表上的披露是否恰当

> ☞ **提示**
>
> 应付债券在资产负债表中列示于长期负债类下,该项目应根据"应付债券"科目的期末余额扣除将于一年内到期的应付债券后的数额填列,该扣除数应当填列在流动负债类下的"一年内到期的非流动负债"项目单独反映。

审计人员应根据审计结果,确定被审计单位应付债券在会计报表上的反映是否充分,应注意有关应付债券的类别是否已在会计报表附注中做了充分的说明。

即学即思 你还能想出应付债券审计的其他方法与技巧吗?

三、借款审计的工作底稿

(1)被审计单位关于短期借款、长期借款、应付债券的内部控制制度。

(2)短期借款、长期借款、应付债券总分类账和明细分类账户审计中搜集和自行编制的工作底稿。

(3)短期借款、长期借款、应付债券取得与偿还审计中搜集和自行编制的工作底稿。

(4)短期借款、长期借款、应付债券审定表,短期借款、长期借款、应付债券明细表,利息分配情况检查表,短期借款、长期借款、应付债券检查情况表。

(5)短期借款、长期借款、应付债券审计的有关计划安排及相关的工作。

四、案例分析

案例一：

1. 资料

2021年年初，审计人员在对金华公司的短期借款项目进行审计时，发现有一张预提借款利息的记账凭证比较可疑。该记账凭证反映的业务内容为：预提某农行短期借款利息，共计金额10万元。

2. 问题分析

审计人员通过对该企业短期借款各明细账户的审查，发现该企业2020年年末全部短期借款总额为300万元，其中从农行取得短期借款为200万元。这样，企业预提利息的情况表明企业负担的农行短期借款利率为60%(100 000÷2 000 000×12×100%)，这显然和现行银行利率很不相符。由此判断，该项账务处理是不正确的。

经过查阅有关借款协议、账簿记录，查明被审计单位在2020年12月向农行兴华支行借入短期借款200万元，年利率12%，借款期限半年，到期一次还本付息。因此，金华公司每月应预提的利息费用为2万元。企业原来的会计处理使得其2021年度的利润虚减了8万元，同时少交所得税2万元(所得税税率为25%)。

3. 处理意见

根据上述情况，审计人员建议金华公司做以下调整会计分录：

(1) 借：应付利息　　　　　　　　　　　　　　　　　80 000
　　　贷：以前年度损益调整　　　　　　　　　　　　　　　　80 000
(2) 借：以前年度损益调整　　　　　　　　　　　　　20 000
　　　贷：应交税费——应交所得税　　　　　　　　　　　　　20 000

案例二：

1. 资料

审计人员赵四审计AAA股份有限公司"长期借款"项目。当审查AAA公司向某工商银行举借长期借款300万元的合同时，发现合同规定：长期借款以公司的固定资产为担保；该公司债务与所有者权益之比应经常保持低于5∶3；分发股利须经银行同意；自2021年1月1日起分期归还借款。审计中赵四应实施哪些审计程序？

2. 分析

赵四应实施的审计程序有：

(1) 审查长期借款是否经公司董事会批准，有无会议记录。
(2) 查明长期借款合同中的所有限制条件。
(3) 验证长期借款利息和应计利息的计算是否正确，复核相关会计记录是否健全、完整。
(4) 计算债务与所有者权益之比，核实是否低于5∶3的比例。
(5) 抽查固定资产明细账记录中有无担保的记录。

案例三：

1. 资料

某企业2018年7月1日发行5年期长期应付债券用于新建厂房，总面值1 600 000元，票面利率10%，债券利息在每年6月30日和12月31日支付。该债券发行时，市场利率为12%，发行价格为1 482 232元，债券折价按直线法摊销。厂房于2020年6月30日投入使用，且只有这一笔专门借款。

2. 分析

计算各年借款费用资本化金额及资本化率：

（1）由于该笔债券为5年期，且每半年付息一次，则：每半年折价返摊销额＝（1 600 000－1 482 232）/10＝11 776（元）

（2）2018年7月1日至2018年12月31日借款费用＝（1 600 000×6×10%/12）＋11 776＝91 776（元）

2018年的资本化率＝（利息＋折价）/专门借款累计加权平均数×100%＝91 776/（1 600 000×6/12）×100%＝11.47%

由于2018年该笔债券全部用于新建厂房，因此全部借款费用91 776元全部予以资本化。

（3）2019年的资本化率与2018年的资本化率一样为11.47%。

2019.1.1—2019.12.31借款费用的资本化金额＝1 600 000×11.47%＝183 552（元）

（4）2020年的借款费用资本化率与2018年一样为11.47%，2020年上半年（2020.1.1—2020.6.30）借款费用资本化金额＝（1 600 000×6/12）＋11 776＝91 776（元）

（5）2020年下半年（2020.7.1—2020.12.31）、2021年、2022年、2023年上半年因新厂房已投入使用，当年发生的借款费用应在发生时直接计入当期财务费用。

3. 注册会计师建议各年的账务处理

（1）2018年7月1日发行应付债券时：

借：银行存款　　　　　　　　　　　　　　　　1 482 232
　　应付债券——债券折价　　　　　　　　　　　117 768
　　贷：应付债券——债券面值　　　　　　　　　　1 600 000

（2）2020年7月1日之前每次支付利息时：

借：在建工程　　　　　　　　　　　　　　　　　91 776
　　贷：银行存款　　　　　　　　　　　　　　　　80 000
　　　　应付债券——债券折价　　　　　　　　　　11 776

（3）2020年7月1日以后至2022年6月30日每次支付利息时：

借：财务费用　　　　　　　　　　　　　　　　　91 776
　　贷：银行存款　　　　　　　　　　　　　　　　80 000
　　　　应付债券——债券折价　　　　　　　　　　11 776

课堂讨论　资料：审计人员在审查某企业"短期借款"项目时，发现该企业于10月1日从银行取得一笔临时借款300 000元，利率7.2%，期限为6个月。但在10月份"财务费用"中并无利息支出。

要求：指出上述内容存在的问题，并做账务调整。

项目十一　筹资与投资循环审计

 阅读条目

1. 内部会计控制规范——筹资
2. 企业会计准则第 17 号——借款、费用

任务二　所有者权益审计

1. 能说出所有者权益业务常见错弊。
2. 能运用审计方法进行所有者权益审计。
3. 能对所有者权益审计中发现的问题进行基本的处理。

审计人员在审查新办企业 ABC 公司时，发现该企业"银行存款"账上余额 200 万元，实际生产经营中却出现现金周转困难。

审计人员怀疑投资人以现金投入的实收资本未到位，于是调阅了"实收资本"下的明细科目，其中"实收资本——乙公司"明细账上注明投入现金 100 万元，向会计人员索要原始凭证——银行存款回单，会计人员无法出示。审计人员与银行联系，银行告知并未收到一笔乙公司汇入该企业的 100 万元款项。再与乙公司联系，乙公司承认并未将款项汇出。该企业已经运行(营业执照已签发)6 个月，投资者仍未将认缴的出资份额交足，致使生产经营出现困难，而且该企业会计人员核算不规范，记账不符合要求。

审计人员建议 ABC 公司调账。收到投资前，应做调整分录：

借：实收资本——乙公司　　　　　　　　　　　　　　　　1 000 000
　　贷：银行存款　　　　　　　　　　　　　　　　　　　　　1 000 000

经银行证实实际收到投资时，再做相反分录。

一、所有者权益业务常见错弊

（一）实收资本业务常见错弊

（1）投资者以抵押物作为投入资本，骗取企业的投资收益。

(2) 无形资产所占比重过高。
(3) 出资额低于法定资本数额。
(4) 伪造、涂改、变造投资的依据。
(5) 投资者随意抽走资本。
(6) 有的企业不符合增资或减资的条件而增资或减资,或不履行增资或减资的手续而任意增资或减资。
(7) 企业应按照"谁投资,谁所得"的原则,根据投资者的投资比例或协议,对各投资主体的投资进行分类记录。
(8) 投入资本的会计处理不正确。

即学即思 类似的问题还有哪些?

(二) 资本公积业务常见错弊

(1) 将资本溢价或股本溢价作为当期收益或计入实收资本,损害其他投资者的利益。
(2) 企业为了逃避所得税,将本应该计入当期损益的项目计入资本公积。
(3) 在不符合增资条件、未经批准和办理有关手续的情况下,擅自将资本公积转增资本;有些企业将资本公积挪作他用,用于集体或职工福利。

(三) 盈余公积业务常见错弊

(1) 为了逃避所得税,将本应该计入当期损益的项目计入盈余公积,常见的做法有将无法支付的应付账款计入盈余公积;将资产盘盈、罚没收入等计入盈余公积。
(2) 盈余公积提取的顺序和基数不正确,有些企业直接从成本费用中提取。
(3) 列支的渠道不正确。
(4) 利润分配及亏损弥补的顺序不合规。

即学即思 盈余公积错弊还有哪些?

(四) 未分配利润常见错弊

(1) 为了少交所得税,将本应计入当期损益的其他业务收入、营业外收入、汇兑损益、投资收益等直接计入未分配利润。
(2) 企业为了隐瞒亏损,故意多计收入、少计费用,多计未分配利润。
(3) 通过少计收益、多计费用的方式减少账面的未分配利润数额。
(4) 未经权力机构批准就分配利润。
(5) 将未分配利润用于发放奖金和职工福利。

即学即思 类似的问题还有哪些?

二、所有者权益的审计方法与技巧

（一）实收资本的审计方法与技巧

所有者权益
审计特点

实收资本
审计内容

> **链接**
> 实收资本的核算，参见"财务会计实务"中的相关内容。

1. 索取并审阅被审计单位合同、章程、营业执照及有关董事会会议记录

企业合同、章程对投资各方的出资方式、出资期限及其他要求做了详细规定，一经国家审批部门批准，就具有法律效力，投资各方均不得随意更改，应严格履行合同、章程所规定的出资义务。

2. 索取或编制实收资本明细表

审计人员应向被审计单位索取或自行编制实收资本明细表，作为永久性档案存档，以供本年度和以后年度审查投入资本时使用。实收资本明细表应当包括实收资本变动的详细记载及有关分析评价。编制时应将每次变动情况逐一记载并与有关的原始凭证和会计账目进行核对。

3. 审查出资期限、出资方式和出资额

审计人员应检查投资者是否已按合同、协议、章程约定时间缴付出资额，其出资额是否经法定验资机构验证；已验资者，应查阅验资报告。

4. 检查投入资本是否真实存在

审计人员应通过对有关原始凭证、会计记录的审阅和核对，向投资者函证实缴资本额，对有关财产和实物的价值进行鉴定，确定投入资本的真实存在。

5. 检查实收资本的增减变动

对于实收资本的增减变动，审计人员应查明原因，查阅其是否与董事会纪要、补充合同、协议及有关法律文件的规定一致。

> **提示**
> 一般而言，企业的实收资本不得随意增减，如有必要增减，首先应具备一定条件。

6. 审查外币出资时实收资本的折算

企业收到投资者以外币投入的资本，无论是否有合同约定汇率，均不得采用合同约定汇率和即期汇率的近似汇率折算，而是采用交易日即期汇率折算。

7. 确定实收资本在资产负债表上是否已恰当披露

> **提示**
> 企业的实收资本应在资产负债表上单独列示，被审计期间股东的变更、注册资本的增减、各股东出资额的变动等是否在会计报表附注中做出说明，有关投入资本是否在会计报表附注中予以分类披露。

审计人员应在实施上述审计程序的基础上，确定被审计单位资产负债表上实收资本的反映是否正确，并确定有关投入资本是否在会计报表附注中予以分类揭示。

即学即思 你还能想出实收资本审计的其他方法与技巧吗？

（二）资本公积的审计方法与技巧

> ☞ **链接**
>
> 资本公积的核算，参见"财务会计实务"中的相关内容。

资本公积
审计内容

1. 取得或编制资本公积明细表

资本公积明细表包括资本公积的种类、金额、形成日期及原因等。审计人员编制或取得资本公积明细表后，应将该表反映的内容与有关的原始凭证、会计账目、资产负债表中有关资本公积项目进行核对，检查其一致性；将资本公积明细表余额与资本公积明细账核对，检查其是否一致，如果不一致应查明原因；将资本公积明细账借贷方发生额与记账凭证、原始凭证核对，查明其是否相符，确定资本公积实有额是否真实准确。

2. 资本公积形成真实性、合法性的审查

> ☞ **提示**
>
> 资本公积的核算包括资本溢价（或股本溢价）的核算、其他资本公积的核算和资本公积转增资本的核算等内容。

审计人员应首先检查资本公积形成的内容及其依据，并查阅相关的会计记录和原始凭证，确认资本公积形成的合法性和正确性。

3. 审查资本公积使用的合法性、合规性

对资本公积使用的审查，首先应搞清楚资本公积使用的范围和前提条件。应审查是否经股东大会或类似机构决议通过；核实资本公积减少数的正确性；审查资本公积是否确属用于转增资本，有无挪作他用的现象；资本公积使用的账务处理是否及时、准确；企业资本公积转增资本的实际额与批准额是否一致；等等。

4. 审查资本公积披露的恰当性

资本公积应根据"资本公积"账户的期末余额在资产负债表上单独列示，审计人员应当核对被审计单位资产负债表中资本公积项目的数额是否与审定数额相符，并检查是否在会计报表附注中予以充分说明。

即学即思 你还能想出资本公积审计的其他方法与技巧吗？

（三）盈余公积的审计方法与技巧

> ☞ **链接**
>
> 盈余公积的核算，参见"财务会计实务"中的相关内容。

盈余公积
审计内容

1. 获取或编制盈余公积明细表

进行盈余公积的实质性测试,审计人员应首先获取或编制盈余公积明细表,分别列示法定盈余公积、任意盈余公积,并与明细账和总账的余额核对相符。在此基础上,对盈余公积各明细项目的发生额,逐项检查其原始凭证,查明被审计单位盈余公积是否真实完整,有无弄虚作假、虚列盈余公积的现象。

2. 审查盈余公积提取的合法性、正确性

在盈余公积的提取方面,审计人员一要审查提取比例是否合规和经由董事会批准;二要审查提取项目是否完整;三要审查提取基数是否正确,即是否以净利润作为提取的基数。

3. 审查盈余公积使用的合法性、真实性和正确性

> ☞ **提示**
> 企业提取的盈余公积经批准可用于弥补亏损、转增资本、发放现金股利或利润等。

按规定,盈余公积的使用必须经过一定的授权批准手续,审计人员应主要检查盈余公积的使用是否符合规定用途并经过批准。

(1) 审查弥补亏损。企业用盈余公积弥补亏损,限定在企业经营性亏损按规定用税前利润、税后利润弥补后的不足部分。若企业未分配利润尚有结余,却用盈余公积补亏,则应认定为违规行为,应予以纠正。弥补亏损也必须按批准数额转账。

(2) 审查转增资本金。审查企业是否办理了增资手续,转增资本金后,该项公积结余是否达到最低限额等。

(3) 审查分配股利。按规定,股份有限公司的盈余公积经股东会特别决议,可用于分配股利。

(4) 法定和任意盈余公积用于弥补亏损、转增资本和特别批准后支付股利,须符合国家规定的限制条件。

4. 盈余公积账务处理的审查

审查盈余公积账务处理主要通过审查"盈余公积"及其对应账户来进行。

> ☞ **链接**
> 盈余公积账务处理,请参见"财务会计实务"中的相关内容。

5. 确定盈余公积在资产负债表上恰当披露

企业的法定盈余公积、任意盈余公积合并为盈余公积应在资产负债表上反映,同时还应在会计报表附注中说明各项盈余公积的期末余额及其期初至期末间的重要变化。审计人员对此应加以检查。

即学即思 你还能想出盈余公积审计的其他方法与技巧吗?

（四）未分配利润的审计方法与技巧

> 🔗 **链接**
> 未分配利润的核算，参见"财务会计实务"中的相关内容。

未分配利润审计内容

（1）检查利润分配比例是否符合合同、协议、章程以及董事会纪要的规定，利润分配数额及年末未分配数额是否正确。

（2）根据审计结果调整本年审计数，直接增加或减少未分配利润，确定调整后的未分配利润数。

（3）审查未分配利润是否已在报表上恰当披露。检查未分配利润在资产负债表、利润表及有关附表中披露是否恰当，口径是否一致。

即学即思 你还能想出未分配利润审计的其他方法与技巧吗？

三、所有者权益审计的工作底稿

（1）被审计单位关于实收资本、资本公积、盈余公积、未分配利润的内部控制制度。

（2）实收资本、资本公积、盈余公积、未分配利润总分类账和明细分类账户审计中搜集和自行编制的工作底稿。

（3）实收资本取得、资本公积的产生与运用、盈余公积的取得与使用、未分配利润的产生审计中搜集和自行编制的工作底稿。

（4）实收资本、资本公积、盈余公积、未分配利润审定表，实收资本明细表，利润分配情况检查表。

（5）实收资本、资本公积、盈余公积、未分配利润审计的有关计划安排及相关工作记录。

四、案例分析

案例一：

1. 资料

审计人员对新设立企业 A 公司的实收资本进行审计。A 公司由自然人甲、乙、丙、丁共同出资组建，合同规定甲、乙、丙、丁分别出资人民币 25 000 元，占注册资本的 25%。审计人员实施了必要的审计程序（向银行函证、核对函证、银行对账单和进账单是否一致，检查进账单真伪和要素是否完备），审验了注明是投资款 10 万元的进账单。由于实收资本金额大并易发生舞弊行为，审计人员还应再获取什么审计证据以降低审计风险？

2. 分析

该案例中，审计人员取得的进账单上显示的是各出资者缴款的汇总金额，不能反映各个投资人实际出资情况。如果某个出资人如丙方没有资金，私下协议由其他出资人代为垫付，且不提供给审计人员，在各个出资人拟设立公司的良好关系下，他们也不会把实情告诉审计人员。而一旦出资人之间出现矛盾,他们之间的权责无法私下调和需要司法介入时,代为出资方可能会控告审计人员的审验报告不实,因为实际情况是丙方没有出资。因此,为了避免各个自然人之间代为出资而引起的权责纠纷导致的审计风险,以及出资人用借款出资,取得验资报告拿到营业执照后,立即抽逃资本还债,审计人员还应关注和取得以下证据:

(1) 证明各个自然人经济状况的资料;

(2) 由各个出资人、被审验单位签名盖章的"出资人货币出资清单"。

3. 处理

如果某一出资人的经济状况不能保证其货币出资,审计人员应谨慎地对该笔业务进行确认;如果存在代为出资的情况,审计人员还应取得由出资方、代为出资方共同签名的"委托受托代为出资协议",并关注出资方和代为出资方的权利义务,尤其是代为出资款的偿付条款的规定。

案例二:

1. 资料

审计人员在审查某企业"资本公积"明细账时,发现8月15日50#凭证摘要为"溢价发行股票"。审计人员由明细账追查至相应记账凭证,发现8月15日50#凭证会计分录为:

借:银行存款　　　　　　　　　　　　　　　　　　　　　　　　　96 000
　贷:股本　　　　　　　　　　　　　　　　　　　　　　　　　　　80 000
　　　资本公积——股本溢价　　　　　　　　　　　　　　　　　　　16 000

记账凭证后附原始凭证为银行收账通知单、股东大会通过的发行股票的决议。

2. 分析

审计人员觉得该笔业务有异常。发行股票为何没有发行费用?这是不太合理的。于是检查8月15日前后的管理费用、财务费用账户记录,发现财务费用账户中一笔业务摘要为"发行股票手续费"。会计分录为:

借:财务费用　　　　　　　　　　　　　　　　　　　　　　　　　2 000
　贷:银行存款　　　　　　　　　　　　　　　　　　　　　　　　　2 000

对于股票溢价发行的,发行价格与其面值的差额扣除委托证券商代理发行股票而支付的手续费、佣金等后再计入资本公积。

审计人员首先审查企业股票发行的程序,查明有当地证券管理部门的批准文件,并依法办理了必要手续,然后按下列公式重新计算的股票溢价是否正确。

股票溢价=实际发行的股票数量×(每股发行价格-每股票面价值)-股票发行费用

股票溢价=8 000×(12-10)-2 000=14 000(元)

企业多计股票溢价=16 000-14 000=2 000(元)

重新计算结果表明,该企业的股票溢价是14 000元,而不是16 000元。

3. 调账

审计人员认为股票发行手续费2 000元属于股票发行费用,应从股票溢价收入中扣除,不应列入财务费用,已列入的应予调账。

因此,正确的分录应该是:

借:银行存款　　　　　　　　　　　　　　　　　　　　　　　　　94 000
　贷:股本　　　　　　　　　　　　　　　　　　　　　　　　　　　80 000

资本公积——股本溢价　　　　　　　　　　　　　　　　　　　　　　14 000
应建议被审计单位调整账目。

案例三：

1. 资料

审计人员2023年1月10日在审阅某公司"盈余公积"总账下"任意盈余公积"明细账时，发现有一贷方记录的摘要内容为"收到股利收入"，金额为300 000元。审计人员疑有错列盈余公积的问题。

2. 查证

审计人员调阅了该笔记账凭证，为2022年12月26日88#，记账凭证显示的会计分录是：

　　借：银行存款　　　　　　　　　　　　　　　　　　　　　　300 000
　　　贷：盈余公积　　　　　　　　　　　　　　　　　　　　　　300 000

原始凭证为银行收款通知单，显示对方付款理由是"年底分派现金股利"。再查阅该公司"长期股权投资"账户，确实有该笔投资。据此，审计人员认为被审计单位把本应作为"投资收益"处理的股利收入错入了盈余公积，有故意隐瞒收入的嫌疑。经向会计人员询问，会计人员是在公司经理授意下才这样处理的。

3. 调账

由于已经年度结账，2022年所得税已经缴纳，故做如下调账（该公司所得税税率为25%）：

　　借：盈余公积　　　　　　　　　　　　　　　　　　　　　　300 000
　　　贷：以前年度损益调整　　　　　　　　　　　　　　　　　　225 000
　　　　　应交税费——应交所得税　　　　　　　　　　　　　　　 75 000

课堂讨论 1. 审计人员在对C公司进行审计时发现合同中规定投资方甲方投入的商标权320万元，经检查相关证据，甲方和其母公司D公司共同使用该商标，该320万元的商标权占华兴公司注册资本的35%。请问该笔业务中存在哪些问题？

提示：无形资产出资的不得超过注册资本的20%。

2. 审计人员在审查B公司时，发现其中一张记账凭证内容为：收到投资者投入原材料。

　　借：原材料　　　　　　　　　　　　　　　　　　　　　　　300 000
　　　贷：实收资本　　　　　　　　　　　　　　　　　　　　　 300 000

后附原始凭证为投资合同复印件一张。请问该笔业务存在哪些问题？

提示：从原始凭证入手检查交易是否真实存在。

3. 审计人员接受委托对新设立的S公司的实收资本进行审计时，S公司主动给审计人员提供了完整的原始凭证和相关材料，其中包括出资方货币出资的银行进账单、银行对账单以及向银行询证函回函。

问题：为了降低审计风险，审计人员还应获取什么证据？

提示：对实收资本的审计应是审计人员主动取证的过程，"主动取证"不是被审计单位提供什么资料，审计人员就验证什么，而是审计人员根据验证目标的需要，设计适当的审计程序，在有效控制审验程序实施中获取证据。因此，审计人员在对货币资金出资进行验证时,不仅要谨慎地验被审计单位提供的进账单和银行对账单的真伪,还应亲自寄发和收回、分析向银行函证出资款的回函,询证函不能由被审计单位拿着到银行办理,以避免被审计单位和银行串通作弊而提供虚假的证据。

 阅读条目

1. 内部会计控制规范——筹资
2. 企业会计准则第 11 号——股份支付

任务三 投资审计

 学习目标

1. 能说出投资业务错弊的表现形式。
2. 能运用审计方法对投资进行基本的审计。
3. 能对投资审计过程中发现的问题做出基本的处理。

引导案例

审计人员对甲公司 2021 年 6 月的交易性金融资产审计时发现,6 月 9 日购入 A 公司股票 10 000 股,买价 20 元,手续费、佣金等费用 500 元,其会计处理为:

借:交易性金融资产　　　　　　　　　　　　　　　　　　200 500
　　贷:其他货币资金——存出投资款　　　　　　　　　　　200 500

交易性金融资产的入账价值一般为买价,手续费、佣金等费用计入投资收益,如实际支付的款项中含有已宣告但尚未发放的现金股利或已到付息期但尚未支付的债券利息,应在"应收股利"或"应收利息"账户单独核算,不计入成本。

一、投资业务常见错弊

(一) 交易性金融资产业务常见错弊

(1) 取得时初始成本确认错误。
(2) 与长期投资项目的目的及确认混淆。

即学即思　你还能想出交易性金融资产可能出现的其他错弊形式吗?

193

（二）长期股权投资业务常见错弊

(1) 长期股权投资计价错误。
(2) 成本法与权益法使用混淆。
(3) 个人以企业名义买卖股票,损公肥私。
(4) 截留投资收益,私设"小金库"。

> **即学即思** 你还能想出长期股权投资可能出现的其他错弊形式吗?

二、投资的审计方法与技巧

（一）交易性金融资产的审计方法与技巧

> **链接**
> 交易性金融资产核算,请参见"财务会计实务"中的相关内容。

1. 核对交易性金融资产明细账余额和总账余额是否相符

核对时,应注意数据计算是否正确,并应核准交易性金融资产年初余额。

2. 盘点库存有价证券

审计人员应会同被审计单位会计主管人员盘点库存有价证券,并编制"库存有价证券盘点表"。

> **提示**
> 盘点表应列明有价证券名称、数量、票面价值和取得成本,然后与有关账户余额进行核对,若有差异,应做出记录进行调整。

3. 函证托管证券

对于被审计单位委托证券、信托公司代为保管的有价证券,审计人员应审阅保管证明,必要时可向这些保管机构发函询证,以证实有价证券的存在。

4. 审查交易性金融资产业务

审计人员首先应审阅被审计单位管理当局有关有价证券买卖的会议记录或决议,以确定有价证券交易是否经过批准;其次,应审查有价证券交易的原始凭证,确认会计处理是否正确。

5. 审查交易性金融资产损益

> **链接**
> 交易性金融资产损益核算,请参见"财务会计实务"中的相关内容。

审计人员应审查"银行存款""投资收益""应收股利"账户,复核股利、利息收入计算是否正确,会计处理是否正确。对于出售有价证券的损益,应核对出售有价证券的原始凭证及相关账户,确定其损益计算是否正确,会计处理是否正确。

6. 审查交易性金融资产在会计报表上是否恰当披露

审计人员审查时,应注意两个问题:一是在结账日是否所有有价证券均包含在内;二是确定其计价方法是否恰当,市价是否严重脱离账面成本,有无做公允价值变动损益处理。

即学即思 你还能想出交易性金融资产审计的其他方法与技巧吗?

(二)长期股权投资的审计方法与技巧

长期股权投资的审计目标

1. 获取或编制长期股权投资明细表

明细表应按长期股权投资的形式进行分类列示,主要内容包括:投资种类及说明、年初余额、本年增减额、年末余额、投资收益、投资占被投资方实收资本的份额及会计方法的选择。审计人员还应复核明细表加计数额是否正确,并与明细账和总账核对相符。

2. 审查长期股权投资的入账基础

审阅长期股权投资合同、协议,并与相关明细账进行核对,确定其入账金额是否正确。长期股权投资均应按取得时的实际成本作为初始入账价值。

3. 审查年度内长期股权投资的变动

审阅长期股权投资增减变动的原始凭证,注意其变动原因是否正常,是否存在授权批准文件。此外,还应注意投资的资金来源及去向是否合规,有无利用投资转移资金的情况。

4. 审查长期股权投资的会计处理方法

> **链接**
> 长期股权投资核算,请参见"财务会计实务"中的相关内容。

审查被审计单位是否按《企业会计制度》规定分别采用权益法和成本法进行核算。应审阅被投资单位的年度会计报表,以确认被审计单位采用的核算方法是否适当,投资计算以及投资收益的确认是否正确。

5. 审查长期股权投资在资产负债表上的披露

审查时应注意以下几个方面:

(1)资产负债表日,证券的市值与成本存在显著差异时,应提请被审计单位做恰当披露。

(2)若对外投资额超过被审计单位净资产的50%,也应提请被审计单位做恰当披露。

即学即思 你还能想出长期股权投资审计的其他方法与技巧吗?

三、投资审计的工作底稿

(1)被审计单位关于交易性金融资产、长期股权投资的内部控制制度。

(2) 交易性金融资产、长期股权投资总分类账和明细分类账户审计中搜集和自行编制的工作底稿。

(3) 交易性金融资产、长期股权投资取得与处置审计中搜集和自行编制的工作底稿。

(4) 交易性金融资产、长期股权投资审定表，交易性金融资产、长期股权投资明细表，交易性金融资产、长期股权投资函证情况汇总表，证券投资询证函、交易性金融资产监盘表、由证券经销商之外第三方保管的交易性金融资产询证函、对经销商保管的交易性金融资产询证函、交易性金融资产公允价值复核表。

(5) 交易性金融资产、长期股权投资审计的有关计划安排及相关的工作。

四、案例分析

案例一：

1. 资料

审计人员对 A 公司 2021 年度资产负债表中"交易性金融资产"项目进行审计，该公司仅持有 B 公司股票短期投资。该股票于 2021 年 10 月购入，计 50 000 股，每股面值 10 元，购买价 15 元，支付佣金及手续费 10 000 元，实际付款 810 000 元，其中包含已宣告尚未发放的现金股利 50 000 元。A 公司的账务处理如下：

借：交易性金融资产——成本　　　　　　　　　　760 000
　　投资收益　　　　　　　　　　　　　　　　　　50 000
　　贷：银行存款　　　　　　　　　　　　　　　　　　　810 000

年末，B 公司股票市价上升为每股 18 元，A 公司资产负债表中"交易性金融资产"列示数为 750 000 元。

2. 调账

(1) 购买股票中包含的已宣告尚未发放的现金股利 50 000 元，应计入"应收股利"，不应冲减"投资收益"，A 公司的处理，导致收益虚减，资产虚减。调整如下：

借：应收股利　　　　　　　　　　　　　　　　　50 000
　　贷：投资收益　　　　　　　　　　　　　　　　　　　50 000

(2) 手续费及佣金应冲减"投资收益"，不应计入"交易性金融资产"，A 公司的处理导致收益及资产的虚增。调整如下：

借：投资收益　　　　　　　　　　　　　　　　　10 000
　　贷：交易性金融资产　　　　　　　　　　　　　　　　10 000

(3) 资产负债表日，交易性金融资产的账面价值与公允价值的差额应进行调整，A 公司未做处理，导致收益及资产的虚减。调整如下：

借：交易性金融资产——公允价值变动　　　　　　150 000
　　贷：公允价值变动损益　　　　　　　　　　　　　　　150 000

案例二：

1. 资料

2021 年 2 月 7 日审计人员审查 A 公司（适用的所得税税率为 33%，盈余公积提取率为 10%）2020 年度长期投资，发现以下情况：

(1) 该公司长期投资仅有对 B 企业的一项长期股权投资,"长期股权投资"项目数额为 30 000 000 元,投资收益项目数额为 1 200 000 元。

(2) 查阅相关账簿及资料,了解到该公司于 2020 年 1 月 1 日购入 B 企业股票 3 000 000 股,每股 10 元,共支付 30 000 000 元,占 B 企业股份总额的 52%。

(3) 2020 年年末,B 企业新增税后利润 4 500 000 元,并发放给该公司股利 1 200 000 元,股利已收到并存入银行。

2. 查证

该公司对 B 企业拥有 52% 的股权,却采用成本法来进行长期股权投资的核算,这是不符合企业会计制度规定的,应改用权益法进行核算。此例中,成本法核算使得该公司减少了投资收益 1 140 000 元。

3. 调账

提请 A 公司做如下会计调账处理,补交所得税,补提盈余公积。

(1) 采用权益法核算增加长期股权投资的账面价值和投资收益。

长期股权投资增加额 = 4 500 000×52% - 1 200 000 = 1 140 000(元)

借：长期股权投资　　　　　　　　　　　　　　　　1 140 000
　　贷：以前年度损益调整　　　　　　　　　　　　　　　1 140 000

(2) 补提所得税。

借：以前年度损益调整　　　　　　　　　　　　　　　376 200
　　贷：应交税费——应交所得税　　　　　　　　　　　　376 200

(3) 结转"以前年度损益调整"科目余额。

借：以前年度损益调整　　　　　　　　　　　　　　　763 800
　　贷：利润分配——未分配利润　　　　　　　　　　　　763 800

(4) 补提盈余公积。

借：利润分配——未分配利润　　　　　　　　　　　　76 380
　　贷：盈余公积　　　　　　　　　　　　　　　　　　76 380

课堂讨论 审计人员李文审计京东公司 2021 年度中期会计报表。2017 年 5 月 1 日,京东公司购入红光公司 10 000 股股票,但不准备长期持有。京东公司共支付买价 100 万元,经纪人佣金 20 000 元,其他相关税费 5 000 元。红光公司已于当年的 4 月 25 日宣告分红,每股红利 1 元,决定于 5 月 14 日实际派发。对此,京东公司做了如下会计处理:

1. 取得时:

借：交易性金融资产——成本(红光公司股票)　　　　1 015 000
　　应收股利　　　　　　　　　　　　　　　　　　　10 000
　　贷：银行存款　　　　　　　　　　　　　　　　　　1 025 000

2. 收到现金股利时:

借：银行存款　　　　　　　　　　　　　　　　　　　10 000
　　贷：应收股利　　　　　　　　　　　　　　　　　　10 000

3. 中期计价:

6 月 30 日,该股票的市价为每股 98 元,此时的交易性金融资产账面价值为 1 015 000

元。然后,根据每股的市价98元,中期末公允价值变动损益为35 000元,故做如下会计分录:

  借:公允价值变动损益   35 000
   贷:交易性金融资产——公允价值变动   35 000
  要求:分析该项业务存在什么问题,对存在问题应如何处理?

1. 企业会计准则第22号——金融工具确认和计量
2. 企业会计准则第2号——长期股权投资
3. 内部会计控制规范——对外投资

任务四　损益、费用审计

1. 能说出损益、费用错弊的主要表现形式。
2. 能运用审计方法对损益、费用进行审计。
3. 会对损益、费用审计中发现的问题提出基本的处理意见。

  审计人员在查阅某公司2021年8月"其他业务收入"时发现其数额明显高于上月,查阅"其他业务收入"明细账时发现2021年8月9日30#记账凭证摘要中注明"处理固定资产净收益",金额为100 000元。
  经询问有关会计人员,确认是会计人员未熟练掌握会计制度的有关规定,造成上述问题。

一、损益、费用业务常见错弊

(一)主营业务成本业务常见错弊

(1)随意变更存货发出的计价方法,以达到调节利润的目的。
(2)为隐瞒利润,多结转已销产品的成本。
(3)为粉饰报表,少结转已销产品成本。

(4) 为达到调节利润的目的,将本期产品成本计入其他期间。

即学即思 你还能想出主营业务成本可能出现的其他错弊形式吗?

(二) 营业税金及附加业务常见错弊

(1) 计算错误。
(2) 在企业领用自产的应税消费品时,按成本计算税金,达到少交税的目的。
(3) 隐瞒营业收入,以减少营业税金及附加。

即学即思 你还能想出营业税金及附加可能出现的其他错弊形式吗?

(三) 其他业务收入业务常见错弊

(1) 企业为了调节当期损益,随意调节变更其他业务收入的入账时间,漏记其他业务收入,虚增或虚减其他业务收入等。
(2) 截留、隐瞒、转移其他业务收入。具体表现形式主要有:
① 销售材料收入不做其他业务收入账务处理,而是将卖出材料取得的价款,直接冲减材料成本。
② 对出售边角料的收入、出租固定资产和包装物所收取的租金、技术转让收入、为外部单位提供运输和非工业性劳务所获得的收入,不进行其他业务收入的核算,而是将其挂账截留转移,或不入账,存入"小金库"。

即学即思 你还能想出其他业务收入可能出现的其他错弊形式吗?

(四) 其他业务成本业务常见错弊

(1) 随意变更材料发出的计价方法,以减少或增加其他业务成本。
(2) 将出租固定资产的折旧计入成本,以减少其他业务成本。
(3) 将出租、出售无形资产的成本混为一谈。

即学即思 你还能想出其他业务成本可能出现的其他错弊形式吗?

(五) 期间费用业务常见错弊

1. 管理费用业务常见错弊

(1) 计算存货损失有误,或虚列存货盘盈盘亏、毁损和报废,将应由当事人赔偿的款项不做扣除。
(2) 不按规定计费,不按规定摊销无形资产和长期待摊费用。
(3) 未按规定计提坏账准备和折旧。
(4) 虚增或虚减管理费用。
(5) 把应计入管理费用的税金计入其他账户。
(6) 任意在管理费用中列支其他费用。

2. 销售费用业务常见错弊

(1) 将购买固定资产、工程物资等的运输费计入销售费用。
(2) 虚列运输费,把不属于运输费的开支混入产品运输费。
(3) 虚开单据上的抬头,将销售费用与其他费用混杂。
(4) 某些人员以广告费之名,从中索取回扣。
(5) 将企业产成品以自用的名义直接列入广告费、展览样品费等。

3. 财务费用业务常见错弊

(1) 计算和支付利息不准确,任意预提或摊销利息费用。
(2) 计算汇兑损益错误。
(3) 利息支出在开办费、财务费用与清算损益之间分配不清。
(4) 将应计入固定资产的利息计入财务费用,或将应计入财务费用的利息计入固定资产。
(5) 利息收入转入"小金库",不冲销财务费用。

即学即思 你还能想出期间费用可能出现的其他错弊形式吗?

损益审计的重点与方法

二、损益、费用的审计方法与技巧

(一) 主营业务成本的审计方法与技巧

> **提示**
> 主营业务成本受到已销产品(劳务)数量和单位销售成本两个因素的影响。

(1) 获取或编制主营业务成本明细表,复核加计是否正确,并与总账数和明细账合计数核对是否相符,结合其他业务成本科目与营业成本报表数核对是否相符。

(2) 复核主营业务成本明细表的正确性,编制生产成本与主营业务成本倒轧表,并与库存商品等相关科目勾稽。

> **知识拓展**
>
> **主营业务成本倒轧表**
>
> | 被审计单位: | 索引号: SB5 |
> |---|---|
> | 项目: 主营业务成本倒轧表 | 财务报表截止日/期间: |
> | 编制: | 复核: |
> | 日期: | 日期: |
>
> | | | | | |
> |---|---|---|---|---|
> | | | | | |

续表

存货种类	未审数	审定数	索引号
期初原材料余额			
加：本期购货净额			
减：期末原材料余额			
减：其他原材料发出额			
直接材料成本			
加：直接人工成本			
加：制造费用			
产品生产成本			
加：在产品期初余额			
减：在产品期末余额			
减：其他在产品发出额			
库存商品成本			
加：库存商品期初余额			
减：库存商品期末余额			
减：其他库存商品发出额			
主营业务成本			
审计说明：			

（3）检查主营业务成本的内容和计算方法是否符合会计准则规定，前后期是否一致。

（4）抽取若干月份的主营业务成本结转明细清单，结合生产成本的审计，检查销售成本结转数额的正确性，比较计入主营业务成本的商品品种、规格、数量与计入主营业务收入的口径是否一致，是否符合配比原则。

（5）针对主营业务成本中重大调整事项（如销售退回）、非常规项目，检查相关原始凭证，评价真实性和合理性，检查其会计处理是否正确。

> **链接**
> 主营业务成本核算,请参见"财务会计实务"中的相关内容。

(6) 在采用计划成本、定额成本、标准成本或售价核算存货的条件下,应检查产品成本差异或商品进销差价的计算、分配和会计处理是否正确。

(7) 结合期间费用的审计,判断被审计单位是否通过将应计入生产成本的支出计入期间费用,或将应计入期间费用的支出计入生产成本等手段调节生产成本,从而调节主营业务成本。

(8) 检查营业成本是否已按照企业会计准则的规定在财务报表中做出恰当列报。

即学即思 你还能想出主营业务成本审计的其他方法与技巧吗?

(二) 营业税金及附加的审计方法与技巧

(1) 获取或编制营业税金及附加明细表,复核加计是否正确,并与报表数、总账数和明细账合计数核对是否相符。

(2) 确定被审计单位的纳税(费)范围与税(费)种是否符合国家规定。重点审查计入营业税金及附加的项目是否确属所审会计年度发生的经营活动而负担的消费税、增值税、城市维护建设税和教育费附加。

> **链接**
> 营业税金及附加核算,请参见"财务会计实务"中的相关内容。

(3) 根据审定的本期应纳增值税的营业收入和其他纳税事项,按规定的税率,分项计算、复核本期应纳增值税税额,检查会计处理是否正确。

(4) 根据审定的本期应税消费品销售额(或数量),按规定适用的税率,分项计算、复核本期应纳消费税税额,检查会计处理是否正确。

(5) 根据审定的本期应纳资源税产品的课税数量,按规定适用的单位税额,计算、复核本期应纳资源税税额,检查会计处理是否正确。

(6) 检查城市维护建设税、教育费附加等项目的计算依据是否和本期应纳增值税、营业税、消费税合计数一致,并按规定适用的税率或费率计算、复核本期应纳城建税、教育费附加等,检查会计处理是否正确。

(7) 结合应交税费科目的审计,复核其勾稽关系。

(8) 检查营业税金及附加是否已按照企业会计准则的规定在财务报表中做出恰当列报。

即学即思 你还能想出营业税金及附加审计的其他方法与技巧吗?

(三) 其他业务收入的审计方法与技巧

(1) 检查其他业务收入内容是否真实、合法,符合制度规定,要抽查原始凭证。与上期其他业务利润比较,如有重大波动,了解波动原因,分析其合理性。

(2)检查其他业务支出,包括相关的成本、税金、费用,检查内容是否真实,计算是否正确,配比是否恰当,择要抽查原始凭证。

(3)对异常的其他业务收支项目,应追查入账依据及有关法律性文件是否充分。

(4)注意其他业务收入是否有相应的业务支出数;检查是否存在技术转让收益,必要时调减应纳税所得额。

(5)其他业务收入列示内容、范围不合规:将主营业务收入、营业外收入与其他业务收入相混淆,核算范围不清楚;注意其他业务的正常范围,把握其他业务收入的具体核算内容;新企业制度规定转让无形资产业务应列为营业外收入,而非其他业务收入,这是审查中须注意的新内容。

即学即思 你还能想出其他业务收入审计的其他方法与技巧吗?

(四)其他业务成本的审计方法与技巧

(1)获取或编制其他业务成本明细表,复核加计是否正确,并与总账数和明细账合计数核对是否相符,结合主营业务成本科目与营业成本报表数核对是否相符。

(2)复核其他业务成本明细表的正确性,并与相关科目交叉核对。

① 审查材料销售结转的成本是否真实、正确。采用核对法将其他业务成本中材料销售明细账借方记录与原材料贷方发生的销售数量及有关凭证核对,查明结转材料销售成本的数量与实际销售数量是否相符;销售成本计价方法是否恰当,有无随意变更计价方法以调节成本利润的情况。

② 审查出租固定资产结转的成本费用是否真实、正确。采用核对法将其他业务成本中固定资产出租明细账借方记录与折旧计算表核对,查明出租固定资产是否计提了折旧,有无多提或漏提的情况。

③ 审查出租包装物结转的成本费用是否真实、正确。采用核对法将其他业务成本中包装物出租明细账借方记录与包装物、待摊费用等明细账贷方记录核对,查明包装物摊销是否正确,摊销方法是否恰当,前后期是否一致,出租包装物报废的账务处理是否合规。

④ 审查企业计算结转的运输劳务的成本费用是否真实、正确。查明有无将企业生产用与对外用的运输劳务的成本费用相混淆,互相串计的情况。

(3)检查其他业务成本是否有相应的收入,查明有无不考虑其他业务收入,随意计算结转其他业务成本,并与上期其他业务收入、其他业务成本比较,检查是否有重大波动,如有,应查明原因。

(4)检查其他业务成本内容是否真实,计算是否正确,配比是否恰当,并择要抽查原始凭证予以核实。查明有无将主营业务成本列入其他业务成本,或将其他业务成本列入营业外支出等情况。

(5)对异常项目,应追查入账依据及有关法律文件是否充分。

(6)检查除主营业务活动以外的其他经营活动发生的相关税费是否计入本科目。审查时,应先确定企业应交税种及适用税率,然后将其他业务成本中税金及附加明细账与应交税费、其他应交款及有关纳税申报表核对,查明企业是否及时足额缴纳了税金,有无错计纳税基数、选错税率、计错税额以及漏税、偷税和拖欠税等情况。

(7) 检查其他业务成本是否已按照企业会计准则的规定在财务报表中做出恰当列报。

即学即思 你还能想出其他业务成本审计的其他方法与技巧吗？

（五）期间费用的审计方法与技巧

(1) 获取或编制期间费用明细表，复核加计正确，与总账、明细账核对相符。还应审查其明细项目的设置是否符合规定的核算内容及范围，是否划清各项期间费用的界限。

(2) 审查期间费用各项目开支标准是否符合有关规定，开支内容是否是允许列入费用的项目，计算是否正确。

(3) 将本年度期间费用与上年度管理费用进行比较，并将本期各月的期间费用进行比较，如有重大波动和异常变动应查明原因，并进行适当处理。

(4) 选择重要或异常的期间费用，审查其原始凭证是否合法，会计处理是否正确。

(5) 核对期间费用有关项目金额与其他相关账户金额的勾稽关系，如有不符，应查明原因，并进行适当处理。

(6) 审查期间费用的结转是否正确、合规，查明有无多转、少转或不转管理费用，人为调节利润的情况。

(7) 审查期间费用的列支范围。

期间费用
审计的特点

> ☞ **链接**
>
> 期间费用的列支范围，参见"财务会计实务"中的相关内容。

(8) 审查期间费用是否已在损益表上恰当披露。

即学即思 你还能想出期间费用审计的其他方法与技巧吗？

管理费用的
审查技法

三、损益、费用审计的工作底稿

(1) 被审计单位关于主营业务成本、营业税金及附加、其他业务收支、期间费用的内部控制制度。

(2) 主营业务成本、营业税金及附加、其他业务收支、期间费用总分类账和明细分类账户审计中搜集和自行编制的工作底稿。

(3) 主营业务成本、营业税金及附加、其他业务收支、期间费用发生审计中搜集和自行编制的工作底稿。

(4) 营业成本、营业税金及附加、其他业务收支、期间费用审定表，主营业务成本、营业税金及附加、其他业务收支、期间费用明细表，主营业务成本与上年度比较分析表，主要产品单位主营业务成本分析表，主营业务成本与收入配比情况检查表，主营业务成本检查表，主营业务成本倒轧表，主营业务成本重大调整事项核查表。

(5) 主营业务成本、营业税金及附加、其他业务收支、期间费用审计的有关计划安排及相关的工作底稿。

四、案例分析

案例一：

1. 资料

在审查兴达公司时发现，该企业于 2021 年 7 月 1 日出租一台生产使用的机床，该机床账面原值为 100 000 元，预计使用年限 10 年，累计折旧为 20 000 元。租赁合同规定，租期 2 年，月租金 500 元，租金每年支付 1 次。该企业于当年 12 月 31 日未做相应的账务处理。

2. 分析

对于这项固定资产出租业务，审计人员认为可能存在以下问题：

（1）出租原因可能不正常。因为本企业生产所需的固定资产一般不应出租。

（2）租金过低。因为从固定资产的账面资料可以计算现今固定资产的年折旧额为 10 000 元，而合同中的月租金为 500 元，1 年 6 000 元，大大低于年折旧额。

（3）当年年末对本年应收未收的租金未做相应的账务处理。

审计人员应进一步审查，面询签订固定资产出租合同的负责人，询问出租的原因及租金的约定等事项，以查明此项业务的合规性、合法性。

3. 调整

审计人员根据审查情况，对于年末未收到的租金，应建议企业补做如下账务处理：

　　借：其他应收款　　　　　　　　　　　　　　　　　　　　　　　3 000
　　　　贷：其他业务收入　　　　　　　　　　　　　　　　　　　　　3 000

案例二：

1. 资料

某公司 2021 年审计发现，"主营业务收入——甲钛" 120 万元，"主营业务成本——甲钛" 70 万元，该产品的销售毛利率一般为 20%。

2. 问题及疑点

根据经验，审计觉得该产品销售毛利有些偏高。

3. 查证及结论

经调查，销售甲钛的销售量为 450 吨，而企业只结转成本 400 吨，少结转 50 吨，从而多计利润，粉饰经营业绩。

案例三：

1. 资料

审计人员在对某公司销售费用进行审查时，发现 12 月份的销售费用增幅较大。于是详细审查了该公司 12 月份的销售费用，发现：

（1）该公司 12 月 27 日一次性支付以后三个年度的销售机构的房屋租赁费 180 000 元全部作为当期销售费用处理。

（2）该公司下设的 5 个销售机构的职工工资、福利费开支 120 万元，处理如下：

　　借：销售费用　　　　　　　　　　　　　　　　　　　　　　　1 200 000

贷：银行存款　　　　　　　　　　　　　　　　　　　　　　1 200 000
2. 分析与调整
（1）根据权责发生制原则，一次性支付以后三个年度的销售机构的房屋租赁费不能作为当期费用处理。
　　借：长期待摊费用　　　　　　　　　　　　　　　　　　　　180 000
　　　　贷：销售费用　　　　　　　　　　　　　　　　　　　　180 000
（2）专设销售机构职工的工资及福利费，是可以进入销售费用的，但其会计处理应通过"应付职工薪酬"科目核算，审计人员应做出记录，以备以后与应付职工薪酬相关内容进行索引核对。

案例四：

1. 资料

审计人员对某企业2021年6月份"管理费用"明细账进行审查时，发现账面包括下列内容：

（1）支付驾驶员违章罚款50元；

（2）支付未按期交纳税款的滞纳金450元；

（3）房屋进行大修理领用水泥1 000元；

（4）支付推销产品广告费12 000元；

（5）提取本月应计流动资金借款利息36 000元；

（6）由于非常损失毁损材料10 000元。

2. 分析及处理

（1）各项目按规定处理如下：

① 驾驶员违章罚款应由个人负担；

② 未按期交纳税款的滞纳金应由税后利润列支；

③ 房屋大修理领用水泥应计入在建工程；

④ 支付推销产品广告费应计入营业费用；

⑤ 提取本月应计流动资金借款利息应计入财务费用；

⑥ 非常损失毁损材料应计入营业外支出。

（2）多计的管理费用为：50+450+1 000+12 000+36 000+10 000＝59 500（元）

（3）将使利润总额减少：50+450+1 000＝1 500（元）

案例五：

1. 资料

审计人员在审查乙股份有限公司应付债券时，发现2021年1月该公司为第二生产线建设筹资而发行5年期、面值为1 000万元债券，票面利率为10%，企业按1 020万元的价格出售。2021年12月31日，乙公司计提利息和摊销时，做会计分录为：

　　借：财务费用　　　　　　　　　　　　　　　　　　　　　　960 000
　　　　应付债券——利息调整　　　　　　　　　　　　　　　　 40 000
　　　　贷：应付债券——应计利息　　　　　　　　　　　　　　1 000 000

2. 问题

乙公司发行债券是为建设生产线，那么该债券的利息及摊销金额是否该作为财务费用？

3. 分析调整

根据《企业会计准则》，因建造固定资产而发生的借款利息应予以资本化，即应作为建造成本，而不能作为期间费用。因此，建议做以下调整：

借：在建工程——第二生产线　　　　　　　　　　　　　　960 000
　　贷：财务费用　　　　　　　　　　　　　　　　　　　　960 000

课堂讨论　1. 甲企业采用先进先出法计算结转发出产品成本，审计人员审阅"库存商品"明细账时发现，年初结存产品500件，单价100元；当年第一批完工入库500件，单价110元；第二批入库1 250件，单价120元；第三批入库750件，单价105元；第四批入库1 250件，单价110元。共销售3 100件，结转成本356 250元，截至审计日结存1 150件，结存产成品成本115 000元。

要求：验证结转主营业务成本的数额是否正确。

2. 审计人员在审计甲企业2021年度销售费用明细账时，发现每月销售费用明细账中包装物所占比例很大。

根据每月的产品销售数量，推算所领包装物的数量，再乘以包装的单价，所得金额达不到明细账所列的金额，这说明有把不应列入销售费用的支出错列入销售费用中的问题。审计人员到包装物仓库审阅包装物明细账，从领用包装物的品种看，生产过程中使用的包装物和销售过程中使用的包装物是截然不同的，然而领用生产过程中使用的包装物费用却没有计入生产成本中的直接材料项目中，而是有意计入销售费用中。审计人员进一步审阅仓库的发出材料汇总表和材料费用分配表，发现直接材料费用中，没有包装费用支出，证实了问题的存在。

就上述查证的问题，财务主管承认其存在，言称："生产过程用包装物，销售过程也用包装物，品种确实不同。将两种包装物都列入销售费用，一是在核算上省力，二是可以加大期间费用，调整各会计期间的经营利润，缓交所得税，为单位谋利。"

审计人员通过盘点证实了甲企业产品的库存数量为3 000件，通过计算确认每件产成品应负担生产过程中使用的包装物费用为16元。

要求：指出甲企业存在的问题，并提出处理意见。

3. 审计人员在审阅某单位管理费用明细账时，发现该单位1~6月份业务招待费开支25 000元，正好与国家规定的税前列支标准相符。而6月份后，管理费用账中却没有一笔业务招待费开支。

问题：对于这种明显有悖常理的现象，是否值得怀疑？可能是什么问题？为什么会有这样的情况发生？怎样查证？

 阅读条目

内部会计控制规范——成本费用

任务五　利润与利润分配审计

学习目标

1. 能说出利润与利润分配的主要错弊形式。
2. 能运用审计方法对利润与利润分配进行审计。
3. 会对利润与利润分配审计过程中发现的问题提出处理意见。

引导案例

审计人员在审查某股份有限公司2021年12月份的"投资收益"总账时,发现月末有借方余额16 000元,怀疑有人为调增利润的问题。

审计人员首先查阅"投资收益"明细账,发现本年借方发生额为36 000元,贷方发生额为100 000元,而年末结转本年利润账户的数额为80 000元,因而形成年末"投资收益"账户有借方余额16 000元。

审计人员通过询问该公司财务经理后证实,该公司2021年经营业绩不佳,为了保证2021年的股利发放,人为地调高2021年度利润16 000元。

一、利润与利润分配业务常见错弊

（一）利润业务常见错弊

（1）利用会计政策变更方式调整利润。
（2）利用会计估计变更的方式调整利润。
（3）利用收入和成本费用操纵利润。
（4）利用往来账户隐匿利润。

（二）利润分配业务常见错弊

1. 利润分配顺序的错弊

有些企业未严格遵守《企业财务通则》所规定的利润分配顺序,如在以前年度亏损尚未弥补的情况下,就先提取法定盈余公积等。

2. 利润分配标准的错弊

有些企业未按规定标准进行利润分配,私自提高或降低计提比例,造成利润分配不合规、不真实。

利润业务中
常见作假手法

3. 弥补亏损的错弊

有些企业超期进行亏损的税前弥补，或者弥补亏损政策未用足用好。

二、利润与利润分配审计方法与技巧

（一）利润形成的审计方法与技巧

> ☞ 链接
>
> 利润核算，请参见"财务会计实务"中的相关内容。

1. 营业利润的审计方法与技巧

（1）审查形成营业利润的各项营业收入与营业成本。营业利润是由营业收入与营业成本决定的，对营业收入与营业成本的审查包括：主营业务收入、其他业务收入、主营业务成本、其他业务成本、营业税金及附加、期间费用等。

> ☞ 提示
>
> 其他业务收入包括：销售材料取得的收入、出租固定资产的租金收入、转让技术使用权取得的收入、包装物出租收入、代销手续费收入、对外运输和非工业性收入等。

（2）审查期末营业利润结转的账务处理是否正确。

（3）确定营业利润在会计报表上的反映是否恰当。审计人员应结合利润表上的"营业收入""营业成本""营业税金及附加""管理费用"等项目审查项目填列是否正确。

2. 投资收益的审计方法与技巧

审查时，应结合具体投资收益业务，审阅"投资收益"明细账和"长期股权投资""交易性金融资产"账户记录，抽查有关会计凭证，验证投资审批文件、投资协议等资料，验算投资收益与损失的数额，必要时，可向有关单位、部门和人员查询。投资收益的审计主要注意以下几个方面：

（1）取得或编制投资账户以及有关收益账户明细表。

（2）审查投资收益来源的合法性和合理性。

（3）审查投资收益入账的正确性和及时性。

（4）审查投资收益数额计算的真实性和正确性。

（5）进行分析性复核。

（6）审查投资收益账务处理的合规性和正确性。

即学即思 投资损益包括哪些内容？

> ☞ 链接
>
> 投资收益核算，请参见"财务会计实务"中的相关内容。

3. 营业外收支净额的审计方法与技巧

审查时,应审阅"营业外收入"和"营业外支出"明细账及相关账户,抽查有关会计凭证,验算营业外收支及其净额,必要时,向有关单位、部门和个人查询。

(1) 审查营业外收支项目设置的合规性。

即学即思 你还记得营业外收支的具体项目吗?

审查时,应注意检查营业外收支的有关凭证和批准文件,检查企业有无混淆营业收支、资本收支与营业外收支的情况。

(2) 审查营业外收支数额的真实性和正确性。对营业外收入,应注意查明企业有无计算错误,多计或少计营业外收入的情况。对营业外支出,应注意查明其支出金额是否属实,有无任意扩大支出,虚报支出,偷漏所得税的行为。

> ☞ 链接
> 营业外收支核算,请参见"财务会计实务"中的相关内容。

(3) 审查营业外收支账务处理的合规性和正确性。审查时,应注意查明营业外收入是否及时、足额记入"营业外收入"账户,有无乱挤收入,将收入转入往来账或形成账外"小金库",甚至挪用、贪污等情况。应注意查明营业外支出是否如实记入"营业外支出"账户,有无虚列支出的情况。期末营业外收支是否已全部转入"本年利润"账户,有无保留余额用以调节利润的情况。

4. 所得税的审计方法与技巧

> ☞ 链接
> 所得税核算,请参见"财务会计实务"中的相关内容。

审查时,应依据税法的规定,审阅"所得税费用""应交税费——应交所得税"和"递延所得税资产"与"递延所得税负债"明细账,并核对其他有关账户,抽查有关会计凭证,验证企业所得税的计算和缴纳情况。

审查所得税计税依据。

(1) 审查时,应注意查明企业的利润总额是否真实正确,利润总额的计算是否合法正确。

(2) 审查所得税税率。我国税法明确规定了各类企事业单位适用的所得税税率。审查时,应根据税法的规定,结合企业的实际情况,查明企业选用的税率是否合法、正确。

(3) 审查所得税减免。企业所得税的减免必须符合税法规定的条件。审查时,应注意查明减免税的原因是否正当,批准文件是否合法,审批手续是否完备,有无故意混淆免税项目或期限而偷漏所得税的行为。

(4) 审查应纳所得税额的计算。审查时,应在核实应纳税所得额和适用税率的基础上,复核企业的应纳所得税额,看其计算是否正确,有无多算、少算的情况;审计人员要查明企业是否按规定对税前会计利润进行了调整。

即学即思 企业在计算所得税时的调整项目主要有哪些?

(5) 审查应纳所得税额的会计处理。

> **提示**
> 《企业会计准则》要求所得税会计采用资产负债表债务法。

要审查企业的会计处理方法是否符合规定,重点在于确定计税基础、暂时性差异与递延所得税及递延所得税的计量和记录等方面。

(6) 审查在资产负债表上的披露是否恰当。

应通过"应交所得税"账和"银行存款"日记账的记录,结合完税凭证等资料,审核企业是否按规定及时、足额缴纳所得税,有无欠缴、少缴或多缴的情况等。

即学即思 你还能想出利润形成审计的其他方法与技巧吗?

利润分配审计应注意的事项

(二) 利润分配的审计方法与技巧

1. 审查利润分配顺序的合理性、合法性

根据我国有关法规的规定,一般企业和股份有限公司每期实现的净利润,首先是弥补以前年度尚未弥补的亏损,然后应按顺序进行分配。

> **链接**
> 利润分配顺序,请参见"财务会计实务"中的相关内容。

2. 查证亏损弥补的处理

审查时,应查明企业发生的亏损是否真实,是否按规定弥补亏损,有无将企业亏损挂账,或者本已超过弥补亏损规定年限,仍用税前利润弥补的现象。

3. 审查提取盈余公积和公益金的恰当性、合法性

审查时,应首先审阅"盈余公积"账户,了解企业是否提取了法定盈余公积和公益金等;提取比例基数是否符合规定;账务处理是否正确。此外,还应审查公积、公益金的管理和使用是否符合规定。

4. 审查分配给投资者利润的恰当性、合法性

> **提示**
> 分配给投资者的利润,是投资者从企业获得的投资回报。向投资者分配利润必须在当年有利润的前提下,根据投资协议正确计算,并通过"应付利润"或"应付股利"科目进行账务处理。

审查时,首先查明全年实现的净利润,在按规定程序与内容进行分配后是否确实有余额可供分配;其次,查明全年实现的利润分配的合理性。审查分配给投资者的利润时应注意上年未分配利润可合并到当年分配,但在企业未弥补亏损或提取公积、公益金前,不得向投资者分配利润。

5. 审查未分配利润的真实性、合法性

> **提示**
>
> 企业税后利润在弥补亏损、提取公积、公益金和向投资者分配利润后,其余额即为未分配利润。

对未分配利润审计应在上述各项因素审查无误后,检查其数额计算是否正确;有无未经批准随意减少未分配利润或将未分配利润移作他用的现象;还应结合资产负债表审查未分配利润在会计报表上列示的公允性和合理性。

即学即思 你还能想出利润分配审计的其他方法与技巧吗?

三、利润及利润分配审计的工作底稿

(1)主营业务收入、其他业务收入、投资收益、营业外收入、主营业务成本、其他业务成本、营业税金及附加、营业外支出、管理费用、财务费用、销售费用、所得税费用、利润分配等内部控制制度及相关审查记录。

(2)主营业务收入、其他业务收入、投资收益、营业外收入、主营业务成本、其他业务成本、营业税金及附加、营业外支出、管理费用、财务费用、销售费用、所得税费用、利润分配等总账及明细分类账核对的工作记录。

(3)主营业务收入、其他业务收入、投资收益、营业外收入、主营业务成本、其他业务成本、营业税金及附加、营业外支出、管理费用、财务费用、销售费用、所得税费用、利润分配等明细清单。

(4)主营业务收入、其他业务收入、投资收益、营业外收入、主营业务成本、其他业务成本、营业税金及附加、营业外支出、管理费用、财务费用、销售费用、所得税费用、利润分配等明细账审查的工作记录。

(5)主营业务收入、其他业务收入、投资收益、营业外收入、主营业务成本、其他业务成本、营业税金及附加、营业外支出、管理费用、财务费用、销售费用、所得税费用、利润分配等凭证搜集和编制的工作记录。

(6)主营业务收入、其他业务收入、投资收益、营业外收入、主营业务成本、其他业务成本、营业税金及附加、营业外支出、管理费用、财务费用、销售费用、所得税费用、利润分配等审查计划与程序表。

四、案例分析

案例一:

1. 资料

审计人员在审阅某企业2021年6月"银行存款"日记账时,发现一项业务摘要说明不清楚,决定进一步查证。审计人员调阅了相关的记账凭证,会计分录如下:

借:银行存款　　　　　　　　　　　　　　　　　　　　　　　　25 000

贷：应付职工薪酬　　　　　　　　　　　　　　　　　　　　　25 000
　　该凭证账户对应关系可疑，经进一步询问并查阅原始凭证，确认该企业将罚款收入记入了"应付职工薪酬"账户，并已在6月25日作为津贴分给了职工，分录如下：
　　　借：应付职工薪酬　　　　　　　　　　　　　　　　　　　　　25 000
　　　贷：库存现金　　　　　　　　　　　　　　　　　　　　　　　25 000
　2. 分析
　　企业违反了会计制度的规定，将该项营业外收入作为应付职工薪酬核算，造成当期利润减少，少纳税款。
　3. 调整
　　设上述问题在当月查清，审计人员应建议企业编制如下调账分录：
　　　借：其他应收款　　　　　　　　　　　　　　　　　　　　　　25 000
　　　贷：营业外收入　　　　　　　　　　　　　　　　　　　　　　25 000

案例二：
　1. 资料
　　审计人员在审查某公司本年所得税费用时，发现当年所得税费用和当年应交所得税相等，都等于3 300 000元。
　2. 问题或疑点
　　审计人员觉得所得税费用可能有问题。
　3. 审计分析过程
　　经询问，该公司采用的并不是应付税款法，而是纳税影响法。在纳税影响法下，确认所得税费用应为当期所得税及递延所得税费用（或收益）之和。应审查当期是否有应结转的递延所得税费用（或收益），该公司是否存在少计或多计所得税费用，从而调整净利润的情况。经进一步查阅，发现该公司递延所得税负债年初数为400 000元，年末数为500 000元，递延所得税资产年初数为250 000元，年末数为200 000元。
　4. 处理调整
　　该公司所得税费用的计算如下：
　　递延所得税费用=（500 000-400 000）+（250 000-200 000）=150 000（元）
　　所得税费用=当期所得税+递延所得税费用=3 300 000+150 000=3450 000（元）
　　该公司调整分录如下：
　　　借：所得税费用　　　　　　　　　　　　　　　　　　　　　　150 000
　　　贷：递延所得税负债　　　　　　　　　　　　　　　　　　　　100 000
　　　　　递延所得税资产　　　　　　　　　　　　　　　　　　　　 50 000

课堂讨论 1. 审计人员在审查某公司因遭受水灾毁损一座仓库的清理情况时，发现该单位将仓库账面价值3 000 000元全部计入了营业外支出，经查证该仓库原价4 000 000元，已计折旧1 000 000元，未计提减值准备。进一步调查得知，仓库中所保存的材料经整理估计价值为50 000元，发生的清理费用为20 000元，通过向保险公司查询，该仓库曾经投保，经保险公司核定已理赔1 500 000元。

　　分析提示：固定资产处置损失应是报废固定资产的残料价值和变价、理赔收入，不足以抵补处置固定资产的账面价值、清理费用、处置相关税费所发生的净损失。

问题：该仓库的清理净损益应为多少？

2. 某企业 2021 年利润表中，主营业务收入 14 700 000 元，利润总额 5 900 000 元，所得税 1 947 000 元。经审查，发现有关项目的资料如下：

(1) "管理费用"项目。① 2021 年企业经营租入设备 5 台，企业按月计提折旧，全年共计提折旧 4 000 元，全部列入"管理费用"项目；② 职工宿舍全年用水、用电共计 15 000 元，全数列入；③ 全年业务招待费共列支 105 000 元。

(2) "财务费用"项目。当年银行存款利息收入 6 000 元未做账务处理。

(3) "投资收益"项目。当年"投资收益"项目中有 3 000 元为国库券利息收入，在计算应纳税所得额时没有扣减。

(4) "营业外支出"项目。当年该项目中有 17 000 元为税收滞纳金和罚款支出，在计算应纳税所得额时已做扣减。

根据上述资料，注册会计师验证了该企业 2021 年所得税额计算的正确性(假定该企业适用的所得税税率为 25%)。

分析提示：

(1) "管理费用"项目。① 经营租入设备不应计提折旧；② 职工宿舍用水、用电的费用应由职工本人负担，不应记入"管理费用"项目；③ 根据有关规定，业务招待费的列支数额应根据企业年销售收入净额的一定比例计算，年销售收入净额为 1 500 万元以下的，业务招待费的列支限额为年销售收入净额的 5‰。

(2) "财务费用"项目。当年利息收入应冲减财务费用。

(3) "投资收益"项目。根据《企业所得税暂行条例实施细则》的有关规定，纳税人购买国债的利息收入不计入应纳税所得额。

(4) "营业外支出"项目。根据《企业所得税暂行条例》的有关规定，在计算应纳税所得额时，各项税收的滞纳金和罚款不得扣除。

要求：计算 2021 年利润总额、2021 年应纳税所得额、2021 年应纳所得税额、少交所得税，调整有关的账簿记录。

 阅读条目

1. 内部会计控制规范——成本费用
2. 企业会计准则第 16 号——政府补助
3. 企业会计准则第 17 号——所得税

项目十二

财务报表审计

任务一 资产负债表审计

学习目标

1. 能说出资产负债表中资产、负债及所有者权益项目错弊的主要表现形式。
2. 能运用资产负债表审计常用的方法和技巧。
3. 能够合理选择并熟练运用适当的方法对资产负债表各列报项目进行审查。
4. 会结合案例掌握资产负债表中重要性项目的识别与分析技巧。

引导案例

审计人员于 2021 年 3 月 10 日对长河公司 2020 年度资产负债表中的"应付账款"项目进行审计,运用分析性复核程序计算得出,该公司当期应付账款对进货总额的比率高达 60%。审计人员通过函证相关业务单位,并进一步审查应付账款明细账及相关原始凭证和记账凭证,发现有一笔金额为 1 170 000 元的应付 A 公司货款确为虚列项目,经查明为 2020 年 12 月 5 日收到 A 公司的购货款,长河公司以拆借 A 公司款项名义,做会计处理如下:

借:银行存款　　　　　　　　　　　　　　　　　　　　1 170 000
　　贷:应付账款——A 公司　　　　　　　　　　　　　　　　1 170 000

审计人员通过执行相关审计程序,认定此种情况属于虚列负债、隐瞒收入的情形,并通过编制调整分录对资产负债表列报项目做相应调整。

一、资产负债表常见错弊

(1) 报表格式不规范,项目不齐全、不完整。

> 链接
>
> 资产负债表的格式,参见"财务会计实务"中的相关内容。

(2) 资产负债表各项目数据与账簿数据不一致,填制方法不正确。

(3) 对资产负债表进行人为平衡。有的企业在出现不平衡时,不是进一步去查找原因,而是简单地改变有关项目数据进行人为平衡。

(4) 凭空杜撰,人为造假。有的企业出于某种目的需要,人为虚设项目金额,或虚增资产,或虚减负债。例如,没有在建工程项目金额,而虚列该项目金额;人为虚增存货、应收账款等金额,提供虚假会计报表。

二、资产负债表的审计方法与技巧

资产负债表的审计目的

(一) 资产负债表编制规范的审计方法与技巧

(1) 审查企业编制的资产负债表是否符合国家会计制度规定的格式和内容。

(2) 审查编制单位、编报日期、金额单位是否正确完整。

(3) 资产负债表各项目填列是否齐全,有无漏填、错填、跳行、错行等情况。

(4) 资产负债表应附的附表是否附上。

(二) 资产负债表编制技术的审计方法与技巧

> 知识拓展
>
> 资产负债表编制技术是指资产负债表各项目数据填制的技术方法。

> 提示
>
> 资产负债表编制技术的审查主要是审查企业根据账簿资料填制资产负债表项目金额的技术方法是否正确。

1. 资产负债表各项目年初数填制的审查

资产负债表各项目年初数是根据上年末资产负债表"期末数"填列的,如果本年度资产负债表规定的各项目的名称和内容同上年度不一致,应对上年末资产负债表各项目的名称和金额按照本年度的规定进行调整后,填入"年初数"栏。审查时应先审查本年各报表项目名称和内容是否与上年一致,若一致,则要审查上年末报表项目名称及按本年度报表项目名称内容进行的调整是否正确,调整后的金额是否正确列入本年度资产负债表。

2. 资产负债表各项目"期末数"填制的审查

> 链接
>
> 资产负债表编制方法,参见"财务会计实务"中的相关内容。

(1) 审查根据总分类账户期末余额直接填制的项目。资产负债表中有许多项目金额主要是根据各有关总分类账户余额直接填列的,审查这些项目金额时,要将这些项目金额与其相应的总分类账户余额核对,确认金额相符。

(2) 审查根据多个总分类账户余额分析计算填列的项目。资产负债表中有部分项目是根据多个总分类账户余额分析计算填列的,有些是根据多个总分类账户余额相加填列,有些则是根据相加或相减后的余额填列。

(3) 审查根据有关明细分类账户余额分析计算填列的项目。资产负债表中有些项目是根据有关账户所属的明细分类账户余额分析计算填列的,审查时,应将相应明细账户的余额采用复算法验算其计算的准确性,并确认已正确填列。

(4) 审查根据总分类账户和有关账户的明细分类账户余额分析计算填列的项目。资产负债表中有些项目是根据相关总分类账户和有关明细账户分类账户余额分析计算填列的。审查时,应注意总分类账户和相关账户的明细分类账户分析计算是否正确,填列是否正确。

(三) 资产负债表平衡性的审计方法与技巧

> **提示**
> 资产负债表主要是依据分类账户和所属明细分类账户期末余额填制的,并且资产负债表以"资产=负债+所有权益"为基础,因此,可以进行两个平衡性审查。

1. 审查本期各总分类账户的余额平衡

在借贷复式记账法下,发生的经济业务按照借贷记账法的记账规则记账后,必然得到全部账户的借方余额合计等于全部账户的贷方余额合计。通过编制本期发生和余额平衡试算表,来检查账户记录是否有错误,如果不平衡,应采用一定的方法进一步查明原因,做到平衡。这是确保编制的资产负债表平衡的前提。

2. 审查资产负债表自身的平衡性

采用复算法,首先验算资产负债表中有关小计、合计是否正确,其次审核资产总计是否等于负债和所有者权益总计。

(四) 资产负债表勾稽关系的审计方法与技巧

> **提示**
> 由于资产负债表全面地反映了企业在某一特定日期的财务状况,因此,该表不仅在其内部存在着一定的勾稽关系,而且也与其他有关报表存在着勾稽关系。

1. 资产负债表表内的勾稽关系

资产负债表表内的勾稽关系体现在资产负债表内各项小计等于各类项目合计,各类资产合计等于资产总计,流动负债合计、长期负债合计与所有者权益合计之和等于负债和所有者权益总计,资产总计等于负债和所有者权益总计。采用复算法检查其计算的正确性。

2. 资产负债表与其他相关报表的勾稽关系

(1) 审查资产负债表中"未分配利润"项目金额与利润分配表中的"未分配利润"项目金额两者一致。

(2) 资产负债表中有关项目金额与企业编制的其他相关报表的某些项目金额也存在勾稽关系。如"存货"项目与存货明细表存在勾稽关系等,也应审查相关金额一致。

(五) 资产负债表的复查和评价审计的方法与技巧

(1) 采用监盘的方法,对库存现金、固定资产、存货等实物资产的实际存在予以确认,并取得必要的证据确认其所有权,从而对资产负债表相应项目的列报金额做出认定。

(2) 对银行存款及银行借款进行清查核实,取得银行的对账单和对未达账项调节的书面证据,以证实其实际存在。

(3) 采用函证的方法取得审计证据,核对各种往来账项,并予以证实。

(4) 通过对有价证券或书面证据的清点,取得审计证据,证实投资项目如债券、股票等,应付债券项目和其他长期负债项目列报金额属实。

(5) 通过审阅公司章程、投资协议(合同)及其验资报告和有关账目取得审计证据,通过审查股东会决议及有关账目取得有关公积、未分配利润的审计证据,对所有者权益的合规性予以证实。

> ☞ 提示
> 如果资产负债表审计是在已全面完成各业务循环审计的基础上进行的,则只需对已取得的审计证据进行复查和评价即可做出认定。

(六) 资产负债表编报遵循相关会计原则的审计方法与技巧

> ☞ 提示
> 为了保证资产负债表表内所列资产、负债数额的正确性,各项目的确认和计量必须符合一般会计原则要求。

1. 一贯性原则

审查资产项目的会计处理中,如折旧计提、存货计价方法的运用等在前后会计期间有无变动,如有变动,则应进一步明确,属合理需要的情形,应当在报表附注中对变更的理由及其影响等情况做出明确说明。

2. 真实性原则

审查资产、负债项目是否按其实际成本计价,列报金额是否真实、合理,如有发现调整其账面价值的情况,则应进一步查核该调整事项是否符合国家有关规定。

3. 稳健性原则

着重审查资产项下的应收账款是否设置坏账准备等备抵项目,其坏账准备金的提取是否符合规定;审查在市场价格大幅度变动时存货计价的方法、技术进步较快时固定资产折旧的计算方法是否做合理变更,检查资产价值的真实性,防止损益不实。

4. 重要性原则

审查当企业发生对当期财务状况有重要影响的事项时(如一年内到期的长期负债),是否按规定在表内单独列项反映,并做说明。

(七)资产负债表列报项目所反映的主要指标合理性的审计方法与技巧

> ☞ 提示
>
> 根据资产负债表及相关辅助资料,审计人员可以通过计算若干项财务指标进行分析性复核,利用报表数据的勾稽关系对各列报项目的合理性做出分析和认定。

资产负债表分析所涉及的主要指标包括:

1. 资产负债率

分析程序

> ☞ 知识拓展
>
> 资产负债率,又称负债比率,是指负债总额在全部资产中所占的比重。

资产负债率反映被审计单位对债权人权益的保障程度,用以衡量被审计单位的偿债能力。对于债权人来说,这个比例越低越好。负债占资产的比率越低,说明可用于抵债的资产越多,表明被审计单位的偿债能力越强,债权人借出资金的安全程度越高;反之,则说明被审计单位的偿债能力越弱,债权人借出资金的安全程度越低。

> ☞ 提示
>
> 分析资产负债率时,要特别注意资产负债率是否超过100%,如果资产负债率大于100%,表明被审计单位已资不抵债,视为达到破产的警戒线。当然,这是一般性观点。对资产负债率的分析,还应当考虑企业所处行业的特殊性、经营方式等,不同类型的企业,资产负债率的参考标准可能存在差异。

2. 负债权益比率

> ☞ 知识拓展
>
> 负债权益比率是被审计单位总的负债与所有者权益总额之比,也叫作产权比率。负债权益总额,反映被审计单位财务结构的强弱,以及债权人的资本受所有者权益保障的程度。负债权益比率高,说明被审计单位总资本中负债资本高,因而对负债资本的保障程度较弱;负债权益比率低,则说明被审计单位本身的财务实力较强,因而对负债资本的保障程度较高。

3. 流动比率

> **知识拓展**
> 流动比率,又称营运资金比率或流动资金比率,是指被审计单位的全部流动资产与全部流动负债之间的比率。流动比率是衡量短期负债偿还能力最通用的比率,它表明被审计单位的流动资产在短期债务到期前,可以变为现金用于偿还流动负债的能力。

由于流动负债是在短期内偿还的债务,而流动资产是短期内可变现的资产,因此流动资产是偿还流动负债的基础。流动负债比率反映了被审计单位的短期偿债能力,同时也反映了其变现能力。流动比率越高,说明短期偿债能力和变现能力越强;反之,则说明短期偿债能力和变现能力越弱。但是,如果流动比率过高,则表明流动资产占用多,意味着可能存在库存材料积压或产成品滞销问题。

4. 速动比率

> **知识拓展**
> 速动比率是指被审计单位的速动资产与流动负债之比。所谓速动资产,是指流动资产中最具流动性的部分,一般指扣除存货后的各项流动资产的总和。

速动比率是对流动比率的补充,反映被审计单位的短期清算能力。速动比率高,说明被审计单位清算能力强,偿还债务有保障;反之,则弱。因为速动资产中只包括货币资金、短期投资和应收账款等,不包括流动资产中变现能力慢的存货,只要速动比率高,就有较足够的偿债资金。

> **提示**
> 对流动比率、速动比率的分析,也应当考虑企业的行业特点及经营模式等因素。

审计报告与实际资产负债表不同的原因

三、案例分析

(一)案例背景

ABC 股份有限公司委托天瑞会计师事务所的注册会计师张伯、李仲对本公司 2020 年年末的资产负债表进行审计,该公司是天瑞会计师事务所的老客户,公司的内控制度健全、有效。

ABC 股份有限公司资产负债表如下:

资产负债表

编制单位：ABC 股份有限公司　　　　　2020 年 12 月 31 日　　　　　　　　　　　　　　单位：元

资　　产	年初数	期末数	负债和所有者权益	年初数	期末数
流动资产			流动负债		
货币资金	1 421 300	820 745	短期借款	300 000	50 000
应收票据	246 000	46 000	应付票据	200 000	100 000
应收账款	300 000	600 000	应付账款	953 800	953 800
减：坏账准备	900	1 800	应付职工薪酬	110 000	180 000
应收账款净额	299 100	598 200	应交税费	30 000	205 344
预付账款	100 000	100 000	其他应交款	7 600	6 600
其他应收款	5 000	5 000	其他应付款	50 000	50 000
存货	2 580 000	2 574 700	一年内到期的长期负债	1 000 000	
流动资产合计	4 751 400	4 144 645	流动负债合计	2 651 400	1 545 744
长期投资：			长期负债：		
长期股权投资	250 000	250 000	长期借款	600 000	1 160 000
固定资产：			负债合计	3 251 400	2 705 744
固定资产原价	1 500 000	2 401 000			
减：累计折旧	400 000	170 000			
固定资产净值	1 100 000	2 231 000			
在建工程	1 600 000	728 000			
固定资产合计	2 600 000	2 959 000	所有者权益		
无形资产及其他资产：	800 000	740 000	实收资本	5 000 000	5 000 000
无形资产	600 000	540 000	盈余公积	150 000	185 685.15
长期待摊费用	200 000	200 000	其中:公益金		11 895.05
无形资产及其他			未分配利润		202 215.85
			所有者权益合计	5 150 000	5 387 901
资产合计	8 401 400	8 093 645	负债和所有者权益总计	8 401 400	8 093 645

（二）报表分析要点

（1）分析资产负债表整体结构的合理性，即资产负债表的编报是否符合现行企业会计准则和会计制度的规定，报表项目填列是否齐全，格式是否规范。

（2）分析资产负债表主要项目填报的合规性以及数据列报的合理性。对资产负债表列报项目进行分析，除考虑各项目的自身特性外，还应充分运用分析性复核的方法，审查有关项目期末数与年初数差异变动是否异常，数据结构是否合理等。

（3）对于资产负债表中的重要性项目和存在疑点的项目，进一步追踪审查相关账簿、凭证,以取得更为充分、适当的审计证据。

(三) 案例分析

通过对 ABC 股份有限公司资产负债表的审阅,可以看出该公司所编报的资产负债表,其结构符合现行会计准则和会计制度的规定,各项目填列齐全。

重要性项目的识别与分析如下:

1. "应收账款"项目

应收账款期末数为 600 000 元,年初数为 300 000 元,差异数为 300 000 元,审计人员应进一步查阅应收账款明细账和预收账款明细账,并采用函询的方法证实其真实性,有无通过虚构应收、预收项目以虚增利润的现象。此外,审计人员还应审查该公司销售策略的合理性,有无盲目赊销的现象。

2. "预付账款"项目

预付账款期末数为 100 000 元,年初数为 100 000 元,差异数为 0。审计人员需进一步查阅预付账款明细账和应付账款明细账,并采用函询的方法证实其真实性,尤其应注意期初至期末期间是否发生等额增减变动情形,是否与对方单位存在纠纷,或是人为虚假挂账。

3. "其他应收款"项目

其他应收款期末数为 5 000 元,年初数为 5 000 元,差异数为 0。尽管该项目的数额较小,但是由于差异数为 0,则应重点审查其他应收款明细账(特别注意备用金业务),以证实是否存在长期挂账现象。

4. "存货"项目

存货期末数为 2 574 700 元,年初数为 2 580 000 元,差异数为 -5 300 元。尽管存货期末较年初的资金占用额减少 5 300 元,但是总体数额还是非常高的,因此,应进一步审查产成品、材料等项目,审查其储备数额的合理性,是否存在存货积压现象。

5. "长期股权投资"项目

长期股权投资期末数为 250 000 元,年初数为 250 000 元,差异数为 0。对于该项目的审查,主要应从核算方法入手,审查各投资项目是否对被投资单位构成控制或重大影响,若存在控制或重大影响,应采用权益法核算,反之,则宜采用成本法核算。只有遵循这一审查思路,运用复算、审阅等方法,才能证实期末数的合规性。

6. "固定资产"项目

固定资产期末数为 2 401 000 元,年初数为 1 500 000 元,差异数为 90 1000 元。对于 901 000 元的增加额,应重点审阅固定资产明细账,以证实增减变动的真实性、合规性、合法性及合理性,是否存在违规、违法购建固定资产,以及盲目购建现象。

7. "累计折旧"项目

累计折旧期末数为 170 000 元,年初数为 400 000 元,差异数为 -230 000 元。累计折旧是固定资产的抵减项目,两者是相互依附的。但是,该公司"固定资产"项目的变动差异数为 901 000 元,而"累计折旧"项目的变动差异数为 -230 000 元,这显然是一种不正常的现象。

根据以上情况,审计人员应重点从如下几方面加以审查:

(1) 审查本年度固定资产折旧方法使用的合理性,是不是上年一些固定资产采用了加速折旧法,而本年度采用了平均年限法。

(2) 审查折旧基数和折旧率确定的合理性。固定资产的折旧基数为固定资产期初账面原值,所以,若公司所增加的固定资产在本年12月份,上年减少的固定资产在12月份,那么,该类业务是形成上述结果的正常因素。此外,若该公司采用分类折旧率或综合折旧率,其变动也会对累计折旧造成影响。

8. "长期待摊费用"项目

长期待摊费用期末数为200 000元,年初数为200 000元,差异数为0。该项目的审查应从其明细账入手,证实其是否遵循了权责发生制原则,是否存在为虚增利润而长期挂账现象。

9. "应付账款"项目

应付账款期末数953 800元,年初数953 800元,差异数为0。应付账款项目差异数为0,这是一种不正常的现象,对此应进一步追踪审查应付账款明细账和预付账款明细账,重点业务须向债权人函证,以确认应付账款的真实性,有无长期挂账、隐瞒负债等现象。

10. "应付职工薪酬"项目

应付职工薪酬期末数为180 000元,年初数为110 000元,差异数为-70 000,对此应进一步审查相关明细账以及工资结算单,以证实工资核算的合规性,有无拖欠工资或虚列工资费用的现象。

11. "应交税费"项目

应交税费期末数为205 344元,年初数为30 000元,差异数为175 344元。对于应交税费项目的审查,应重点放在各明细账上,尤其是增值税、消费税、所得税等税种的审查,查证企业欠税的原因,有无长期欠税的情形。

12. "长期借款"项目

长期借款期末数为1 160 000元,年初数为600 000元,差异数为560 000元。对于该项目应以其明细账为重点,从如下几方面加以审查:

(1) 审查借款的合规性。例如,基建项目专项借款的条件一般为:投资项目用地和设备已有妥善规划、生产所需资源已经落实、产品的工艺经论证已经过关等。

(2) 审查借款的合理性。查证企业取得借款前是否进行了充分的可行性分析,是否存在盲目借款、挪作他用的情形。此外,应查明借款本息偿还的及时性,有无长期拖欠借款本息的情形。

(四) 问题与思考

资产负债表是静态反映企业财务状况的重要报表,通过此表可计算出资产负债率、流动比率、速动比率等债权人极为关心的财务指标。鉴于此,某些个别企业为粉饰自身的偿债能力,常常在相关项目上做手脚,故有必要深入研究资产负债表审计方法和技巧。一般情况下,审计不能简单地审查数据计算、项目填列的正确性,应从一些重要项目入手,综合运用分析性复核、核对、审阅、查询、盘点等审计方法,深入追踪审查账簿、会计凭证,揭其伪装,以反映其真实面目。

课堂讨论 1. 根据 ABC 股份有限公司 2020 年 12 月 31 日的资产负债表,计算该报表所反映的公司资产负债率、产权比率、流动比率以及速动比率。

2. 结合上述对报表项目的分析,进一步评价该公司资产负债表指标所反映的信息,如有异常,分析讨论其存在的疑点及可能的原因。

3. 通过以上背景分析,选择适当的审计方法,设计相关审计程序。

阅读条目

1. 中国注册会计师审计准则第 1101 号——财务报表审计的目标和一般原则
2. 中国注册会计师审计准则第 1142 号——财务报表审计中对法律法规的考虑
3. 中国注册会计师审计准则第 1631 号——财务报表审计中对环境事项的考虑
4. 企业会计准则第 30 号——财务报表列报
5. 独立审计准则第 1 号——会计报表审计

任务二 利润表审计

学习目标

1. 能归纳利润表审计的主要内容。
2. 能说出利润表错弊的主要表现形式。
3. 能运用利润表分析的常用方法和技巧。
4. 能说出利润表各项目审查的要点。
5. 能结合案例,掌握利润表审计的基本程序。

引导案例

2021 年年初,A 会计师事务所对 M 公司 2020 年度利润表进行审计时,了解到该公司 2020 年生产经营未发生重大变化,且无重大重组行为。通过对相关报表资料分析后发现,该公司 2020 年度毛利率为 20%,较上一年增长了 2.5%;2020 年度营业税金及附加与营业收入之比为 2%,较前一年的 2.25% 有所下降。在经营形势、管理及组织架构未发生重大变化,且无重大重组行为的背景下,这一变化是异常的,表明公司可能存在虚构营业收入、虚减营业成本或营业税金及附加的情形。

针对以上分析所得出的审计重点和疑点,审计人员进一步设计相应的实质性程序,并选择适当的审计方法进行了审查。

一、利润表常见错弊

（1）报表格式不符合会计制度规定，项目内容不完整。

> **链接**
> 利润表的格式，参见"财务会计实务"中的相关内容。

（2）各项目金额计算、填列错误。
（3）依据不明，账表不符。
（4）人为杜撰，弄虚作假。
（5）利润表勾稽关系不正确。

二、利润表的审计方法与技巧

> **提示**
> 利润表的审查主要是在对各利润表项目填制依据的账户资料的真实性、正确性审查的基础上，采用审阅法、核对法、复核法、分析法等对利润表编制规范、各项目填列技术、报表勾稽关系等方面进行审查。

利润表
审计目的

（一）利润表编制规范的审计方法与技巧

（1）审查企业编制的利润表是否符合国家企业会计制度规定的格式和内容。
（2）审查报表单位、报表反映的会计期间、金额单位是否完整。
（3）利润表各项目是否填列齐全，有无漏填、错填、跳行等。
（4）补充资料是否填列。

（二）利润表编制技术的审计方法与技巧

> **提示**
> 利润表的编制技术是指利润表各项目数据填制的技术。
> 利润表编制技术的审查主要是审查根据账簿资料填制利润表各项目金额的技术方法是否正确。

1. 利润表各项目"本月数"的审查

> **链接**
> 利润表编制方法，参见"财务会计实务"中的相关内容。

利润表的"本月数"栏反映各项目的本月实际发生数。在编制年度会计报表时,填列上年全年累计发生数,如果上年度利润表与本年度利润表的项目名称进行调整,则填入本年度利润表的本月数栏,再将报表本月数名称改为上年数。

利润表各项目本月数主要是根据各损益类账户本期实际发生额分析填列的。对各项目的审查必须将报表项目同相关总分类账户发生额进行核对,确认实际发生数,并审查填列是否正确。如对"营业收入"项目审查时,应将主营业务收入、其他业务收入报表项目数与"主营业务收入""其他业务收入"总分类账的实际发生额核对相符。"营业收入"本期实际发生额应是本期销售额扣除销售退回后的销售净额。

2. 利润表各项目"本年累计数"的审查

> ☞ 提示
> 利润表各项目"本年累计数"反映各项目自年初起至报告期末止的累计实际发生额。其填列方法是将上月利润表各项目的本年累计数加各项目的本月数填列。

审查时,应复核上月利润表各项目的本年累计数与各项目的本月数的合计,并确认是否填列正确。

(三)利润表勾稽关系的审计方法与技巧

1. 审查利润表内的勾稽关系

利润表内的勾稽关系主要是表内各项目数据之间的相互关系。主要表现为:

(1)营业利润=营业收入-营业成本-营业税金及附加-销售费用-管理费用-财务费用-资产减值损失+公允价值变动收益+投资收益

(2)利润总额=营业利润+营业外收入-营业外支出

(3)净利润=利润总额-所得税费用

对利润表内的勾稽关系的审查就是要对各项相关项目数据进行复算检查,确认计算、填列正确。

2. 审查利润表与其他报表的勾稽关系

利润表与其他报表的勾稽关系的审查,主要是审查利润表与企业编制的其他相关报表,如"利润分配表""主营业务收支明细表"等报表中的相关项目金额的核对等。

3. 利润表与其相关账簿记录间的勾稽关系

利润表是根据有关账户的期末余额填列的,所以要审计利润表各项目的金额与有关明细账账户的期末余额是否一致,利润表各项目的金额与总账的本期发生额及余额是否相等。

三、案例分析

(一)背景资料

DEF 股份有限责任公司,主营业务为家用电器原料、设备的加工、制造、销售及电器百货的零售买卖。2021 年度财务报表所反映的主要财务数据和指标测算如下:

总资产 31 605 万元,所有者权益 16 021 万元,资产负债率 49.31%;

净利润 1 959 万元,净资产收益率 12.23%;

经营活动产生的现金流量净额 10 318 万元。

(二) 审计方法的选择

运用调查表法、流程图法、检查凭证法、实地考察法、审阅、核对、追踪、查询、函证及分析性复核等审查方法对该公司的利润表及利润形成进行审查。

(三) 审计程序

1. 控制测试

根据审计计划的安排,通过调查表、流程图等方法对内部控制进行了调查了解,以文字描述的形式对调查结果进行了描述,并运用检查凭证法、实地考察法等方法对利润形成的内部控制进行了测试。根据测试结果,审计人员认为,关于该公司利润形成的内部控制有的方面是健全有效的,而有的方面还存在着缺陷。具体而言:

控制测试

(1) 公司销售环节的内部控制制度、成本费用的内部控制制度、货币结算制度和利润核算制度等已经设置并发挥作用;责任分工明确,能够按规定的程序和审批权限办理审批手续。

(2) 公司对投资收益,尚未设置严格的登记制度,难以分清各项投资收益的界限;年末库存证券的盘点清单没有与投资明细表中的投资种类、本年增减数额、年末余额和投资收益进行核对;该公司损益类项目的总账与明细账之间缺乏定期的核对制度;经测试发现营业外收支存在不及时入账的问题,影响了利润总额中营业外收支项目核算的及时性和准确性。

根据控制测试的情况,审计人员决定对损益形成的各项目增加施行实质性测试的时间和范围,获取更多的审计证据。

2. 实质性程序

(1) 编制利润总额分析表进行初步分析与复核。审计人员运用分析性复核方法,通过对 DEF 公司 2019 和 2020 年度利润表中本年利润总额与上年数加以审核比较后发现,公司本年实际利润总额 4 527 万元,比上年利润总额 4 277 万元增加 250 万元,有明显的增长趋势。

实质性程序

审计人员进一步分析了公司利润构成的变动情况,发现该公司的利润总额中营业利润增幅较大。由利润总额分析发现,营业利润的增长是在其他业务收入和主营业务收入增长的基础上实现的。

尽管该公司的主营业务收入和其他业务收入都超过了上一年,但是主营业务收入的增长幅度小于其他业务收入。其他业务收入是企业基本生产经营以外的活动,过多地从事这类活动,将妨碍企业有效地开展基本生产经营活动。这表明该公司在生产经营、利润的有效管理等方面仍存在着一定问题。

(2) 审查利润总额各构成项目的明细账。审计人员运用审阅、复核、追踪、查询及函证等审查方法,检查 DEF 公司年度内各损益形成明细账。

首先,审核营业利润构成项目的明细账,这里主要是看其是否有虚构利润和隐瞒利润的现象。

通过审查发现,"GH 公司"明细账在 12 月 29 日有一笔借方发生额 20 万元,审计人员认为这项记录金额较大,并发生于月末,属非常情形,于是将明细记录与有关记账凭证进行了核对。审计人员审阅记账凭证时发现它没有附任何原始凭证;进一步追查发票存根,没有发现相应的销售发票;查阅产成品仓库账,也没有发现提货记录。经向 GH 公司发函询证后,审计人员确定这笔销售业务是 DEF 公司为完成 2020 年利润目标而虚构的业务事项。

其次,审核投资收益的明细账,通过审查投资净收益的记录是否完整、计算是否正确,确定投资净收益在会计报表上的披露是否恰当。

审计人员指出,DEF 公司的投资收益中,隐瞒 LM 公司转来的投资利润 13 200 元,并漏记 2020 年度的国库券投资收益 168 000 万元,于是责令进行调整:调增利润 13 200 元和补记国库券投资收益 168 000 万元。

最后,审核营业外收支的明细账,主要审查营业外收支的记录是否完整、计算是否正确;确定营业外收支在会计报表上的披露是否恰当。

审计人员对营业外收支的明细账进行审计并指出,DEF 公司在 2020 年度未对为 OP 公司向银行借款 90 万元提供担保这一诉讼案件做相应的会计处理;此外,该公司盘点库存原材料短缺的账务处理不及时,管理员小 A 因过失而应赔偿的 5 万元款项作为其他应收款,应按余额的 5%计提坏账准备,但公司并未做相应处理。于是要求公司对以上事项做出账务调整。

(3) 调整与审定利润表中各构成项目的金额。审计人员主要对利润总额各构成项目和各项目结转"本年利润"账户的情况加以审核,判断其是否有异常事项。

课堂讨论 1. 企业利润的形成取决于一定期间收入与费用的配比方式。根据我国会计制度规定,利润总额的形成主要来源于三大部分,即营业利润、投资净收益、营业外收支净额。结合上述案例,讨论分析:利润表审计的目标是什么?如何根据审计目标选择切入点,进而设计审计程序?

提示:通过审核与"本年利润"账户相关的各损益类账户,进而审查利润形成的真实性、合法性,以实现利润表审计的目标。

2. 结合以上案例,概括利润表审计的一般程序,讨论:利润表审计程序设计有怎样的特点?

3. 结合案例描述,什么是控制测试?在执行实质性程序之前,为什么要进行控制测试?本案例中,控制测试为后续的实质性程序提供了哪些指导性信息?

阅读条目

1. 中国注册会计师审计准则第 1101 号——财务报表审计的目标和一般原则
2. 中国注册会计师审计准则第 1142 号——财务报表审计中对法律法规的考虑
3. 中国注册会计师审计准则第 1631 号——财务报表审计中对环境事项的考虑
4. 独立审计准则第 1 号——会计报表审计

项目十二 财务报表审计

任务三 现金流量表审计

现金流量表
审计的特点

学习目标

1. 能说出现金流量表审计的主要内容。
2. 能说出现金流量表错弊的主要表现形式。
3. 能运用现金流量表分析的常用方法和技巧。
4. 结合案例,掌握现金流量表审计要点。

引导案例

CFA 股份有限公司 2021 年度实现净利润 2 296 万元,经营活动产生的现金流量净额 35 206 万元,后者是前者的 14.33 倍。一般而言,该公司现金流量表所揭示的本年度业绩大大超过了损益表列报的利润,是不可信的。同时,审计人员在查阅其他财务资料时发现,年末公司各项应付款均有不同程度的增加,其中应付票据余额 16 276 万元,与年初余额 2 762 万元相比增加了 13 514 万元,且主要是应付关联方 CH 集团材料采购款 14 327 万元。进入 2022 年 1 月,公司全额偿还了该笔材料采购款。

显然,如果该笔应付票据项下的关联方采购款项在报告期内支付,必将大大减少经营活动产生的现金流量净额,如此编制现金流量表是十分典型的人为操纵。

一、现金流量表常见错弊

(一)现金的"创造"

> **知识拓展**
>
> 所谓现金"创造",是指企业管理者对报表现金流量所采取的直接的、赤裸裸的操纵造假行为。

现金的"创造",不能简单地理解为通常所说的"财务包装",而应当作为财务欺诈行为对待。这种现金"创造"主要表现为两种形式:

1. 蓄意捏造现金资产

通过伪造会计记录、编造假账的方式虚增企业资产,更为直接的是通过伪造文件虚报银行存款。

229

2. 虚构经营业务、交易事项

为了粉饰经营活动现金流量，有的企业往往采取虚构经营活动、以"做蛋糕"的方式造成企业经营规模不断发展、业务不断增长的假象。典型的做法是，同时虚增经营性现金流入与经营性现金流出，或同时虚增经营性现金流入与投资性现金流出。这样，一方面提高了经营活动现金流量，另一方面又不影响报表的平衡关系。

（二）虚构、粉饰现金流

1. 把投资收益列为经营活动收入

一些企业把闲置的现金投入有价证券投资中，当企业需要现金的时候，再把这些证券卖掉。

2. 粉饰"收到的其他与经营活动有关的现金"项目

> **知识拓展**
>
> "经营活动产生的现金流量"栏目中有一项是"收到的其他与经营活动有关的现金"，该项目反映了除主营业务以外其他与经营活动有关的现金活动，如罚款收入、流动资产损失中由个人赔偿的现金收入等。

即学即思 企业还可能通过哪些关联方往来业务，蓄意操纵经营活动现金流量？

3. 调整经营活动现金支出

有些企业蓄意调整经营活动的现金支出，使经营活动产生的现金净流量更具"吸引力"，产生企业经营良好、经营活动创造现金能力很强的假象。

> **提示**
>
> 这种造假手法在现金流量表上的反映为：使大量本应列入经营性支出的资金流，错误地列为投资性支出，从而虚增了经营活动产生的现金流量，严重误导了投资者、债权人等报表使用者对企业现金流量创造能力的判断。

（三）巧妙的财务"包装"

> **知识拓展**
>
> **财务"包装"**
>
> 财务"包装"是指一些企业在政策法规允许的范围内，采取了一些相对"合法"的操纵手段，比如调整财务政策、利用关联方交易、应收账款证券化交易等。这种财务"包装"，利用的是会计准则和相关法规允许企业管理层行使"在合理范围内酌情处理"的内容，因而在一定"合理"限度内，这种手段是不违规的"擦边球"。

1. 调整应付账款的支付期限

延长向供货商支付货款的期限,从而减少会计期间内的经营性现金支付,改善经营活动产生的现金净流量。但是这种利用延长支付期限来改善现金流的方法,一般只能奏效一次,在这之后,企业只有通过不断提高营业能力,来获得持续增长的现金流。

2. 应收款项的证券化交易

提前收回应收账款,会改善报告期内企业的经营性现金流。但应当清楚的是,提前收回应收账款并不容易,一些国外公司往往通过出售应收账款来达到提前收账的目的。

现金流量表
审计程序

二、现金流量表审计的方法与技巧

(一)复核经营活动的净现金流量

1. 检查现金流入内容是否完整,计算是否正确

现金流量表
的审计方法

> ☞ **提示**
> 经营活动现金流入包括来自销售商品或提供劳务实际收到的现金。从顾客处收到的现金,既有本期现销部分得到的现金,又有以前年度赊销本期收回的现金,而本期销货净额中又有赊销部分。

审计人员应对本期销货净额及期初、期末应收票据、应收账款的变动加以调整测算,公式如下:

自顾客处收到的现金 = 本期销货净额 + 应收票据(或应收账款)减少额(或减其增加额)

2. 检查现金流出的正确性

> ☞ **提示**
> 经营活动现金流出的内容主要有购买存货和各种费用支出。

用于本期购货支出的现金,既有本期现购支出的现金,又有以前年度赊购、本期支出的现金;同时本期购货成本中还应包含赊购部分。因此,购货支出的现金要对本期的购货成本根据期初、期末应付票据、应付账款的变动加以调整求得,公式为:

购货支出的现金 = 销售成本 + 存货增加额(或减其减少额) + 应付票据减少额(或减其增加额) + 应付账款减少额(或减其增加额)

(1)利润表中列示的费用表明了本期的销货成本和其他支出,但与费用的现金支出有很大的差异,因为利润表中列示的某些费用并不需动用现金,例如折旧费,但在权责发生制基础上,确实增加了计量的费用总额。这种不需现金流出的费用还有无形资产和债券折价的摊销。

(2)费用的确认和实际的现金支出也可能由于短期时间差造成差异。当消耗商品或者

劳务时,费用已经确认入账,然而这些费用现金的支出,则可能发生在以前期间、当期或以后期间。预先支付的为预付费用,本期支出有可能超出确认的费用金额;以后支付现金的,本期的支出就低于确认的费用金额。因此,费用的现金支出须由权责发生制基础转为收付实现制基础,公式如下:

发生费用的现金支出 = 费用 - 折旧和其他非现金费用 + 预付费用增加额(或减其减少额) + 应计负债减少额(或减其增加额)

(3)所得税费用的现金支出,转化为现金基础的公式为:

所得税费用的现金支出 = 所得税费用 + 应付所得税减少额(或减其增加额)

此外,需要说明的是,来自经营活动的净现金流量也可用另外一种方法计算,称之为"间接法"。以间接法计算来自经营活动的净现金流量,是从净收益出发,调节成净现金流量。

净收益和来自经营活动的净现金流量之间的差额由三方面原因导致:

(1)折旧费、摊销费使净收益减少,但不影响现金流量;

(2)销货净额、销货成本及其他费用均按应计基础确认,与现金支出存在时间差;

(3)非营业活动的收益和损失会影响净收益,但不影响来自经营活动的净现金流量。

因此,若以净收益为起点计算来自经营活动的净现金流量,要对以上三方面差异进行调整,计算公式如下:

经营活动的净现金流量 = 净收益 + 折旧费用 + 无形资产和递延费用摊销 + 债券折价摊销 + 递延所得税负债 + 投资的损失 + 销售固定资产损失 + 经营性应收项目减少额 + 存货减少额 + 预付费用减少额 + 应付账款增加额 + 经营性应付项目增加额 - 债券溢价的摊销 - 递延所得税负债 - 投资收益 - 销售固定资产利润 - 经营性应收项目增加额 - 存货增加额 - 预付费用增加额 - 应付账款减少额 - 经营性应付项目减少额

(二)复核来自投资活动的现金流量

(1)购买和销售证券。购买证券为现金流出,销售证券则为现金流入。通过分析"有价证券"账户的借贷方记录,可判断净现金流量。

(2)提供和收回贷款。提供贷款为现金流出,收回贷款为现金流入。可从"可供出售金融资产""持有至到期投资""长期股权投资"等账户的借贷方发生额进行分析。

(3)购买固定资产支付的现金。

(4)销售固定资产收回的现金。

(5)受灾设备赔偿款为现金流入。

(三)复核来自筹资活动的现金流量

来自筹资活动的现金流量,可通过分析本年度有关负债和股东权益账户借贷方的变化来确定。如长期投资、长期负债和缴入资本账户贷方的变化通常表示为现金流入,而借方变化则表示为现金流出。

三、案例分析

审计人员对 A 公司 2021 年度现金流量表的编制进行审核后,发现以下几个项目与测算数存在较大差异:

(1) 经营活动现金流量中"购买商品、接受劳务支付的现金"项目,企业填报数为 30 208 万元,通过分析主营业务成本、进项税、存货、预付账款、应付账款、其他应收款等科目的变动情况,本项目审定数为 33 408 万元,与报表数差异 3 200 万元。

(2) 筹资活动现金流量中"偿还债务所支付的现金"项目,企业填报数为 14 855 万元,经检查短期借款等科目的本年借方发生额为 11 655 万元,均以银行存款支付,故本项目审定数为 11 655 万元,与报表数差异 -3 200 万元。

(3) 补充资料"将净利润调节为经营活动现金流量"中"其他"项目,企业填报数为 3 200 万元,经检查该企业无特殊项目,故本项目审定数为 0,与报表数差异 -3 200 万元。

"经营活动产生的现金流量净额"项目企业原填报数为 436 万元,经上述审计调整后,审定数为 -2 764 万元,不仅数额差异大,且该项目的性质发生了逆转。

 1. 根据以上案例,分析审计过程中发现的各项差异可能存在的原因。

2. 分析讨论:对"购买商品、接受劳务支付的现金"项目的审查,除按照现金流量表的编制规则复算该项金额外,还需对其中所涉及的哪些业务类型执行实质性程序?

3. 根据审计调整后的结果,企业的现金流量表数据严重失真,为此审计人员须向编报者做进一步的询问。请思考:

(1) 审计人员为什么不能直接要求其做出调整,而是需要向编报人询问?

(2) 审计人员应当就哪些问题进行询问和进一步查证?

现金流量表审计需要注意的问题

 阅读条目

1. 中国注册会计师审计准则第 1101 号——财务报表审计的目标和一般原则
2. 中国注册会计师审计准则第 1142 号——财务报表审计中对法律法规的考虑
3. 中国注册会计师审计准则第 1631 号——财务报表审计中对环境事项的考虑
4. 企业会计准则第 31 号——现金流量表
5. 独立审计准则第 1 号——会计报表审计